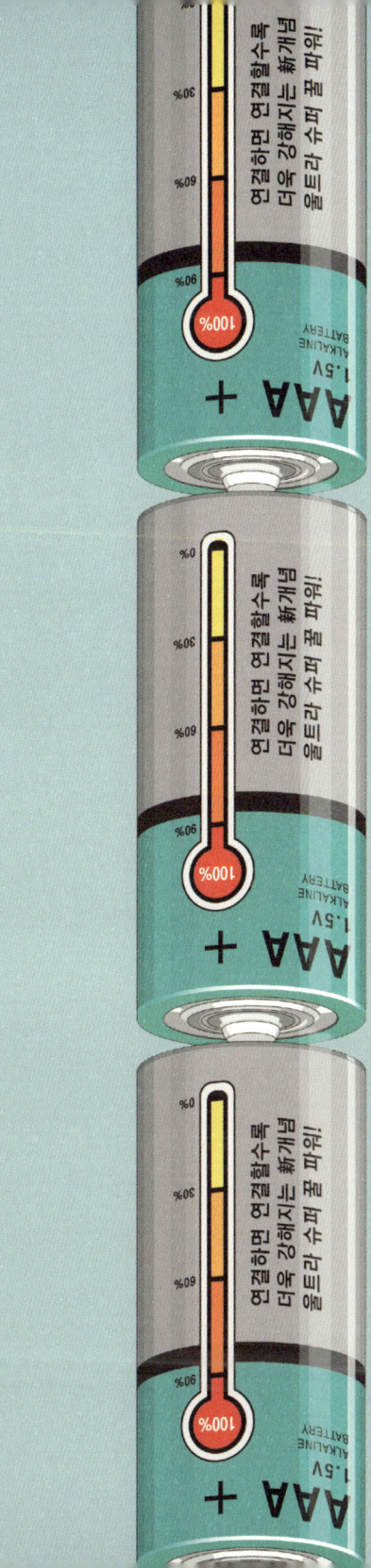

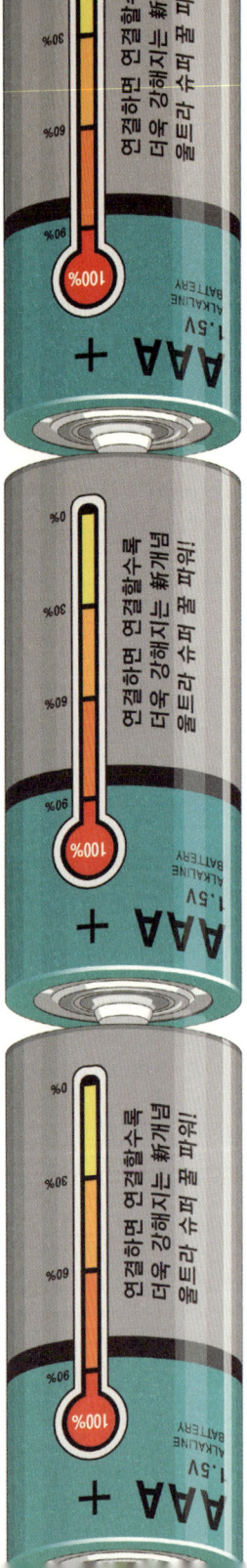

비아에듀
ViaEducation

★★★★★★★★★★★★

용어사전
한국사능력검정

★★★★★★★★★★★★

발행처 비아에듀 | 지은이 **최수일·김남준** | 발행인 **한상준**
초판 1쇄 발행일 **2024년 4월 26일** | 초판 2쇄 발행일 **2025년 6월 16일**
편집 김민정·최정휴·손지원·김영범 | 삽화 김석 | 디자인 조경규·김경희
주소 서울시 마포구 토정로 222 한국출판콘텐츠센터 211호
전화 02-334-6123 | 홈페이지 viabook.kr

ⓒ 최수일·김남준, 2024

- 이 책은 저작권법에 따라 보호받는 저작물이므로 무단 전재와 복제를 금합니다.
- 이 책 내용의 전부 또는 일부를 재사용하려면 반드시 저작권자와 발행처의 동의를 받아야
  합니다.
- 본문에 사용된 종이는 한국건설생활환경시험연구원에서 인증받은, 인체에 해가 되지 않는
  무형광 종이입니다. 눈의 피로가 덜하며, 동일 두께 대비 가벼워 편안한 공부 환경을 제공
  합니다.(제조국: 대한민국)
- 잘못된 책은 구입처에서 바꿔드립니다.

머리말

'아는 만큼 보이고, 알게 되면 사랑스럽다.'

• • •

수학 공부에서 개념적인 학습보다 중요한 것은 없습니다. 현장에 있는 초등 선생님들과 함께 문제 풀이가 아닌 개념 학습 중심의 수학 참고서, '개념연결' 시리즈를 세상에 내놓은 이유입니다. 초등학생이 궁금해하는 질문과 개념에 자세한 해설을 곁들여 초등수학 6년의 모든 개념을 정리한 『개념연결 초등수학사전』이 그 시작이었습니다.

이를 만화로 푼 『개념연결 만화 수학교과서』가 뒤를 이었습니다. 『개념연결 만화 수학교과서』에서는 학생들이 가지는 오개념의 여러 현상을 분석하여 만화로 재미있게 풀어냈습니다. 오개념을 보고 개념을 습득하면 같은 실수를 하지 않는 것이 교육학의 원리입니다.

이 시리즈들이 분에 넘치는 사랑을 받으며, 개념에 바탕을 둔 연산 문제집을 만들어 달라는 요청이 많았습니다. 연산은 학생이 처음 접하는 수학입니다. 그런데 암기하고 문제만 많이 푸는 연산을 하다가 수학을 싫어하게 되는 경우가 많습니다. 그래서 『개념연결 연산의 발견』을 출간했습니다. 연산도 결국 개념이라는 철학을 가지고 문제를 풀다 보면 수학 개념은 몸에 저절로 배어듭니다. 그리고 이번에 개념의 시작이라고 할 수 있는 초등수학의 모든 용어를 모은 『개념연결 초등수학 용어사전』을 선보입니다.

개념 학습에서 가장 중요한 것은 각 개념의 정의입니다. 정의가 명확하면 거기서 각 성질이 유도되고, 그 유도 과정이 곧 문제 풀이 과정으로 연결되는 신기한 경험을 할 수 있습니다. 문제를 풀어 답을 낼 줄 알면서도 정작 그 문제 풀이에 사용한 개념의 정의를 모르는 경우가 많습니다. 개념을 몰라도 문제를 풀 수 있는 이유는 문제를 유형별로 정리해서 푸는 방법을 외웠기 때문입니다. 처음부터 잘못 접근한 것이지요. 이렇게 공부하면 개념이 연결되지 않아, 공부할 내용이 많아지는 고학년에 수학 공부를 결국 포기하게 됩니다. 정확한 개념을 알기 위해서는 『개념연결 초등수학 용어사전』이 필수입니다.

초등수학 교육과정에는 총 143개의 학습 용어가 제시되어 있습니다. 하지만 그것만으로 부족한 것이 많습니다. 『개념연결 초등수학 용어사전』은 거기에 166개의 용어를 추가해 총 309개의 용어를 설명합니다. '거리', '자릿값' 등 정확한 뜻을 알 필요가 있지만 교육과정에는 명시되지 않은 일상어도 모두 포함했습니다.

먼저 설명과 그림, 그리고 예시를 통해 각 용어의 뜻을 자세히 알려줍니다. 모든 개념에는 그 개념의 전과 후가 되는 개념이 있는데, 관련된 개념을 연결한 표를 통해 각 개념이 가진 맥락을 이해할 수 있도록 했습니다. 마지막으로 각 개념을 활용하는 '개념 문제'가 제시됩니다. 문제 해결 과정에서 개념에 대한 이해가 더욱 확장될 것입니다.

『개념연결 초등수학사전』이 출간된 후 김남준 선생님과 초등수학 개념의 정의를 모은 용어사전을 집필해 보자고 의기투합한 지 9년여 만에 책을 선보이게 되었습니다. 초등 1학년부터 6학년까지 두루 유용하게 활용할 수 있는 책을 만들기 위해 헤아릴 수 없이 많은 검토와 수정 과정을 거쳐 정성스럽게 만들었습니다.

'아는 만큼 보이고, 알게 되면 사랑스럽다'라는 말처럼, 부디 많은 학생이 이 책을 통해 수학의 개념을 이해하고, 수학과 친해지기를 바랍니다.

2024년 4월
저자를 대표하여
최수일 씀

**이 책의
특징**

1.

초등 1학년부터 6학년까지
수학 교과서에 나온 용어를
빠짐없이 넣었습니다.

2.

309개의 용어를
가나다순으로 넣어
찾기 쉽게 했습니다.

3.

각 용어의 개념은
전 학년에 걸쳐 모두
연결되어 있습니다.
이전 학년과 다음 학년에
어떻게 연결되는지 모든 용어에
'**개념 연결**'을 넣었습니다.

4.

용어의 개념은 읽기만 하면
금방 잊어버립니다.
각 용어를 이해할 수 있도록
'**개념 문제**'를 수록했습니다.

초등수학용어사전 사용설명서

한자로 이루어진 용어의 뜻을 알면 개념을 쉽게 이해할 수 있어요.

관련어, 비슷한 말 등 주변 개념을 그물처럼 엮어 보아요.

용어가 어떻게 쓰이는지 실제 예시를 통해 확인해 보아요.

현재 배운 용어를 기준으로 앞서 배운 용어와 앞으로 배울 용어를 한눈에 확인해 보아요.

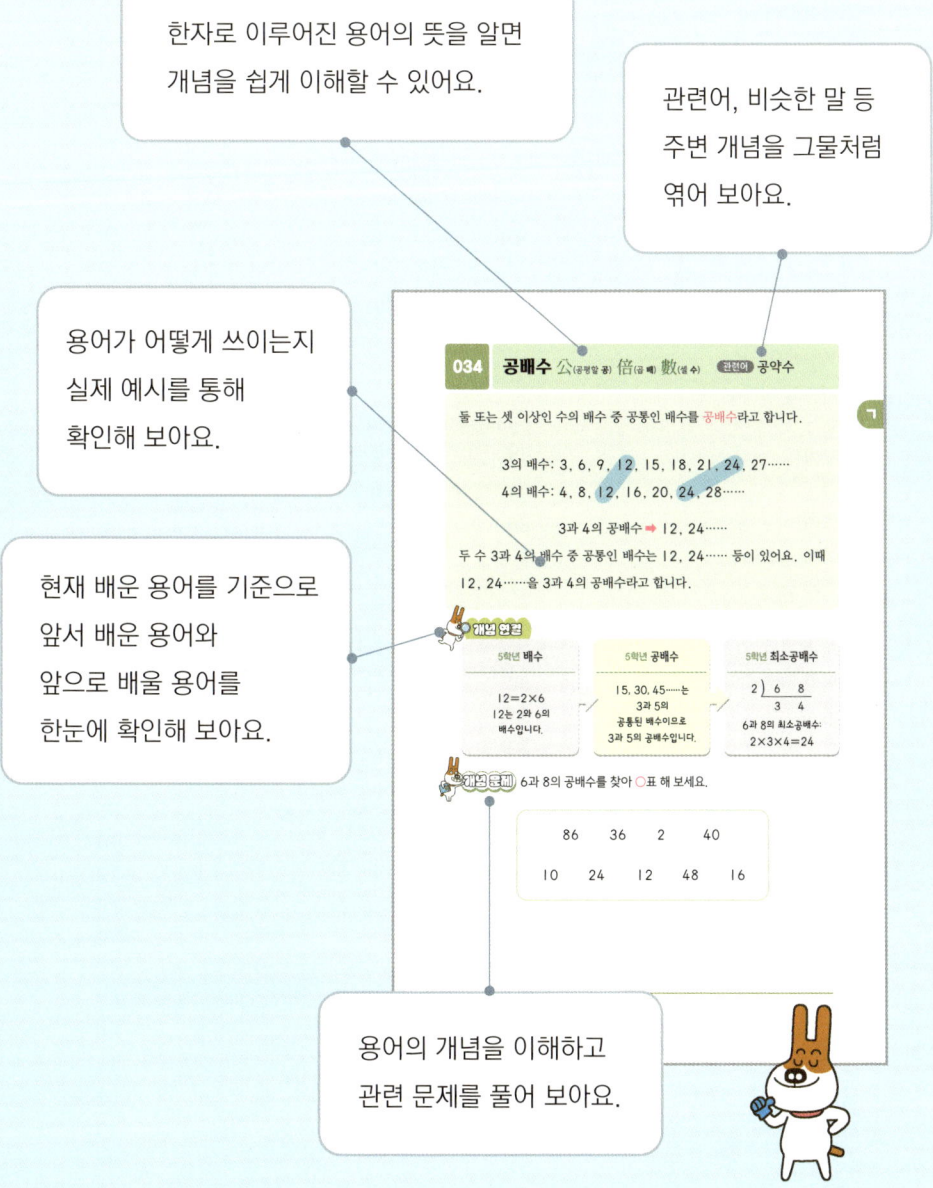

용어의 개념을 이해하고 관련 문제를 풀어 보아요.

초등수학용어사전 — 차례

머리말	3
사용설명서	7

ㄱ

가능성	12
가로	13
가로셈	14
가르기	15
가분수	16
각	17
각기둥	18
각기둥의 겨냥도	19
각기둥의 높이	20
각기둥의 전개도	21
각도	22
각도기	23
각뿔	24
각뿔대	25
각뿔의 꼭짓점	26
각뿔의 높이	27
각의 꼭짓점	28
각의 변	29
간단한 자연수의 비	30
거리	31
검산	32
겉넓이	33
겨냥도	34
계산기	35
계산식	36
곡선	37
곧은 선	38
곱	39
곱셈	40
곱셈구구	41
곱셈식	42
곱셈표	43
곱하기	44
공배수	45
공약수	46
공통분모	47
관계식	48

괄호	49
구	50
구구단	51
구의 반지름	52
구의 중심	53
굽은 면	54
굽은 선	55
규칙	56
그래프	57
그램(g)	58
그림그래프	59
기둥	60
기약분수	61
기준	62
기준량	63
길이	64
꺾은선그래프	65
꼭짓점(평면도형)	66
꼭짓점(입체도형)	67

ㄴ

나누기	68
나누는 수	69
나누어떨어진다	70
나누어지는 수	71
나눗셈	72
나눗셈식	73
나머지	74
낱개	75
내항	76
넓이	77
농도	78
높이	79

ㄷ

다각형	80
단위길이	81
단위넓이	82
단위부피	83
단위분수	84
달력	85
담을 수 있는 양	86
대각선	87

대분수	88	모양	127
대응각	89	모양 채우기	128
대응 관계	90	모으기	129
대응변	91	몫	130
대응점	92	무게	131
대칭	93	묶어 세기	132
대칭의 중심	94	묶음	133
대칭축	95	물결선	134
더하기	96	미만	135
덧셈	97	미터(m)	136
덧셈구구	98	밀기	137
덧셈식	99	밀리리터(mL)	138
도(°)	100	밀리미터(mm)	139
도형	101	밑면	140
도형판	102	밑변	141
돌리기	103		
두 양 사이의 관계	104	**ㅂ**	
두 자리 수	105	반반이다	142
둔각	106	반올림	143
둔각삼각형	107	반원	144
둘레	108	반직선	145
뒤집기	109	받아내림	146
들이	110	받아올림	147
등분	111	방정식	148
등식	112	배수	149
등호	113	백	150
뛰어 세기	114	백(100)도표	151
띠그래프	115	백분율	152
		버림	153
ㄹ		변	154
로마숫자	116	부피	155
리터(L)	117	분	156
		분류 기준	157
ㅁ		분류(하기)	158
마름모	118	분모	159
막대그래프	119	분모가 같은 분수	160
만	120	분수	161
면	121	분수 막대	162
몇	122	분자	163
몇 배	123	비	164
몇째	124	비교하는 양	165
모서리	125	비례배분	166
모선	126	비례식	167

비율	168	시각	209
비율그래프	169	시간	210
빼기	170	시계	211
뺄셈	171	시계 반대 방향	212
뺄셈식	172	시계 방향	213
뼘	173	식	214
뿔	174	십	215
		십 모형	216

ㅅ

사각기둥	175		
사각뿔	176	약분	217
사각형	177	약수	218
사다리꼴	178	어림	219
사칙연산	179	억	220
삼각기둥	180	연산	221
삼각뿔	181	영(0)	222
삼각자	182	옆면	223
삼각형	183	예각	224
선	184	예각삼각형	225
선대칭도형	185	오각형	226
선분	186	오전	227
세 자리 수	187	오후	228
세로	188	올림	229
세로셈	189	외항	230
세제곱미터(m^3)	190	원	231
세제곱센티미터(cm^3)	191	원그래프	232
센티미터(cm)	192	원기둥	233
소수	193	원기둥의 높이	234
소수 두 자리 수	194	원기둥의 전개도	235
소수 한 자리 수	195	원뿔	236
소수점	196	원뿔대	237
속력	197	원뿔의 꼭짓점	238
수	198	원뿔의 높이	239
수 모형	199	원의 넓이	240
수 배열	200	원의 반지름	241
수 배열표	201	원의 중심	242
수선	202	원의 지름	243
수의 범위	203	원주	244
수의 크기	204	원주율	245
수직	205	육각형	246
수직선	206	이등변삼각형	247
순서	207	이상	248
숫자	208	이어 세기	249

이하	250	초과	289
일	251	최대공약수	290
임의 단위	252	최소공배수	291
입체도형	253	칠각형	292
		칠교판	293

ㅈ

자	254		
자료	255	컴퍼스	294
자릿값	256	크기가 같은 분수	295
자연수	257	킬로그램(kg)	296
전개도	258	킬로미터(km)	297
전항	259		

ㅋ

ㅌ

점	260	톤(t)	298
점대칭도형	261	통계	299
정다각형	262	통분	300
정사각형	263		
정삼각형	264		
정오각형	265	팔각형	301
정육면체	266	평각	302
정육면체의 전개도	267	평균	303
제곱미터(m^2)	268	평면	304
제곱센티미터(cm^2)	269	평면도형	305
제곱킬로미터(km^2)	270	평행	306
조	271	평행사변형	307
주사위	272	평행선	308
주사위의 전개도	273	평행선 사이의 거리	309
직각	274	폭	310
직각삼각형	275	표	311
직사각형	276		
직선	277		
직육면체	278	하나	312
직육면체의 겉넓이	279	하루	313
직육면체의 겨냥도	280	합	314
직육면체의 부피	281	합동	315
직육면체의 전개도	282	혼합 계산	316
진분수	283	홀수	317
짝수	284	회전체	318
		회전축	319
		후항	320

ㅍ

ㅎ

ㅊ

차	285
천	286
첫째	287
초	288

001 가능성 可(옳을 가) 能(능할 능) 性(성품 성)

어떠한 상황에서 특정한 일이 일어나길 기대할 수 있는 정도를 가능성이라 하고, 다른 말로 확률이라고도 해요.

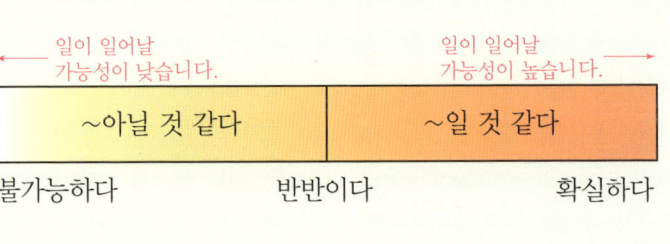

가능성의 정도는 '불가능하다', '~아닐 것 같다', '반반이다', '~일 것 같다', '확실하다' 등으로 표현할 수 있습니다.

개념 연결

5학년 가능성

어떠한 상황에서 특정한 일이 일어나길 기대할 수 있는 정도를 가능성이라고 합니다.

5학년 가능성을 수로 나타내기

어떤 일이 일어날 가능성이 '불가능하다'이면 0, '반반이다'이면 $\frac{1}{2}$, '확실하다'이면 1로 나타냅니다.

중등 확률

모든 경우가 일어날 가능성이 같을 때 모든 경우의 수에 대한 사건 A가 일어나는 경우의 수의 비율을 사건 A가 일어날 확률이라고 합니다.

개념 문제 회전판을 돌렸을 때 파란색이 나올 가능성을 바르게 나타낸 것은?

(   )

① 불가능하다   ② 반반이다   ③ 확실하다

002 가로 　관련어　세로

왼쪽에서 오른쪽으로 나 있는 방향이나 길이를 가로라고 해요. 도형을 놓는 방법에 따라 가로는 달라질 수 있어요.

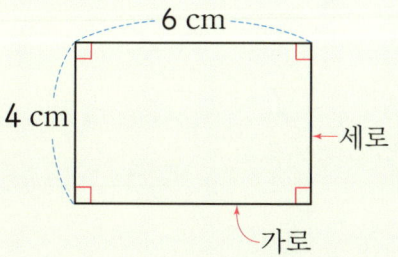

직사각형의 가로의 길이는 6 cm입니다.

개념 연결

5학년 가로	5학년 세로	5학년 직사각형의 넓이
왼쪽에서 오른쪽으로 나 있는 방향이나 길이를 가로라고 합니다.	위쪽에서 아래쪽으로 나 있는 방향이나 길이를 세로라고 합니다.	직사각형의 넓이는 (가로)×(세로)로 구합니다.

개념 문제　그림을 보고 ☐ 안에 알맞은 말을 써넣으세요.

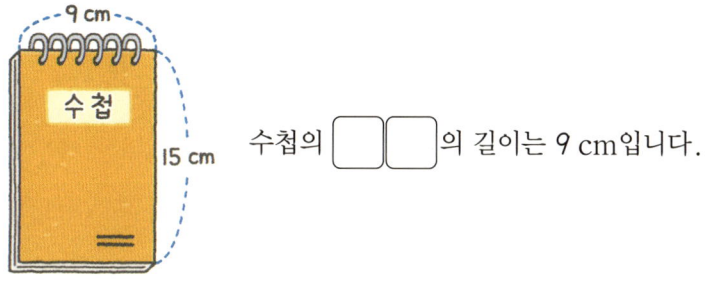

수첩의 ☐☐ 의 길이는 9 cm입니다.

13

003 가로셈

가로 방향으로 식을 써서 계산하는 방법을 가로셈이라고 해요.

$$5+3\times(2+6)-15=5+3\times8-15$$
$$=5+24-15$$
$$=29-15$$
$$=14$$

혼합 계산과 같이 계산 과정이 잘 드러나도록 할 때는 가로셈을 사용하는 것이 편리합니다.

 개념 연결

1학년 덧셈	2학년 가로셈	3학년 세로셈
$6+7=13$	$26+37=20+30+6+7$ $=50+13$ $=63$	$\begin{array}{r} 2\ 6 \\ +\ 3\ 7 \\ \hline 6\ 3 \end{array}$

 개념 문제 식이 완성되도록 ☐ 안에 알맞은 수를 써넣으세요.

$$4+6-2=\boxed{}-2=\boxed{}$$

004 **가르기** 관련어 모으기

어떤 수 또는 어떤 양을 둘로 나누어 놓는 것을 말해요.

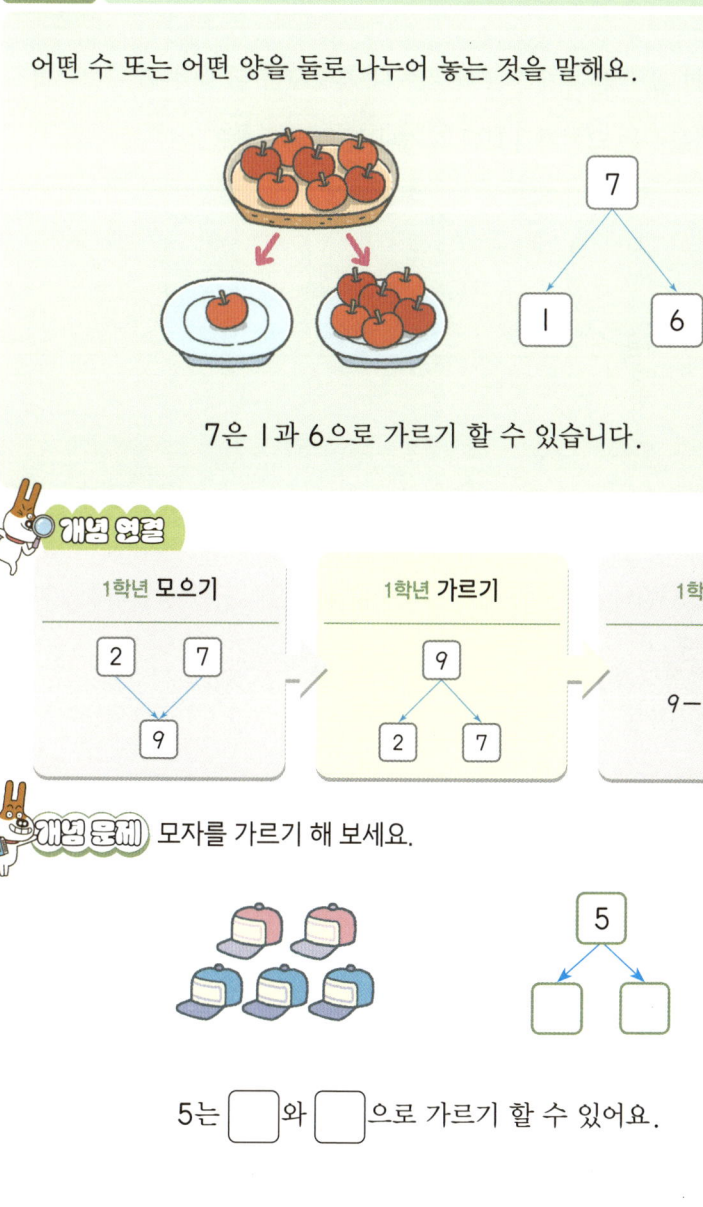

7은 1과 6으로 가르기 할 수 있습니다.

개념 연결

1학년 **모으기**	1학년 **가르기**	1학년 **빼기**
2 7 ↘↙ 9	9 ↙↘ 2 7	9 − 2 = 7

개념 문제 모자를 가르기 해 보세요.

5는 ☐와 ☐으로 가르기 할 수 있어요.

답 2, 3 / 2, 3 (2와 3등 바구어 써도 돼요.)

15

005 가분수 假(거짓 가) 分(나눌 분) 數(셀 수)

$\frac{5}{5}$, $\frac{6}{5}$, $\frac{7}{5}$과 같이 분자가 분모와 같거나 분모보다 큰 분수를 가분수라고 해요. 가분수는 크기가 |보다 크거나 같은 분수예요.

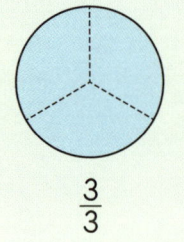
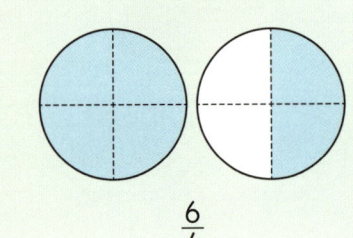

$$\frac{3}{3} \qquad\qquad \frac{6}{4}$$

$\frac{3}{3}$은 분자가 분모와 같고, $\frac{6}{4}$은 분자가 분모보다 큰 분수이므로
모두 가분수입니다.

개념 연결

3학년 진분수

$\frac{1}{5}$, $\frac{2}{5}$, $\frac{3}{5}$, $\frac{4}{5}$······와 같이 분자가 분모보다 작은 분수를 진분수라고 합니다.

3학년 가분수

$\frac{3}{3}$, $\frac{4}{3}$, $\frac{5}{3}$······와 같이 분자가 분모와 같거나 분모보다 큰 분수를 가분수라고 합니다.

3학년 대분수

$1\frac{1}{3}$, $5\frac{3}{4}$과 같이 자연수와 진분수의 합으로 이루어진 분수를 대분수라고 합니다.

개념 문제 분수의 종류가 <u>다른</u> 하나를 찾아 ○표 해 보세요.

$$\frac{7}{6} \qquad \frac{4}{4} \qquad \frac{5}{8} \qquad \frac{3}{2}$$

16

006 각 角(뿔 각)

한 점에서 그은 두 반직선으로 이루어진 도형을 각이라고 해요. 각에서 두 반직선을 변, 두 반직선이 만나는 한 점을 각의 꼭짓점이라고 불러요.

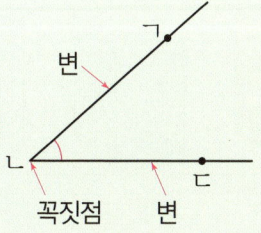

그림의 각을 각 ㄱㄴㄷ 또는 각 ㄷㄴㄱ이라고 합니다.

개념 연결

3학년 반직선	3학년 각	4학년 각도
한 점에서 시작하여 한쪽으로 끝없이 늘인 곧은 선을 반직선이라고 합니다. 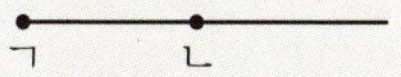 반직선 ㄱㄴ	한 점에서 그은 두 반직선으로 이루어진 도형을 각이라고 합니다.	각이 벌어진 정도인 각의 크기를 각도라고 합니다.

개념 문제 각 ㄱㄴㄷ을 바르게 그린 것은? (   )

① 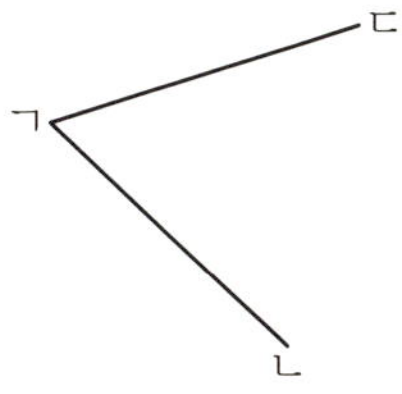 ②

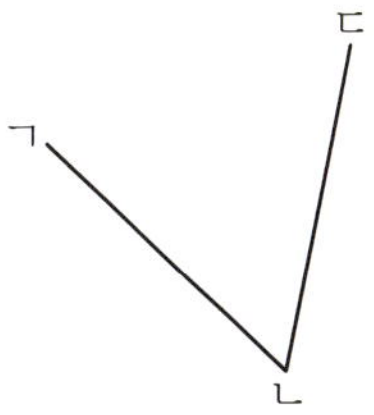

정답 ②

17

007 각기둥

마주 보는 두 면이 서로 평행하고 합동인 다각형으로 되어 있는 입체도형을 각기둥이라고 해요.

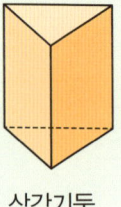 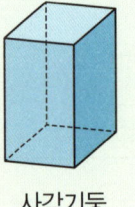 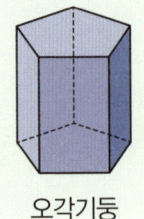

삼각기둥　　　　사각기둥　　　　오각기둥

밑면의 모양에 따라 삼각기둥, 사각기둥, 오각기둥……이라고 합니다.

4학년 **다각형**	6학년 **각기둥**	6학년 **삼각기둥**
선분으로만 둘러싸인 도형을 다각형이라고 합니다. △ □ ⬠ ⬡	마주 보는 두 면이 서로 평행하고 합동인 다각형으로 이루어진 입체도형을 각기둥이라고 합니다.	밑면이 삼각형인 각기둥을 삼각기둥이라고 합니다. 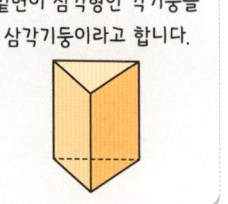

 밑면이 육각형인 각기둥의 이름을 써 보세요.

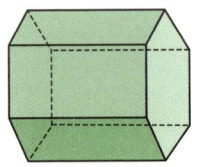

(　　　　　　　　　　)

18

008 각기둥의 겨냥도

각기둥의 모양을 한눈에 잘 알아볼 수 있도록 나타낸 그림을 각기둥의 겨냥도라고 해요.

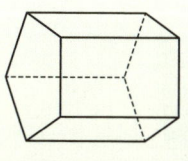

겨냥도에서 보이는 부분은 실선(———),

보이지 않는 부분은 점선(--------)으로 나타냅니다.

 개념 연결

6학년 **각기둥**	6학년 **각기둥의 겨냥도**	6학년 **각기둥의 전개도**
마주 보는 두 면이 서로 평행하고 합동인 다각형으로 되어 있는 입체도형을 각기둥이라고 합니다.	각기둥의 모양을 잘 알 수 있도록 나타낸 그림을 각기둥의 겨냥도라고 합니다.	각기둥의 모서리를 잘라서 평면 위에 펼쳐 놓은 그림을 각기둥의 전개도라고 합니다.

 개념 문제 사각기둥의 겨냥도를 완성해 보세요.

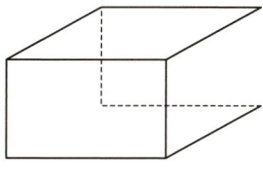

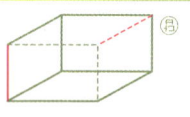

19

009 각기둥의 높이

각기둥에서 두 밑면에 수직인 선분의 길이를 각기둥의 높이라고 해요.

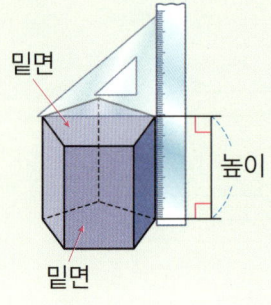

밑면

높이

밑면

옆면끼리 만나서 생기는 모서리의 길이를 재면 각기둥의 높이를 구할 수 있습니다.

개념 연결

6학년 각기둥

마주 보는 두 면이 서로 평행하고 합동인 다각형으로 되어 있는 입체도형을 각기둥이라고 합니다.

6학년 각기둥의 높이

각기둥에서 두 밑면에 수직인 선분의 길이를 각기둥의 높이라고 합니다.

6학년 각기둥의 부피

각기둥의 부피는 (한 밑면의 넓이)×(높이)로 구합니다.

개념 문제 각기둥의 높이는 몇 cm인지 써 보세요.

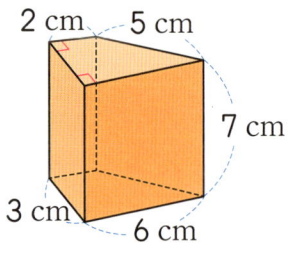

(   )

20

010 각기둥의 전개도 展(펼 전) 開(열 개) 圖(그림 도)

각기둥의 모서리를 잘라서 평면 위에 펼쳐 놓은 그림을 각기둥의 전개도라고 해요.

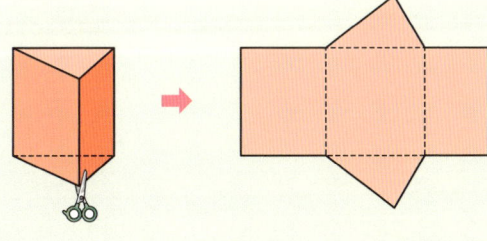

전개도에서 잘리는 부분은 실선(———),

잘리지 않는 부분은 점선(---------)으로 그립니다.

개념 연결

6학년 각기둥

마주 보는 두 면이 서로 평행하고 합동인 다각형으로 되어 있는 입체도형을 각기둥이라고 합니다.

6학년 각기둥의 겨냥도

각기둥의 모양을 잘 알 수 있도록 나타낸 그림을 각기둥의 겨냥도라고 합니다.

6학년 각기둥의 전개도

각기둥의 모서리를 잘라서 평면 위에 펼쳐 놓은 그림을 각기둥의 전개도라고 합니다.

개념 문제 어떤 각기둥의 전개도인지 써 보세요.

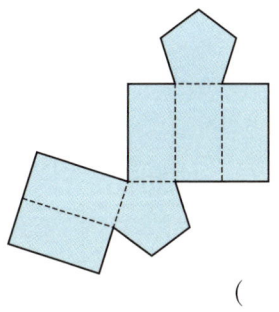

(   )

011 각도 角(뿔 각) 度(법도 도)

두 직선이 한 점에서 만나 각을 이룰 때, 각이 벌어진 정도인 각의 크기를 각도라고 해요. 각도는 기호 ° 을 써서 나타내요.

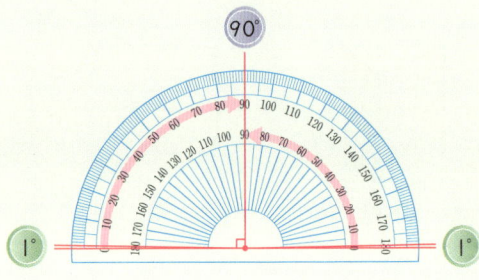

직각을 똑같이 90으로 나눈 것 중 하나를 Ⅰ도라 하고, Ⅰ°라고 씁니다.

개념 연결

3학년 각	4학년 각도	4학년 예각과 둔각
한 점에서 그은 두 반직선으로 이루어진 도형을 각이라고 합니다.	각이 벌어진 정도인 각의 크기를 각도라고 합니다.	각도가 0°보다 크고 90°보다 작은 각을 예각, 90°보다 크고 Ⅰ80°보다 작은 각을 둔각이라고 합니다.

개념 문제 가와 나를 다와 같이 이어 붙였습니다. 각도의 합을 구해 보세요.

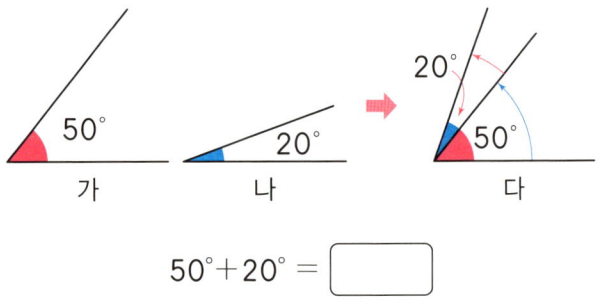

$$50° + 20° = \boxed{}$$

22

012 각도기 角(뿔 각) 度(법도 도) 器(그릇 기)

각의 크기를 재는 기구예요. 각도기의 작은 눈금 하나는 1°를 나타내고 1도라고 읽어요.

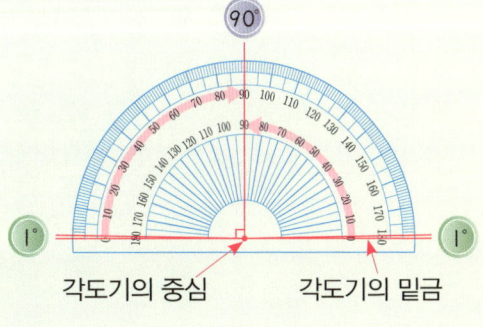

각도기의 중심   각도기의 밑금

개념 연결

4학년 **각도**	4학년 **각도기**	4학년 **직각 삼각자**
각이 벌어진 정도인 각의 크기를 각도라고 합니다.	각의 크기를 재는 기구를 각도기라고 합니다.	

개념 문제 각도가 60°인 각을 그려 보세요.

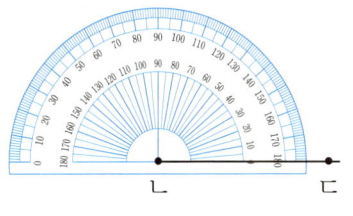

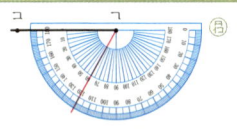

23

013 각뿔

밑면이 다각형이고 위로 뾰족한 입체도형을 각뿔이라고 해요.

삼각뿔   사각뿔   오각뿔

밑면의 모양에 따라 삼각뿔, 사각뿔, 오각뿔……이라고 합니다.

개념 연결

6학년 각기둥

마주 보는 두 면이 서로 평행하고 합동인 다각형으로 이루어진 입체도형을 각기둥이라고 합니다.

6학년 각뿔

밑면이 다각형이고 위로 뾰족한 입체도형을 각뿔이라고 합니다.

6학년 삼각뿔

밑면이 삼각형인 각뿔을 삼각뿔이라고 합니다.

개념문제 각뿔의 옆면은 어떤 모양인지 써 보세요.

(   )

24

014 각뿔대

각뿔을 밑면에 평행하게 잘라 각뿔의 꼭짓점이 있는 부분을 빼고 남은 부분을 각뿔대라고 해요.

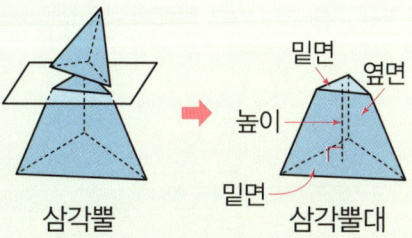

삼각뿔 삼각뿔대

각뿔대의 두 밑면은 서로 평행하지만 합동은 아닙니다.

개념 연결

6학년 각뿔

밑면이 다각형이고 위로 뾰족한 입체도형을 각뿔이라고 합니다.

중등 각뿔대

각뿔을 밑면에 평행하게 잘라 각뿔의 꼭짓점이 있는 부분을 빼고 남은 부분을 각뿔대라고 합니다.

중등 원뿔대

원뿔을 밑면에 평행하게 잘라 원뿔의 꼭짓점이 있는 부분을 빼고 남은 부분을 원뿔대라고 합니다.

개념 문제 다음 입체도형의 이름을 써 보세요.

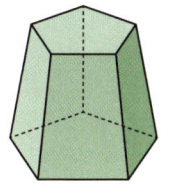

(   )

015 각뿔의 꼭짓점

각뿔에 있는 꼭짓점 중에서 옆면이 모두 만나는 점을 각뿔의 꼭짓점이라고 해요.

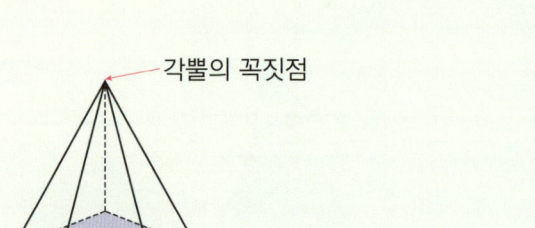

각뿔의 꼭짓점은 밑면과 마주 보는 위치에 있습니다.

개념 연결

6학년 **각뿔**	6학년 **각뿔의 꼭짓점**	6학년 **각뿔의 높이**
밑면이 다각형이고 위로 뾰족한 입체도형을 각뿔이라고 합니다.	각뿔에서 밑면과 마주 보는 점을 각뿔의 꼭짓점이라고 합니다.	각뿔의 꼭짓점에서 밑면에 수직으로 그은 선분의 길이를 각뿔의 높이라고 합니다.

개념 문제 ☐ 안에 알맞은 말을 써넣으세요.

(1) 각뿔에서 모서리와 모서리가 만나는 점은 ☐☐☐ 입니다.

(2) 각뿔에 있는 꼭짓점 중에서 옆면이 모두 만나는 점은

☐☐☐☐☐☐ 입니다.

016 각뿔의 높이

각뿔의 꼭짓점에서 밑면에 수직으로 그은 선분의 길이를 각뿔의 높이라고 해요.

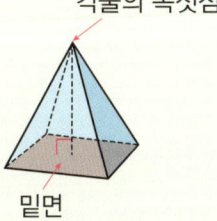

각뿔의 꼭짓점

밑면

자와 직각 삼각자를 이용하여 각뿔의 높이를 잴 수 있습니다.

 개념 연결

6학년 **각뿔**	6학년 **각뿔의 높이**	6학년 **원뿔의 높이**
밑면이 다각형이고 위로 뾰족한 입체도형을 각뿔이라고 합니다.	각뿔의 꼭짓점에서 밑면에 수직으로 그은 선분의 길이를 각뿔의 높이라고 합니다.	원뿔의 꼭짓점에서 밑면에 수직으로 그은 선분의 길이를 원뿔의 높이라고 합니다.

 개념 문제 각뿔의 높이를 바르게 잰 것에 ○표 해 보세요.

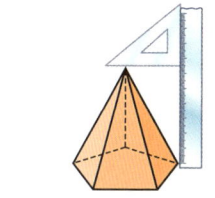

(   ) (   )

017 각의 꼭짓점

각을 이루는 두 변(반직선)이 만나는 점을 각의 꼭짓점이라고 해요.

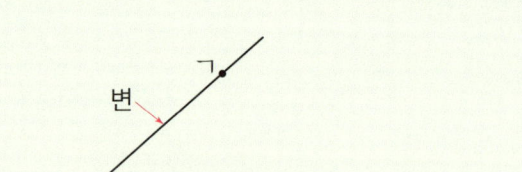

삼각형, 사각형……에서 각 꼭짓점은 모두

각의 꼭짓점이라고 할 수 있습니다.

개념 연결

3학년 각	3학년 각의 변	3학년 각의 꼭짓점
한 점에서 그은 두 반직선으로 이루어진 도형을 각이라고 합니다.	각을 이루는 두 선분(반직선)을 각의 변이라고 합니다.	각을 이루는 두 변이 만나는 점을 각의 꼭짓점이라고 합니다.

개념 문제 각의 꼭짓점이 있으면 ○표, 없으면 ✕표 해 보세요.

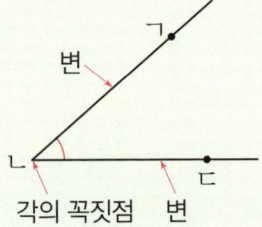

(   )   (   )   (   )

○ '✕ '✕ 閤

28

018 각의 변 邊(가장자리 변)

각은 한 점에서 그은 두 반직선으로 이루어진 도형이에요. 이때, 각을 이루는 두 반직선을 각의 변이라고 해요.

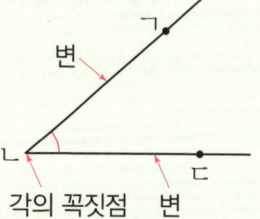

오른쪽 도형에서 반직선 ㄴㄱ, 반직선 ㄴㄷ이 각의 변입니다.

개념 연결

3학년 **각**	3학년 **각의 변**	3학년 **각의 꼭짓점**
한 점에서 그은 두 반직선으로 이루어진 도형을 각이라고 합니다.	각을 이루는 두 선분을 각의 변이라고 합니다.	각을 이루는 두 변이 만나는 점을 각의 꼭짓점이라고 합니다.

개념 문제

각의 변에 대한 설명이 옳은 것에 ○표, 틀린 것에 ✕표 해 보세요.

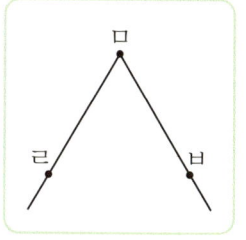

(1) 각의 변은 1개이다. (   )

(2) 반직선 ㅁㄹ, 반직선 ㅁㅂ이 각의 변이다. (   )

정답 (1) ✕ (2) ○

29

019 간단한 자연수의 비 比(견줄 비)

비의 성질을 이용하여 어떤 주어진 비를 자연수의 비로 나타낼 때, 더 이상 나눌 수 없는 자연수의 비를 간단한 자연수의 비라고 해요.

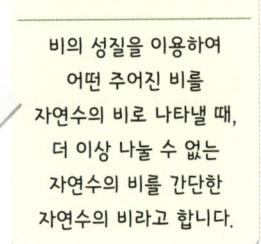
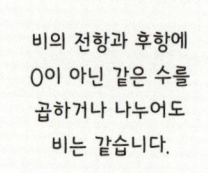

$$1.2 : \frac{4}{5} = 12 : 8 \implies 12 : 8 = 3 : 2$$

비 $1.2 : \frac{4}{5}$ 를 간단한 자연수의 비로 나타내면 3:2입니다.

 개념 연결

6학년 비	6학년 비의 성질	6학년 간단한 자연수의 비
두 수를 나눗셈으로 비교하기 위해 기호 :을 사용하여 나타낸 두 수를 비라고 합니다.	비의 전항과 후항에 0이 아닌 같은 수를 곱하거나 나누어도 비는 같습니다.	비의 성질을 이용하여 어떤 주어진 비를 자연수의 비로 나타낼 때, 더 이상 나눌 수 없는 자연수의 비를 간단한 자연수의 비라고 합니다.

 개념문제 간단한 자연수의 비로 나타내어 보세요.

$$0.6 : 1.4 \implies \boxed{} : \boxed{}$$

(   )

답 3 : 7

30

020 **거리** 距(떨어질 **거**) 離(떼 놓을 **리**)

서로 떨어져 있는 두 점 사이를 잇는 선분의 길이를 거리라고 해요.

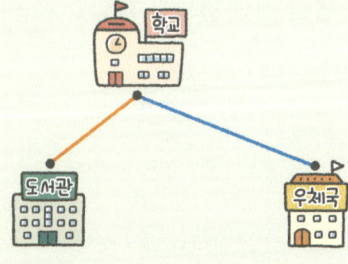

학교에서 우체국까지의 거리는

학교에서 도서관까지의 거리보다 더 멉니다.

개념 연결

1학년 **길이**	2학년 **길이의 단위(cm)**	3학년 **거리**
어떤 물건의 한쪽 끝에서 다른 쪽 끝까지의 거리를 길이라고 합니다.	길이를 재는 단위로 1 m의 100분의 1에 해당하는 길이를 1 cm라고 합니다.	서로 떨어져 있는 두 점 사이를 잇는 선분의 길이를 거리라고 합니다.

개념 문제 자를 이용하여 두 점 사이의 거리는 몇 cm인지 구해 보세요.

•   •

(   )

답 4 cm

31

021 검산 檢(검사할 검) 算(셈 산)

계산 결과가 옳은지 알아보기 위해 하는 또 다른 계산을 검산이라고 해요. 검산은 보통 나눗셈의 계산 결과를 확인할 때 이용해요.

$$16 \div 5 = 3 \cdots 1$$

$$5 \times 3 = 15, \ 15 + 1 = 16$$

(나누어지는 수)÷(나누는 수) = (몫) ⋯ (나머지)

➡ (나누는 수)×(몫)+(나머지)=(나누어지는 수)

개념 연결

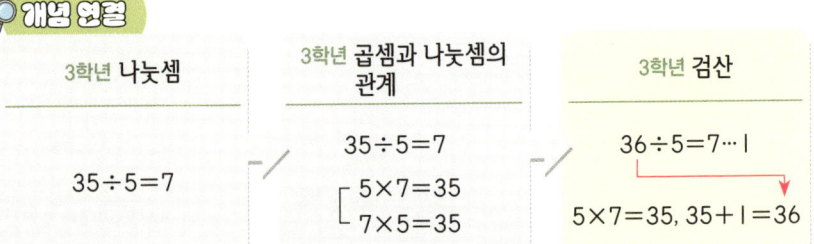

3학년 나눗셈	3학년 곱셈과 나눗셈의 관계	3학년 검산
$35 \div 5 = 7$	$35 \div 5 = 7$ $\begin{cases} 5 \times 7 = 35 \\ 7 \times 5 = 35 \end{cases}$	$36 \div 5 = 7 \cdots 1$ $5 \times 7 = 35, \ 35 + 1 = 36$

개념 문제 보기 의 계산 결과가 맞는지 확인하는 식을 써 보세요.

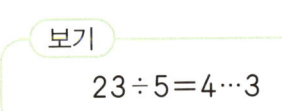

보기
$$23 \div 5 = 4 \cdots 3$$

식 _____ ,

_____

답 $5 \times 4 = 20, \ 20 + 3 = 23$

32

022 겉넓이

어떤 물체의 바깥쪽으로 보이는 면의 넓이를 겉넓이라고 해요.

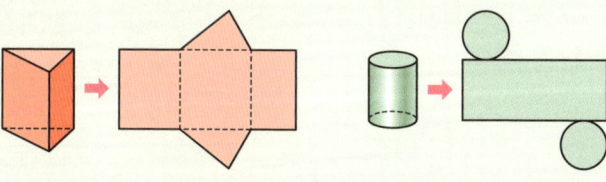

입체도형을 펼친 전개도를 이용하여 겉넓이를 구할 수 있습니다.

개념 연결

6학년 **겉넓이**	6학년 **직육면체의 겉넓이**	6학년 **정육면체의 겉넓이**
어떤 물체의 바깥쪽으로 보이는 면의 넓이를 겉넓이라고 합니다.	직육면체 6면의 넓이의 합을 직육면체의 겉넓이라고 합니다.	(정육면체의 겉넓이) $=$(한 면의 넓이)$\times 6$

개념 문제 한 모서리의 길이가 6 cm인 정육면체의 겉넓이는 몇 cm²인지 구

해 보세요.

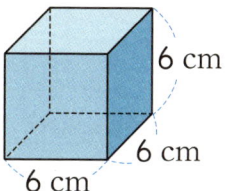

6 cm

6 cm

6 cm

(   )

답 216 cm²

33

023　겨냥도

입체도형의 모양을 잘 알아볼 수 있도록 나타낸 그림을 겨냥도라고 해요.

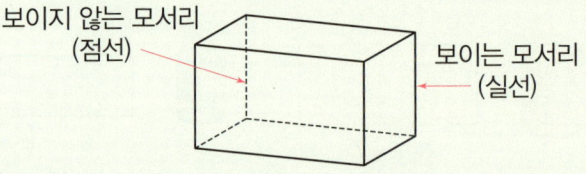

보이지 않는 모서리
(점선)

보이는 모서리
(실선)

겨냥도에서 보이는 모서리는 실선(———),

보이지 않는 모서리는 점선(----------)으로 나타냅니다.

 개념 연결

6학년 **겨냥도**	6학년 **각기둥의 겨냥도**	6학년 **각기둥의 전개도**
입체도형의 모양을 잘 알아볼 수 있도록 나타낸 그림을 겨냥도라고 합니다.	각기둥의 모양을 잘 알 수 있도록 나타낸 그림을 각기둥의 겨냥도라고 합니다.	각기둥의 모서리를 잘라서 평면 위에 펼쳐 놓은 그림을 각기둥의 전개도라고 합니다.

 개념 문제　다음 도형을 직육면체의 겨냥도라고 할 수 없는 이유를 써 보세요.

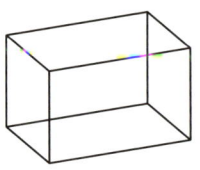

이유 _____

_____

⑧ 보이지 않는 모서리를 점선으로 그려야 하는데 보이지 않는 모서리를 실선으로 그렸으므로 직육면체의 겨냥도라고 할 수 없습니다.

024 계산기 計(셀 계) 算(셈 산) 機(틀 기)

덧셈, 뺄셈, 곱셈, 나눗셈 등 여러 가지 계산을 하는 데 사용하는 기기예요. 스마트폰, 태블릿PC 등 스마트기기에서도 계산기 기능을 사용할 수 있어요.

가정용 계산기   공학용 계산기

계산기에 있는 숫자, 기호 단추를 사용하여 여러 가지 복잡한 계산을 쉽게 할 수 있습니다.

개념 연결

4학년 계산식	5학년 혼합 계산	5학년 계산기
계산 결과를 나타낸 식을 계산식이라고 합니다.	덧셈, 뺄셈, 곱셈, 나눗셈이 섞여 있는 식을 계산하는 것을 혼합 계산이라고 합니다.	덧셈, 뺄셈, 곱셈, 나눗셈 등 여러 가지 계산을 하는 데 사용하는 기기를 계산기라고 합니다.

개념문제

가정용 계산기로 다음 식을 계산하려면 어떻게 해야 할지 설명해 보세요.

$$10 - 2 \times 3 = \square$$

설명 _____

답 2와 3을 먼저 곱해 6이 되고 10에서 6을 빼서 계산기로 계산합니다.

35

025 계산식 計(셀 계) 算(셈 산) 式(등식 식)

계산 결과를 나타낸 식을 계산식이라고 해요. 계산식에는 덧셈식, 뺄셈식, 곱셈식, 나눗셈식 등이 있어요.

주사위를 굴려 나온 세 수 3, 3, 5로 3+3+5=11, 3×5−3=12, 3÷3+5=6, (5+3)×3=24와 같은 계산식을 만들 수 있습니다.

개념 연결

1학년 식	4학년 계산식	5학년 혼합 계산
문제 상황을 숫자, 기호 등을 이용하여 나타낸 것을 식이라고 합니다.	계산 결과를 나타낸 식을 계산식이라고 합니다.	덧셈, 뺄셈, 곱셈, 나눗셈이 섞여 있는 식을 계산하는 것을 혼합 계산이라고 합니다.

개념 문제 빈칸에 알맞은 계산식을 써넣으세요.

순서	곱셈식
첫째	1×1=1
둘째	11×11=121
셋째	111×111=12321
넷째	1111×1111=1234321
다섯째	

026 곡선 曲(굽을 곡) 線(줄 선) 관련어 직선

ㄱ

모나지 않고 휘어진 굽은 선을 곡선이라고 해요.

원은 모나거나 휘어진 부분이

없는 곡선입니다.

구불구불 휘어진 도로를

곡선 도로라고 합니다.

개념 연결

3학년 **곧은 선**	3학년 **직선**	3학년 **곡선**
선분, 직선과 같이 선의 어디에도 굽은 곳이 없고 곧게 뻗은 선을 곧은 선이라고 합니다.	양쪽으로 끝없이 늘인 곧은 선을 직선이라고 합니다.	모나지 않고 휘어진 굽은 선을 곡선이라고 합니다.

개념 문제 곡선을 모두 찾아 기호를 써 보세요.

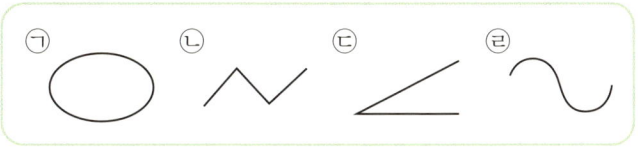

(   )

ⓐ, ⓒⓗ

37

027 곧은 선 관련어 굽은 선

선분, 반직선, 직선과 같이 선의 어디에도 굽은 부분이 없고 곧게 뻗은 선을 곧은 선이라고 해요.

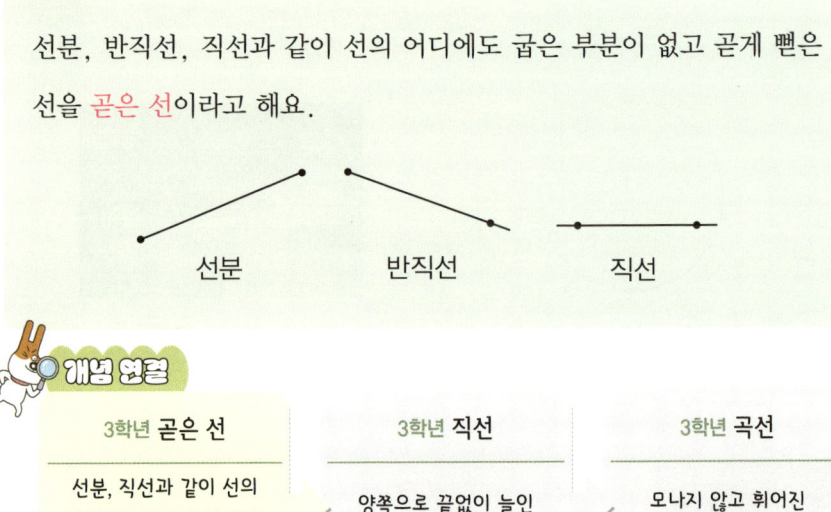

선분   반직선   직선

개념 연결

3학년 곧은 선	3학년 직선	3학년 곡선
선분, 직선과 같이 선의 어디에도 굽은 곳이 없고 곧게 뻗은 선을 곧은 선이라고 합니다.	양쪽으로 끝없이 늘인 곧은 선을 직선이라고 합니다.	모나지 않고 휘어진 굽은 선을 곡선이라고 합니다.

개념 문제 곧은 선을 모두 찾아 기호를 써 보세요.

ㄱ   ㄴ   ㄷ   ㄹ

(   )

ㄹ, ㄱ

38

028 곱 관련어 나눗셈

어떤 두 수의 곱셈 또는 그 결과를 곱이라고 해요. 곱은 곱하기와 같은 뜻으로 쓰여요.

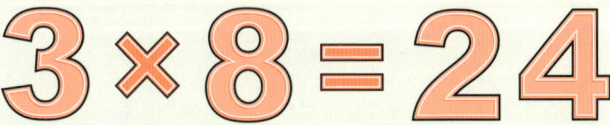

➡ 3과 8의 곱은 24입니다.

➡ 24는 3과 8의 곱입니다.

 개념 연결

1학년 덧셈	2학년 곱	3학년 나눗셈
$5+8=13$	$2 \times 7=14$	$14 \div 2=7$

 개념 문제 그림을 보고 달걀은 모두 몇 개인지 곱셈식으로 나타내어 보세요.

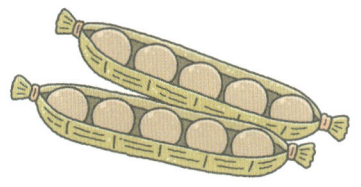

곱셈식 _____

답 $5 \times 2 = 10$ 또는 $2 \times 5 = 10$

39

029 **곱셈** 　관련어 나눗셈

어떤 수의 몇 배인지 곱을 구하는 셈을 곱셈이라고 해요. 곱셈은 × 기호를 사용하여 나타내요.

$$3 \times 5 = 15$$

3과 5의 곱은 15입니다.

3 곱하기 5는 15와 같습니다.

 개념 연결

2학년 배	2학년 곱셈	3학년 (몇십)×(몇)
4의 6배는 24입니다.	4×6=24	20×4=80

 개념 문제　덧셈을 곱셈으로 나타내어 보세요.

$$6+6+6+6= \boxed{} \times \boxed{}$$

40

030 곱셈구구

구구단을 다른 말로 곱셈구구라고 해요. 곱셈구구는 1에서 9까지의 수를 둘씩 곱하여 나타낸 식을 말해요.

곱셈구구를 곱셈표로 나타내면 곱셈구구를 한눈에 볼 수 있고, 곱셈표에서 여러 가지 규칙도 찾을 수 있습니다.

×	1	2	3	4	5	6	7	8	9
1	1	2	3	4	5	6	7	8	9
2	2	4	6	8	10	12	14	16	18
3	3	6	9	12	15	18	21	24	27
4	4	8	12	16	20	24	28	32	36
5	5	10	15	20	25	30	35	40	45
6	6	12	18	24	30	36	42	48	54
7	7	14	21	28	35	42	49	56	63
8	8	16	24	32	40	48	56	64	72
9	9	18	27	36	45	54	63	72	81

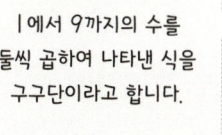 개념 연결

2학년 구구단	2학년 곱셈구구	3학년 나눗셈
1에서 9까지의 수를 둘씩 곱하여 나타낸 식을 구구단이라고 합니다.		$18 \div 3 = \boxed{6}$ $6 \times 3 = 18$

개념 문제 3단 곱셈구구의 값을 찾아 선으로 이어 보세요.

⑧ (순서대로) 3-6-9-12-15-18-21-24-27등 일렬됩니다.

41

031 곱셈식　　관련어　나눗셈식

곱셈 기호(×)와 등호(=)를 써서 나타낸 식을 곱셈식이라고 해요.

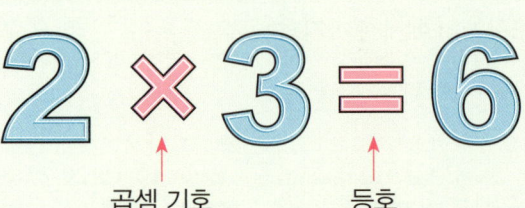

곱셈 기호　　　　　등호

2 곱하기 3은 6과 같습니다.

개념 연결

2학년 배	2학년 곱셈식	3학년 나눗셈식
5의 6배는 30입니다.	5×6=30 5 곱하기 6은 30과 같습니다.	30÷6=5 30 나누기 6은 5와 같습니다.

개념 문제 상자의 무게는 모두 몇 kg인지 곱셈식으로 나타내어 보세요.

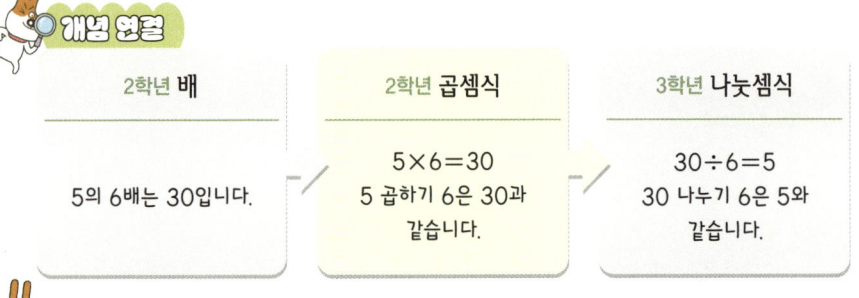

식 _____

답 8×4=32

42

032 곱셈표

곱셈 결과를 표로 나타낸 것을 곱셈표라고 해요.

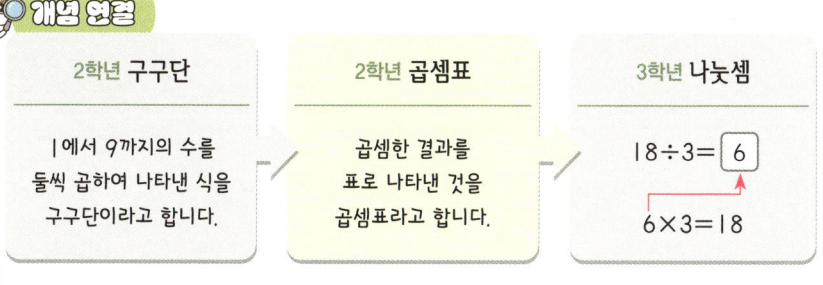

$2 \times 6 = 12$

$4 \times 5 = 20$

곱셈표의 가로줄과 세로줄이 만나는 곳에 두 수를 곱한 값을 써서 나타
냅니다.

개념 연결

2학년 **구구단**	2학년 **곱셈표**	3학년 **나눗셈**
1에서 9까지의 수를 둘씩 곱하여 나타낸 식을 구구단이라고 합니다.	곱셈한 결과를 표로 나타낸 것을 곱셈표라고 합니다.	$18 \div 3 = \boxed{6}$ $6 \times 3 = 18$

개념 문제 곱셈표를 완성해 보세요.

×	5	7
2		14
6		

43

033 곱하기 〔관련어〕 나누기

몇씩 몇 묶음이 얼마인지 알아보기 위해 두 수를 곱하여 값을 구하는 방법을 곱하기라고 해요. 곱셈식에서 × 기호를 곱하기라고 읽어요.

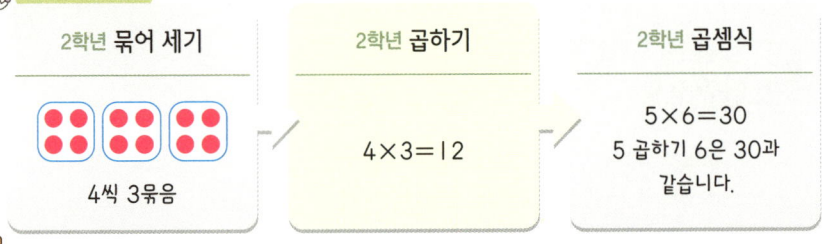

5씩 4묶음 ➡ 5×4(5 곱하기 4)

 개념 연결

2학년 묶어 세기	2학년 곱하기	2학년 곱셈식
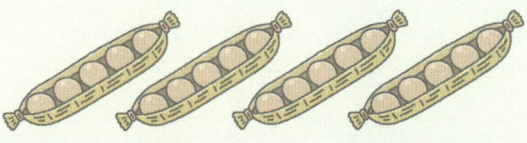 4씩 3묶음	4×3=12	5×6=30 5 곱하기 6은 30과 같습니다.

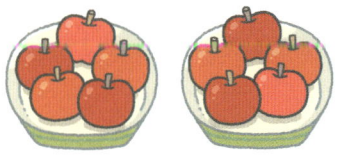 개념 문제 사과의 수를 나타내는 곱셈식을 읽어 보세요.

5×2 ➡ _____

44

034 공배수 公(공평할 공) 倍(곱 배) 數(셀 수)   관련어 공약수

둘 또는 셋 이상인 수의 배수 중 공통인 배수를 공배수라고 합니다.

3의 배수: 3, 6, 9, 12, 15, 18, 21, 24, 27……

4의 배수: 4, 8, 12, 16, 20, 24, 28……

3과 4의 공배수 ➡ 12, 24……

두 수 3과 4의 배수 중 공통인 배수는 12, 24…… 등이 있습니다. 이때 12, 24……를 3과 4의 공배수라고 합니다.

 개념 연결

5학년 배수	5학년 공배수	5학년 최소공배수
12=2×6 12는 2와 6의 배수입니다.	15, 30, 45……는 3과 5의 공통된 배수이므로 3과 5의 공배수입니다.	2) 6 8 3 4 6과 8의 최소공배수: 2×3×4=24

개념 문제 6과 8의 공배수를 찾아 ○표 해 보세요.

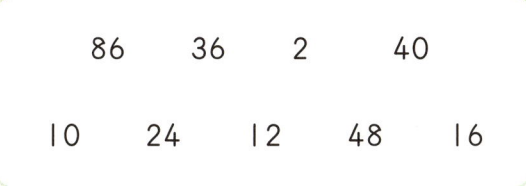

86   36   2   40

10   24   12   48   16

답 24, 48에 ○표

45

035 공약수 公(공평할 공) 約(맺을 약) 數(셀 수) [관련어] 공배수

둘 또는 셋 이상인 수의 약수 중 공통인 약수를 공약수라고 합니다.

8의 약수: 1, 2, 4, 8

12의 약수: 1, 2, 3, 4, 6, 12

8과 12의 공약수 ➡ 1, 2, 4

두 수 8과 12의 약수 중 공통인 약수는 1, 2, 4입니다. 이때 1, 2, 4를 8과 12의 공약수라고 합니다.

 개념 연결

3학년 **약수**	3학년 **공약수**	5학년 **최대공약수**
8=1×8 8=2×4 8의 약수는 1, 2, 4, 8입니다.	1, 2, 3, 6은 12와 18의 공통된 약수이므로 12와 18의 공약수입니다.	12와 18의 최대공약수는 공약수 중 가장 큰 수인 6입니다.

개념 문제 10과 15의 공약수를 찾아 ○표 해 보세요.

30	10	3	5
1	2	15	20

46

036 공통분모 共(함께 공) 通(통할 통) 分 (나눌 분) 母(어머니 모)

분모가 다른 분수를 통분하여 분모를 같게 했을 때, 통분한 분수의 분모를 공통분모라고 해요.

$$\left(\frac{3}{4}, \frac{1}{6}\right) \Rightarrow \left(\frac{9}{12}, \frac{2}{12}\right), \left(\frac{18}{24}, \frac{4}{24}\right) \cdots\cdots$$

두 분수 $\frac{3}{4}$과 $\frac{1}{6}$을 12, 24를 공통분모로 하여 통분할 수 있습니다.

개념 연결

5학년 분수의 성질	5학년 공통분모	5학년 분수의 덧셈
분모와 분자에 0이 아닌 같은 수를 곱하거나 나누면 크기가 같은 분수를 만들 수 있습니다.	분모가 다른 분수를 통분하여 분모를 같게 했을 때 통분한 분수의 분모를 공통분모라고 합니다.	$\frac{1}{2}+\frac{1}{3}=\frac{1\times3}{2\times3}+\frac{1\times2}{3\times2}$ $=\frac{3}{6}+\frac{2}{6}$ $=\frac{5}{6}$

개념 문제 두 분수를 통분할 때 공통분모 중 가장 작은 수를 써 보세요.

$$\frac{5}{8} \qquad \frac{3}{10}$$

(   )

47

037 관계식 關(관계할 관) 係(맬 계) 式(법 식)

어떤 두 수나 양 사이의 대응 관계를 나타낸 식을 관계식이라고 해요.

10살
7살

(누나의 나이) = (동생의 나이) + 3

누나   동생

대응 관계 누나는 동생보다 3살이 더 많습니다.

 개념 연결

5학년 두 양 사이의 관계	5학년 대응 관계	5학년 관계식
두 대상 사이에 어떤 규칙이 있을 때, 이를 두 양 사이의 관계라고 합니다.	한 양이 변함에 따라 다른 양이 일정하게 변하는 관계를 두 양 사이의 대응 관계라고 합니다.	어떤 두 수나 양 사이의 대응 관계를 나타낸 식을 관계식이라고 합니다.

개념 문제 표를 보고 두 양의 대응 관계를 식으로 나타내어 보세요.

□	1	2	3	4	⋯
△	2	4	6	8	⋯

관계식 _____

□ × 2 = △ ⑧

48

038 괄호 括(묶을 괄) 弧(활 호)

문장 부호의 하나로 수학에서 묶음이나 계산 순서를 나타낼 때 사용하는 기호예요.

$$\left(\frac{2}{3}, \frac{3}{4}\right) \rightarrow \left(\frac{2\times 4}{3\times 4}, \frac{3\times 3}{4\times 3}\right) \rightarrow \left(\frac{8}{12}, \frac{9}{12}\right)$$

분수를 통분하여 짝 지어 나타낼 때 괄호를 사용할 수 있습니다.

$$25+(8-5)\times 4$$

혼합 계산에서 괄호가 있으면 괄호 안을 먼저 계산합니다.

개념 연결

4학년 계산식	5학년 괄호	5학년 혼합 계산
계산 결과를 나타낸 식을 계산식이라고 합니다.	괄호는 묶음이나 계산 순서를 나타낼 때 사용하는 기호입니다.	괄호가 포함된 혼합 계산에서는 괄호를 가장 먼저 계산합니다.

개념 문제

보기 의 계산 순서로 알맞은 것은? (   )

보기

$$3\times(6+4)$$

① $3\times(6+4)=18+4$
　　　　　$=22$

② $3\times(6+4)=3\times10$
　　　　　$=30$

답 ②

49

039 구 球(공 구)

공처럼 둥근 모양의 입체도형을 구라고 해요.

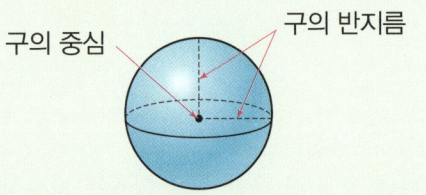

구의 가장 안쪽에 있는 점을 구의 중심, 구의 중심에서 구의 겉면의 한 점을 이은 선분을 구의 반지름이라고 합니다.

개념 연결

3학년 원	6학년 구	중등 회전체
평면 위의 한 점에서 일정한 거리만큼 떨어진 점을 모은 도형을 원이라고 합니다.	공처럼 둥근 모양의 입체도형을 구라고 합니다.	한 직선을 축으로 하여 평면도형을 한 바퀴 돌렸을 때 만들어지는 입체도형을 회전체라고 합니다.

개념문제 구를 위, 앞, 옆에서 본 모양을 그려 보세요.

입체도형	위에서 본 모양	앞에서 본 모양	옆에서 본 모양
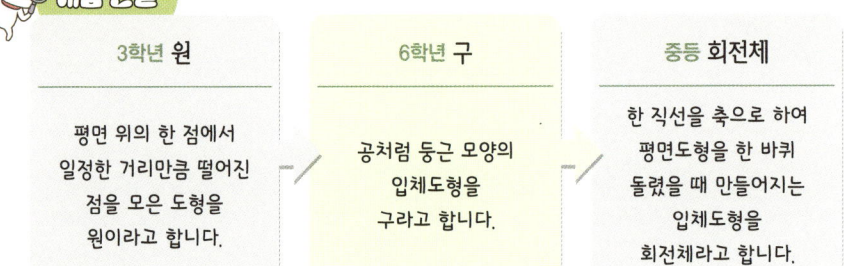			

50

040 구구단

1에서 9까지의 수를 순서대로 둘씩 곱하여 나타낸 식을 구구단이라고 해요. 구구단을 곱셈구구라고도 불러요.

2단	3단	4단	5단	6단	7단	8단	9단
2×1=2	3×1=3	4×1=4	5×1=5	6×1=6	7×1=7	8×1=8	9×1=9
2×2=4	3×2=6	4×2=8	5×2=10	6×2=12	7×2=14	8×2=16	9×2=18
2×3=6	3×3=9	4×3=12	5×3=15	6×3=18	7×3=21	8×3=24	9×3=27
2×4=8	3×4=12	4×4=16	5×4=20	6×4=24	7×4=28	8×4=32	9×4=36
2×5=10	3×5=15	4×5=20	5×5=25	6×5=30	7×5=35	8×5=40	9×5=45
2×6=12	3×6=18	4×6=24	5×6=30	6×6=36	7×6=42	8×6=48	9×6=54
2×7=14	3×7=21	4×7=28	5×7=35	6×7=42	7×7=49	8×7=56	9×7=63
2×8=16	3×8=24	4×8=32	5×8=40	6×8=48	7×8=56	8×8=64	9×8=72
2×9=18	3×9=27	4×9=36	5×9=45	6×9=54	7×9=63	8×9=72	9×9=81

앞에 오는 수를 기준으로 2단, 3단, 4단……이라고 부릅니다.

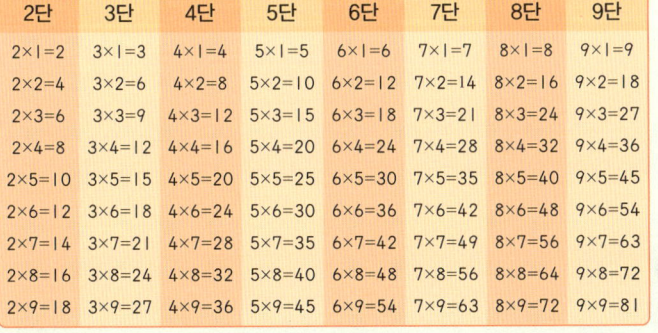

2학년 곱셈	2학년 구구단	2학년 0의 곱
2×7=14	1에서 9까지의 수를 둘씩 곱하여 나타낸 식을 구구단이라고 합니다.	0×5=0 5×0=0 0×0=0

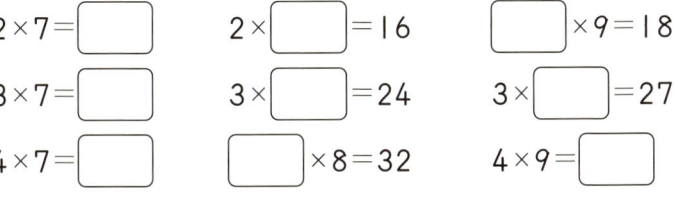 □ 안에 알맞은 수를 써넣으세요.

2×7=□ 　　2×□=16 　　□×9=18

3×7=□ 　　3×□=24 　　3×□=27

4×7=□ 　　□×8=32 　　4×9=□

⑧ (앞에서부터)14, 8, 2, 21, 8, 9, 28, 4, 36

041 구의 반지름

구의 중심에서 구의 겉면의 한 점을 이은 선분을 구의 반지름이라고 해요.

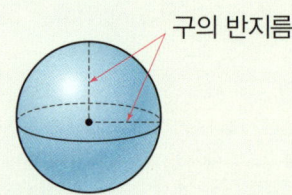

구의 중심을 지나는 원의 반지름은 구의 반지름과 같습니다.

개념 연결

6학년 **구**	6학년 **구의 중심**	6학년 **구의 반지름**
공처럼 둥근 모양의 입체도형을 구라고 합니다.	구의 가장 안쪽에 있는 점을 구의 중심이라고 합니다.	구의 중심에서 구의 겉면의 한 점을 이은 선분을 구의 반지름이라고 합니다.

개념 문제 반원 모양의 종이를 지름을 기준으로 한 바퀴 돌렸을 때 만들어지는 입체도형의 반지름의 길이는 몇 cm인지 써 보세요.

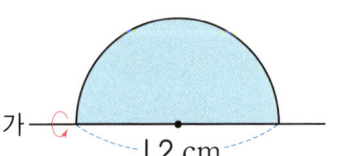

가

12 cm

(   )

042 구의 중심 中(가운데 중) 心(마음 심)

구의 가장 안쪽에 있는 점을 구의 중심이라고 해요.

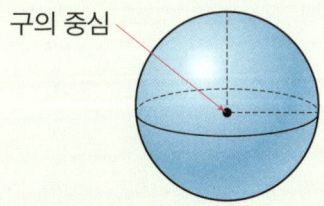

구의 중심

구의 중심에서 구의 겉면까지 이은 선분의 길이는 모두 같습니다.

개념 연결

6학년 구	6학년 구의 중심	6학년 구의 반지름
공처럼 둥근 모양의 입체도형을 구라고 합니다.	구의 가장 안쪽에 있는 점을 구의 중심이라고 합니다.	구의 중심에서 구의 겉면의 한 점을 이은 선분을 구의 반지름이라고 합니다.

개념 문제

그림과 같이 구의 중심에서 구의 겉면까지 그을 수 있는 선분은 몇 개인지 써 보세요.

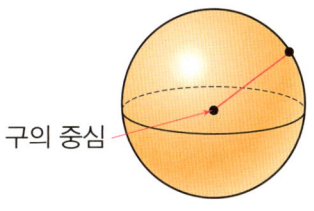

구의 중심

(   )

53

043 굽은 면 面(표면 면)

원기둥, 원뿔의 옆면과 같이 휘어진 면을 굽은 면이라고 해요. 굽은 면을 곡면이라고도 불러요.

 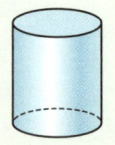 

원기둥과 원뿔의 옆면은 굽은 면으로 되어 있습니다.

개념 연결

3학년 곧은 선	3학년 곡선	6학년 굽은 면
선분, 직선과 같이 굽은 곳이 없고 곧게 뻗은 선을 곧은 선이라고 합니다.	모나지 않고 휘어진 굽은 선을 곡선이라고 합니다.	원기둥, 원뿔의 옆면과 같이 휘어진 면을 굽은 면이라고 합니다.

개념 문제 굽은 면이 있는 도형을 모두 찾아 기호를 써 보세요.

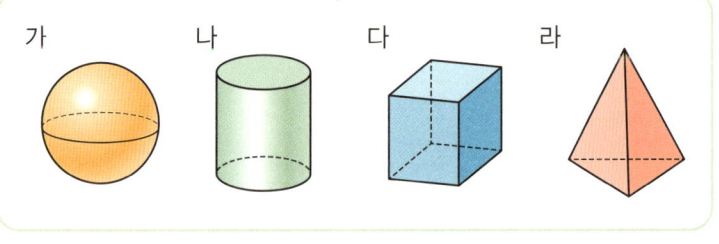

(   )

044 **굽은 선** 線(줄 선) 관련어 곧은 선

꺾이거나 모나지 않고 휘어진 선을 굽은 선이라고 해요.

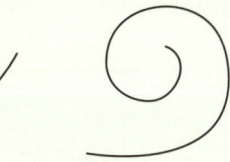

굽은 선은 곧은 부분이 없고 휘어져 있습니다.

개념 연결

3학년 **곧은 선**	3학년 **직선**	3학년 **굽은 선**
선분, 직선과 같이 굽은 곳이 없고 곧게 뻗은 선을 곧은 선이라고 합니다.	양쪽으로 끝없이 늘인 곧은 선을 직선이라고 합니다.	꺾이거나 모나지 않고 휘어진 선을 굽은 선이라고 합니다.

개념 문제 굽은 선을 모두 찾아 기호를 써 보세요.

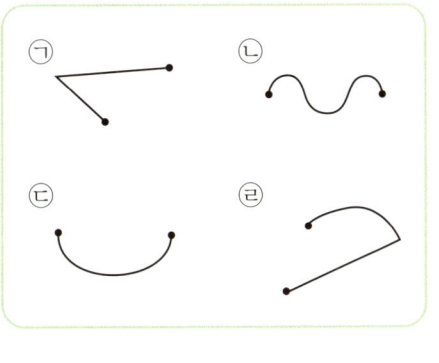

(   )

ㄷ, ㄱ, ㄹ

55

045 규칙 規(법 규) 則(법칙 칙)

수, 모양, 기호 등이 일정한 조건에 따라 배열되어 있거나 어떤 조건을 만족할 때 규칙이 있다고 말해요.

3, 6, 9, 12, 15, 18…… ➡ 3씩 커지는 규칙이 있습니다.

2, 5, 2, 5, 2, 5…… ➡ 2와 5가 반복되는 규칙이 있습니다.

➡ 색깔이나 모양이 반복되는 규칙이 있습니다.

개념 연결

1학년 규칙	5학년 두 양 사이의 관계	5학년 관계식
수, 모양, 기호 등이 일정한 조건에 따라 배열되어 있거나 어떤 조건을 만족할 때 규칙이 있다고 합니다.	두 대상 사이에 어떤 규칙이 있을 때, 이를 두 양 사이의 관계라고 합니다.	어떤 두 양 사이의 대응 관계를 나타낸 식을 관계식이라고 합니다.

개념 문제
규칙에 따라 빈 곳에 알맞은 수를 써넣으세요.

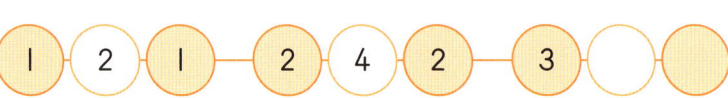

답 6, 3

046 그래프

조사한 자료를 정리하여 한눈에 알아볼 수 있도록 나타낸 그림을 그래프라고 해요. 그래프를 그리는 방법이나 모양에 따라 그림그래프, 막대그래프, 꺾은선그래프, 띠그래프 등이 있어요.

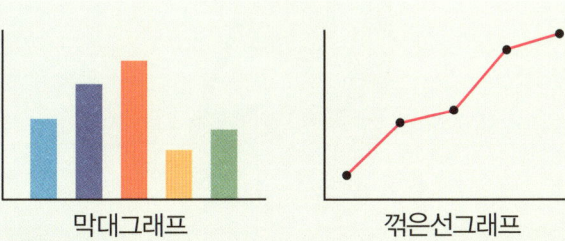

막대그래프   꺾은선그래프

개념 연결

2학년 자료	2학년 표	2학년 그래프
연구나 조사를 위해 필요한 재료를 수집하여 일정한 규칙에 따라 정리해 놓은 것을 자료라고 합니다.	가로와 세로로 놓인 칸에 자료를 일정한 기준으로 나열해 놓은 것을 표라고 합니다.	조사한 자료를 정리하여 한눈에 알아볼 수 있도록 나타낸 그림을 그래프라고 합니다.

개념 문제

그래프를 보고 스마트폰을 어디에 가장 많이 쓰는지 써 보세요.

스마트폰 사용 시간

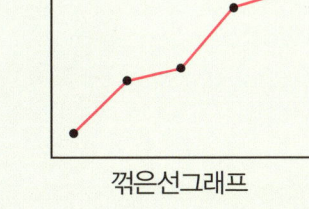

(   )

57

047 그램(g)

그램은 무게를 나타내는 기본 단위로 g 기호를 사용하여 나타내요. 무게를 잴 때는 저울을 사용해요.

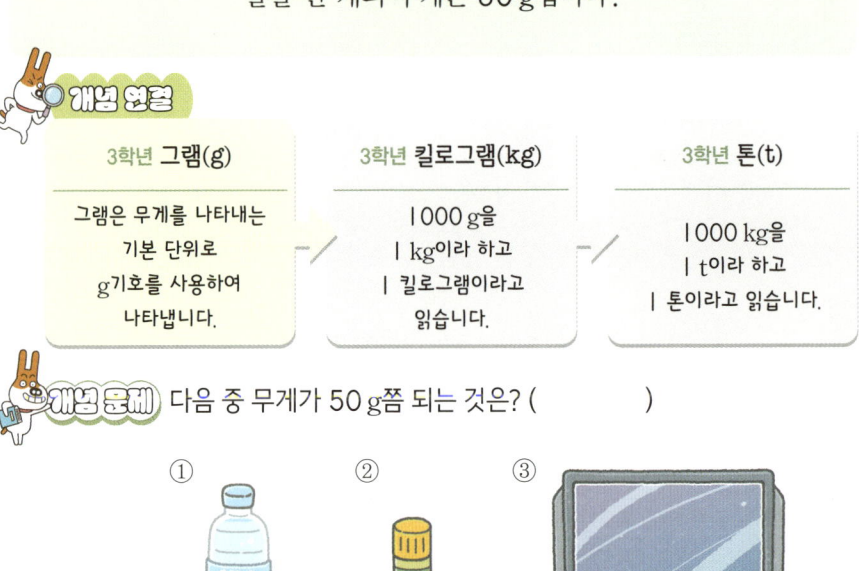

달걀 한 개의 무게는 60 g입니다.

개념 연결

3학년 그램(g)	3학년 킬로그램(kg)	3학년 톤(t)
그램은 무게를 나타내는 기본 단위로 g기호를 사용하여 나타냅니다.	1000 g을 1 kg이라 하고 1 킬로그램이라고 읽습니다.	1000 kg을 1 t이라 하고 1 톤이라고 읽습니다.

개념 문제 다음 중 무게가 50 g쯤 되는 것은? (   )

① 생수 한 병   ② 딱풀 한 개   ③ 텔레비전

58

048 그림그래프

조사한 자료를 정리하여 알리려고 하는 수(또는 양)를 그림의 크기나 개수로 나타낸 그래프를 그림그래프라고 해요.

지난 일주일 동안 학교 도서관을 이용한 학생 수

요일	학생 수
월요일	😊😊😊😊🙂🙂🙂
화요일	😊😊😊🙂🙂🙂
수요일	😊😊😊😊🙂🙂
목요일	😊😊😊
금요일	😊😊🙂🙂🙂🙂

😊 10명
🙂 1명

개념 연결

3학년 그림그래프

조사한 자료를 정리하여 알리려고 하는 수를 그림의 크기나 개수로 나타낸 그래프

4학년 막대그래프

자료를 조사하여 어떤 대상의 수나 양을 비교하기 쉽게 막대 모양의 길이로 나타낸 그래프

4학년 꺾은선그래프

어떤 대상의 변화를 나타내기 위해 수량을 점으로 표시하고 그 점들을 선분으로 이어 그린 그래프

개념 문제 우리 반 여학생은 몇 명인지 써 보세요.

우리 반 남학생과 여학생 수

성별	학생 수
남학생	🧍🧍🧍
여학생	🧍🧍🧍🧍🧍🧍

🧍 10명
🧍 1명

(   )

049 기둥

마주 보는 두 면이 서로 평행하고 합동인 입체도형을 기둥이라고 해요.

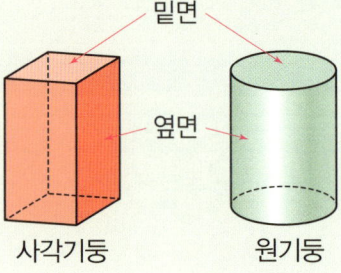

사각기둥   원기둥

밑면이 다각형인 기둥을 각기둥,

밑면이 원인 기둥을 원기둥이라고 합니다.

개념 연결

6학년 **기둥**	6학년 **각기둥**	6학년 **원기둥**
마주 보는 두 면이 서로 평행하고 합동인 입체도형을 기둥이라고 합니다.	밑면이 다각형인 기둥을 각기둥이라고 합니다.	밑면이 원인 기둥을 원기둥이라고 합니다.

개념 문제

그림을 보고 ☐ 안에 알맞은 말을 써넣으세요.

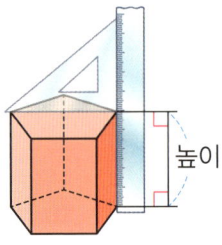

높이

기둥의 높이는 두 밑면에 수직인 선분의 ☐☐를

재어 구할 수 있어요.

050 **기약분수** 既(이미 기) 約(맺을 약) 分(나눌 분) 數(셈 수)

$\frac{3}{5}$, $\frac{2}{7}$와 같이 분모와 분자의 공약수가 1뿐인 분수를 기약분수라고 해요.

$$\frac{7}{9}$$

$$\frac{8}{12} = \frac{2}{3}$$

7과 9의 공약수는 1뿐이므로 $\frac{7}{9}$은 기약분수입니다.

$\frac{8}{12}$을 8과 12의 공약수 4로 약분 하면 기약분수 $\frac{2}{3}$로 나타낼 수 있습니다.

개념 연결

5학년 약수	5학년 약분	5학년 기약분수
어떤 수를 나누어떨어지게 하는 수를 약수라고 합니다. 6의 약수는 1, 2, 3, 6입니다.	$\frac{4}{8} = \frac{2}{4} = \frac{1}{2}$	분모와 분자의 공약수가 1뿐인 분수를 기약분수라고 합니다.

개념 문제 기약분수를 모두 찾아 써 보세요.

$$\frac{3}{6} \qquad \frac{5}{12} \qquad \frac{12}{15} \qquad \frac{17}{21}$$

(   )

답 $\frac{5}{12}$, $\frac{17}{21}$

61

051 기준 基(터 기) 準(표준 준)

어떤 사물에서 드러나는 성질이나 특징으로 무언가를 비교할 때 판단의
근거가 되는 것을 기준이라고 해요.

다리가 4개인 동물	다리가 2개인 동물

기준을 정하여 동물을 분류할 수 있습니다.

 개념 연결

2학년 **분류하기**	2학년 **기준**	6학년 **기준량**
어떤 사물을 공통되는 일정한 기준에 따라 나누는 것을 분류라고 합니다.	어떤 사물에서 드러나는 성질이나 특징으로 무언가를 비교할 때 판단의 근거가 되는 것을 기준이라고 합니다.	비 또는 비율에서 기준이 되는 양을 기준량이라고 합니다.

개념 문제 정해진 기준에 따라 물건을 분류하여 선으로 이어 보세요.

052 기준량 基(터 기) 準(표준 준) 量(헤아릴 량)

비 또는 비율에서 기준이 되는 양을 기준량이라고 해요.

$$4 : 5$$
비교하는 양 기준량

$$\frac{4}{5}$$ 비교하는 양
기준량

비 4:5에서 기호 :의 오른쪽에 있는 5가 기준량입니다.

비율에서 분모에 오는 수를 기준량이라고 합니다.

개념 연결

6학년 비

두 수를 나눗셈으로 비교하기 위해 기호 :을 사용하여 나타낸 두 수를 비라고 합니다.

6학년 기준량

비 또는 비율에서 기준이 되는 양을 기준량이라고 합니다.

6학년 비율

기준량에 대한 비교하는 양의 크기를 비율이라고 합니다.

개념 문제

전체 학생 수에 대한 남학생 수의 비가 2 : 6일 때 기준량을 써 보세요.

(   )

053 길이

어떤 물건의 한쪽 끝에서 다른 쪽 끝까지의 거리를 길이라고 해요.

버스

택시

버스가 택시보다 더 깁니다.

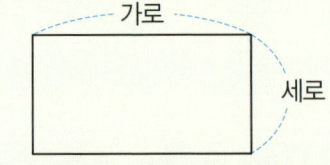
가로
세로

직사각형의 둘레는 가로의 길이와 세로의 길이로 구할 수 있습니다.

수학에서는 한 선분의 긴 정도를 길이라고 합니다.

개념 연결

1학년 **길이**	2학년 **센티미터(cm)**	3학년 **거리**
어떤 물건의 한쪽 끝에서 다른 쪽 끝까지의 거리를 길이라고 합니다.	길이를 재는 단위로 1 m의 100분의 1에 해당하는 길이를 1 cm라고 합니다.	서로 떨어져 있는 두 점 사이를 잇는 선분의 길이를 거리라고 합니다.

개념 문제
착시 도형을 보고 ☐ 안에 알맞은 말을 써 보세요.

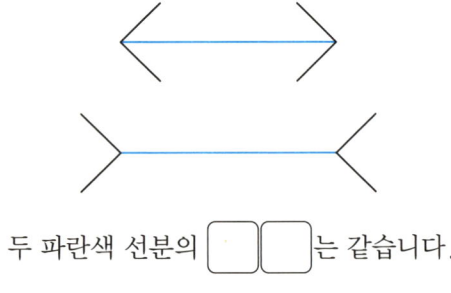

두 파란색 선분의 ☐☐는 같습니다.

054 꺾은선그래프

어떤 대상의 변화를 나타내기 위해 수량을 점으로 표시하고, 그 점들을
선분으로 이어 그린 그래프를 꺾은선그래프라고 합니다.

제주도의 월별 강수량

(mm)

개념 연결

3학년 그림그래프

조사한 자료를 정리하여
알리려고 하는 수를
그림의 크기나 개수로
나타낸 그래프

4학년 막대그래프

자료를 조사하여
어떤 대상의 수나 양을
비교하기 쉽게 막대 모양의
길이로 나타낸 그래프

4학년 꺾은선그래프

어떤 대상의 변화를
나타내기 위해 수량을
점으로 표시하고 그 점들을
선분으로 이어 그린 그래프

개념 문제

꺾은선그래프에서 알 수 있는 내용으로 옳은 것은? (   )

제주도의 월별 강수량

(mm)

① 여름(6~8월)에
강수량이 가장 많다.
② 봄(3~5월)에
강수량이 가장 적다.
③ 겨울(12~2월)에는
눈이 온다.

① 답

65

055 꼭짓점(평면도형)

평면도형에서 두 변이 만나서 이루는 점을 꼭짓점이라고 해요.

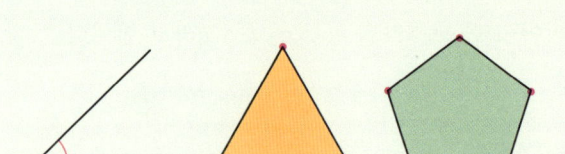

평면도형의 꼭짓점

개념 연결

2학년 변	2학년 꼭짓점	4학년 대각선
각이나 다각형을 이루는 선분을 변이라고 합니다.	평면도형에서 두 변이 만나서 이루는 점을 꼭짓점이라고 합니다.	다각형에서 서로 이웃하지 않는 두 꼭짓점을 이은 선분을 대각선이라고 합니다.

개념 문제 꼭짓점은 모두 몇 개인지 써 보세요.

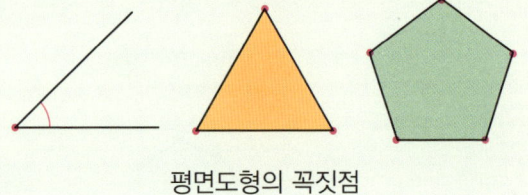

(   )

66

056 꼭짓점(입체도형)

입체도형에서 모서리와 모서리가 만나는 점을 꼭짓점이라고 해요.

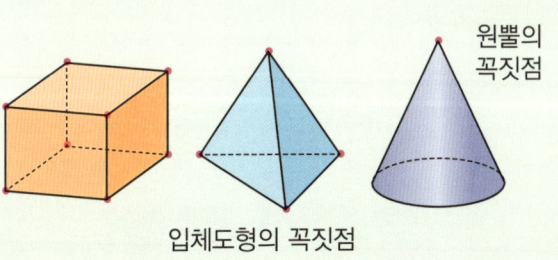

원뿔의 꼭짓점

입체도형의 꼭짓점

단, 원뿔에서는 뾰족한 부분의 점을 원뿔의 꼭짓점이라고 합니다.

개념 연결

6학년 모서리	6학년 꼭짓점	6학년 각뿔의 꼭짓점
각기둥, 각뿔과 같은 입체도형에서 면과 면이 만나는 선을 모서리라고 합니다.	입체도형에서 모서리와 모서리가 만나는 점을 꼭짓점이라고 합니다.	각뿔에서 밑면과 마주 보는 점을 각뿔의 꼭짓점이라고 합니다.

개념 문제 꼭짓점의 개수가 다른 도형을 찾아 기호를 써 보세요.

가   나   다

(　　　　　　　)

057 나누기 　관련어　곱하기

어떤 수나 양을 둘 이상으로 똑같이 가르는 것을 말해요. 나눗셈식에서

÷ 기호를 나누기라고 읽어요.

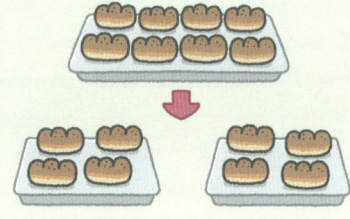

8을 2로 나누면 ➡ 8÷2

 개념 연결

2학년 곱하기	3학년 나누기	3학년 나눗셈식
3×7 3의 7배를 3 곱하기 7이라고 읽습니다.	9를 3으로 나누면 9÷3	16÷2=8 16 나누기 2는 8과 같습니다.

개념 문제 한 사람의 몫은 몇 개인지 써 보세요.

(　　　　　　　　)

68

058 나누는 수

(몇)÷(몇)과 같은 나눗셈에서 뒤에 오는 수를 <u>나누는 수</u>라고 해요. 나누는 수를 제수(除數)라고도 불러요.

$$12 \div 4 = 3$$

나누어지는 수 나누는 수 몫

12를 4로 나눌 때 나누는 수는 4입니다.

 개념 연결

3학년 **나누어지는 수**	3학년 **나누는 수**	3학년 **나눗셈 식**
(몇)÷(몇)과 같은 나눗셈에서 앞에 오는 수를 나누어지는 수라고 합니다.	(몇)÷(몇)과 같은 나눗셈에서 뒤에 오는 수를 나누는 수라고 합니다.	12÷2=6과 같이 두 수의 나눗셈과 몫을 등호로 연결한 식을 나눗셈식이라고 합니다.

개념 문제 나눗셈식과 나누는 수를 알맞게 선으로 이어 보세요.

8÷2=4 •   • 4

8÷4=2 •   • 8

16÷8=2 •   • 2

69

059 나누어떨어진다

자연수의 나눗셈에서 나머지가 0인 경우 나누어떨어진다고 해요.

$$
2\overline{)8} \\
4
$$

$$
\begin{array}{r}
4 \\
2\overline{)8} \\
8 \\
\hline
0
\end{array}
$$
← 나머지가 0입니다.

8을 2로 나누었을 때, 몫은 4이고 나머지는 0이 됩니다. 이때 8은 2로 나누어떨어진다고 합니다.

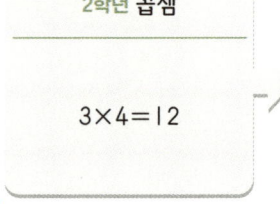 개념 연결

2학년 곱셈	3학년 나누어떨어진다	3학년 나머지
$3 \times 4 = 12$	$12 \div 4 = 3 \cdots 0$과 같이 나머지가 0인 경우를 나누어떨어진다고 합니다.	$5 \div 2 = 2 \cdots 1$ 몫은 2이고, 나머지는 1입니다.

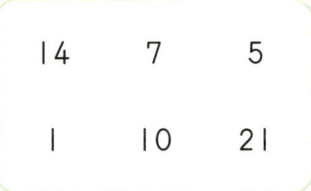 개념 문제 다음 중 7로 나누어떨어지는 수를 모두 찾아 ◯표 해 보세요.

14	7	5
1	10	21

70

060 나누어지는 수

(몇)÷(몇)과 같은 나눗셈에서 앞에 오는 수를 나누어지는 수라고 해요. 나누어지는 수를 피제수(被除數)라고도 불러요.

$$12 \div 4 = 3$$

나누어지는 수 나누는 수 몫

12를 4로 나눌 때 나누어지는 수는 12입니다.

개념 연결

3학년 **나누어지는 수**	3학년 **나누는 수**	3학년 **나눗셈 식**
(몇)÷(몇)과 같은 나눗셈에서 앞에 오는 수를 나누어지는 수라고 합니다.	(몇)÷(몇)과 같은 나눗셈에서 뒤에 오는 수를 나누는 수라고 합니다.	12÷2=6과 같이 두 수의 나눗셈과 몫을 등호로 연결한 식을 나눗셈식이라고 합니다.

개념 문제 세로셈을 보고 나누어지는 수와 나누는 수를 찾아 써 보세요.

$$\begin{array}{r} 3 \\ 12\overline{)3\ 6} \\ 3\ 6 \\ \hline 0 \end{array}$$

나누어지는 수 (　　　　　　　　　)

나누는 수 (　　　　　　　　　)

답 36, 12

061 나눗셈 관련어 곱셈

어떤 수를 몇으로 똑같이 나누어 몫을 구하는 셈을 나눗셈이라고 해요.

6을 3으로 나누면 2가 됩니다.

6 나누기 3은 2와 같습니다.

 개념 연결

2학년 곱셈	3학년 나눗셈	3학년 (몇십)÷(몇)
2×3=6	6÷3=2	80÷2=40

 개념 문제 뺄셈을 나눗셈으로 나타내어 보세요.

12−2−2−2−2−2−2=0 ➡ ☐ ÷ ☐ = ☐

72

062 나눗셈식 관련어 곱셈식

나눗셈 기호(÷)와 등호(=)를 써서 나타낸 식을 나눗셈식이라고 해요.

12 ÷ 4 = 3

나누어지는 수   나눗셈 기호   나누는 수   등호   몫

12 나누기 4는 3과 같습니다.

 개념 연결

2학년 **곱셈식**	3학년 **나눗셈식**	3학년 **(몇십)÷(몇)**
2×4=8 2 곱하기 4는 8과 같습니다.	8÷4=2 8 나누기 4는 2와 같습니다.	80÷4=20

 개념 문제   그림을 나눗셈식으로 나타내어 보세요.

식 _____

답 20÷5=4

73

063 나머지

자연수의 나눗셈에서 몫을 구하고 남은 수를 **나머지**라고 해요. 나머지
는 나누는 수보다 작아요.

$$
\begin{array}{r}
2 \\
5\overline{)1\ 3} \\
1\ 0 \\
\hline
3
\end{array}
\quad
\text{몫}
\quad
\begin{array}{r}
6 \\
2\overline{)1\ 2} \\
1\ 2 \\
\hline
0
\end{array}
$$

←── 나머지 ──→

13을 5로 나누면 몫은 2이고 나머지는 3입니다. 또 12를 2로 나누
면 몫은 6이고 나머지는 0입니다. 이처럼 나머지가 0일 때 나누어떨어
진다고 합니다.

개념 연결

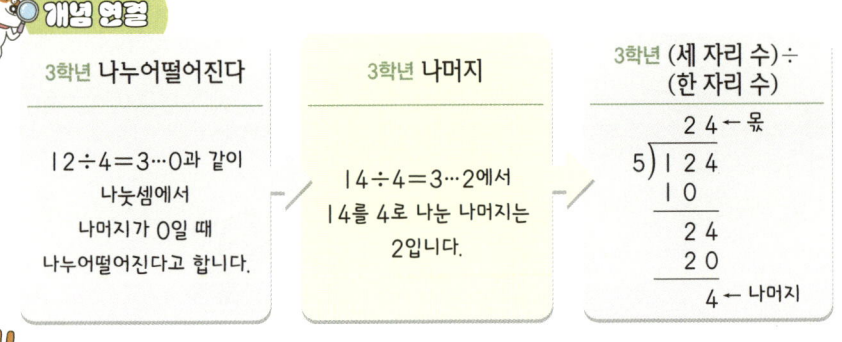

3학년 나누어떨어진다

12÷4=3…0과 같이
나눗셈에서
나머지가 0일 때
나누어떨어진다고 합니다.

3학년 나머지

14÷4=3…2에서
14를 4로 나눈 나머지는
2입니다.

**3학년 (세 자리 수)÷
(한 자리 수)**

$$
\begin{array}{r}
2\ 4 \\
5\overline{)1\ 2\ 4} \\
1\ 0 \\
\hline
2\ 4 \\
2\ 0 \\
\hline
4
\end{array}
$$
← 몫
← 나머지

 **개념 문제** 17을 6으로 나누었을 때 몫과 나머지를 구해 보세요.

$$17 \div 6 = \boxed{} \cdots \boxed{}$$

17을 6으로 나누면 몫은 $\boxed{}$ 이고, 나머지는 $\boxed{}$ 입니다.

답 2, 5

064 낱개

여럿 가운데 따로따로인 한 개, 한 개를 낱개라고 해요. 수 모형에서는
일 모형 한 개, 한 개를 낱개라고 해요.

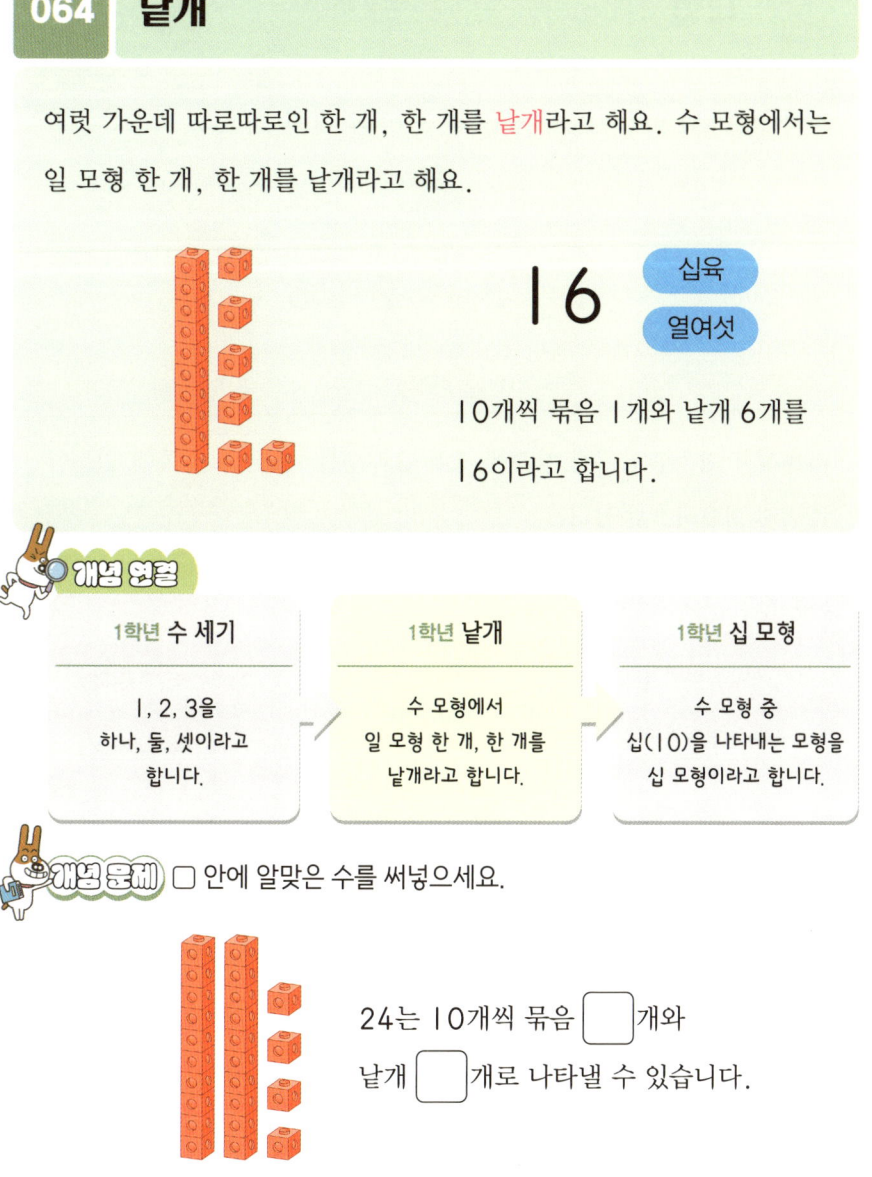

16

십육

열여섯

10개씩 묶음 1개와 낱개 6개를
16이라고 합니다.

개념 연결

1학년 수 세기	1학년 낱개	1학년 십 모형
1, 2, 3을 하나, 둘, 셋이라고 합니다.	수 모형에서 일 모형 한 개, 한 개를 낱개라고 합니다.	수 모형 중 십(10)을 나타내는 모형을 십 모형이라고 합니다.

개념 문제 □ 안에 알맞은 수를 써넣으세요.

24는 10개씩 묶음 ☐개와

낱개 ☐개로 나타낼 수 있습니다.

답 2, 4

065 내항 內(안 내) 項(목 항) 관련어 외항

비례식에서 안쪽에 있는 두 항을 내항이라고 해요.

외항

$$1 : 3 = 2 : 6$$

내항

비례식 $1:3=2:6$에서 안쪽에 있는 3과 2를 내항, 바깥쪽에 있는 1 과 6을 외항이라고 합니다.

개념 연결

6학년 비례식	6학년 내항	6학년 외항
비율이 같은 두 비를 등호(=)를 사용하여 나타낸 식을 비례식이라고 합니다.	비례식에서 안쪽에 있는 두 항을 내항이라고 합니다.	비례식에서 바깥쪽에 있는 두 항을 외항이라고 합니다.

개념 문제 비례식에서 내항끼리의 곱을 구해 보세요.

$$3 : 8 = 6 : 16$$

(   )

76

066 넓이

사각형, 원과 같이 어떤 평면이 차지하는 크기를 넓이라고 해요. 넓이는 어떤 평면의 넓은 정도를 나타내는 말이에요.

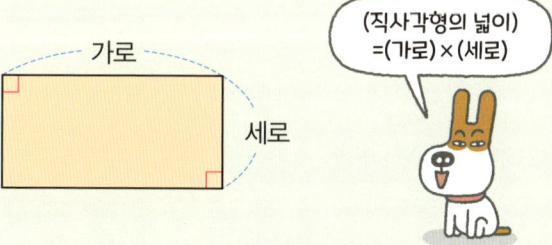

가로

세로

(직사각형의 넓이)
=(가로)×(세로)

넓이를 나타내는 단위에는 cm^2(제곱센티미터), m^2(제곱미터), km^2(제곱킬로미터) 등이 있습니다.

개념 연결

1학년 길이	1학년 넓이	5학년 직사각형의 넓이
어떤 물건의 한쪽 끝에서 다른 쪽 끝까지의 거리를 길이라고 합니다.	사각형, 원과 같이 어떤 평면이 차지하는 크기를 넓이라고 합니다.	직사각형의 넓이는 (가로)×(세로)로 구합니다.

 개념 문제 직사각형의 넓이는 몇 cm^2인지 써 보세요.

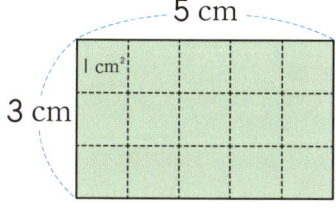

5 cm

3 cm

1 cm²

(   )

정답 $15\ cm^2$

067 농도 濃(짙을 농) 度(법도 도)

액체나 기체와 같은 용액을 구성하는 성분의 진함과 묽음의 정도를 농도라고 해요.

〈미세먼지(농도)〉
미세먼지 좋음: 0~30
미세먼지 보통: 31~80
미세먼지 나쁨: 81~150
미세먼지 매우 나쁨: 151 이상

단위: $\mu g/m^3$

| 좋음 | ~30 | 보통 | ~80 | 나쁨 | ~150 | 매우 나쁨 | 151~ |

미세먼지 농도는 1 m³의 공기 중에 있는 미세먼지의 무게를 말합니다.

개념 연결

6학년 비

두 수를 나눗셈으로 비교하기 위해 기호 :을 이용하여 나타낸 것을 비라고 합니다.

6학년 비율

기준량에 대한 비교하는 양의 크기를 비율이라고 합니다.

6학년 농도

용액에서 부피에 대한 성분의 비율을 농도라고 합니다.

개념 문제

1 m³의 공기 중에 있는 미세먼지의 농도가 90 $\mu g/m^3$일 때 예보 단계로 알맞은 것은? (   )

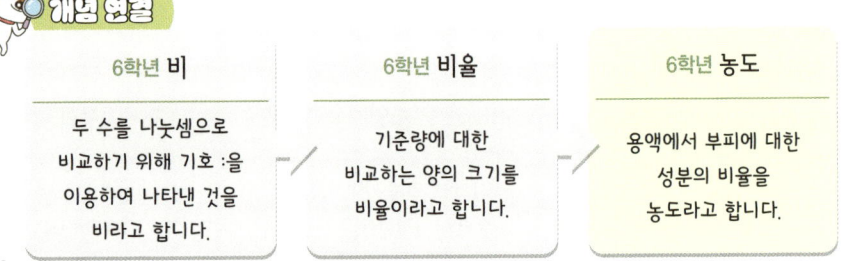

〈미세먼지(농도)〉
미세먼지 좋음: 0~30
미세먼지 보통: 31~80
미세먼지 나쁨: 81~150
미세먼지 매우 나쁨: 151 이상

단위: $\mu g/m^3$

| 좋음 | ~30 | 보통 | ~80 | 나쁨 | ~150 | 매우 나쁨 | 151~ |

① 좋음   ② 보통   ③ 나쁨   ④ 매우 나쁨

068 높이

기준이 되는 선분이나 면에서 마주 보는 점, 선분 또는 면까지의 거리를 높이라고 해요.

밑변 / 높이

윗변 / 높이 / 아랫변

밑면 / 높이 / 밑면

개념 연결

5학년 높이

기준이 되는 선분이나 면에서 마주 보는 점, 선분 또는 면까지의 거리를 높이라고 합니다.

5학년 밑변

평면도형에서 높이를 정할 때 기준이 되는 변을 밑변이라고 합니다.

5학년 평행사변형의 넓이

평행사변형의 넓이는 (밑변의 길이)×(높이)로 구합니다.

개념 문제 □ 안에 알맞은 말을 써넣으세요.

각뿔의 꼭짓점

모서리

꼭짓점

069 다각형 多(많을 다) 角(뿔 각) 形(모양 형)

선분으로만 둘러싸인 도형을 다각형이라고 해요. 다각형을 이루는 선분을 변이라고 하는데, 변의 수에 따라 삼각형, 사각형, 오각형 등으로 구분해요.

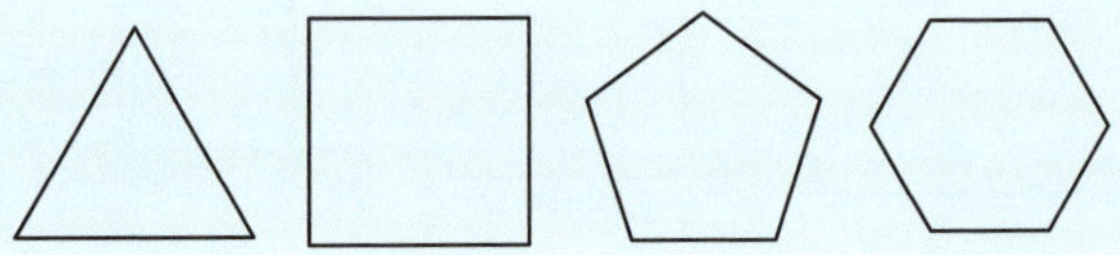

| 삼각형 | 사각형 | 오각형 | 육각형 |

개념 연결

3학년 각	4학년 다각형	4학년 정다각형
한 점에서 그은 두 반직선으로 이루어진 도형을 각이라고 합니다.	선분으로만 둘러싸인 도형을 다각형이라고 합니다. 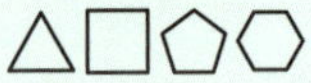	변의 길이가 모두 같고, 각의 크기가 모두 같은 다각형을 정다각형이라고 합니다.

개념 문제 다각형을 모두 찾아 기호를 써 보세요.

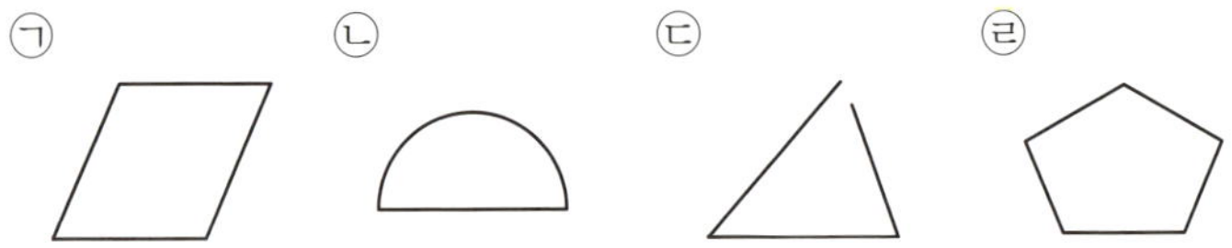

ㄱ   ㄴ   ㄷ   ㄹ

(   )

80

070 단위길이 單(하나 단) 位(자리 위)

길이를 재는 기준으로 사용되는 길이를 단위길이라고 해요. 우리나라에서는 주로 1 cm, 1 m, 1 km를 단위길이로 사용해요.

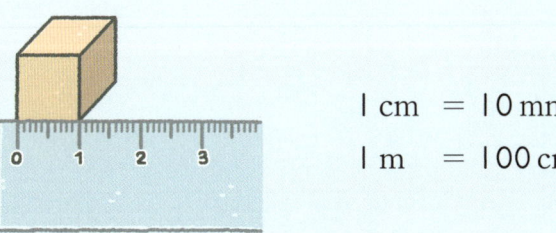

1 cm = 10 mm

1 m = 100 cm

개념 연결

2학년 단위길이

도형의 길이를 나타낼 때는 1 cm를 길이의 단위로 사용합니다.

5학년 단위넓이

도형의 넓이를 나타낼 때는 한 변의 길이가 1 cm인 정사각형의 넓이를 넓이의 단위로 사용합니다.

6학년 단위부피

도형의 부피를 나타낼 때는 한 변의 길이가 1 cm인 정육면체의 부피를 부피의 단위로 사용합니다.

개념 문제 ☐ 안에 알맞은 수를 써넣으세요.

(1) 1 m 70 cm = ☐ cm

(2) ☐ km ☐ m = 3050 m

답 (1) 170 (2) 3, 50

81

071 단위넓이 單(하나 단) 位(자리 위)

넓이를 재는 기준으로 사용되는 넓이를 단위넓이라고 해요. 우리나라에서는 주로 $1\,cm^2$, $1\,m^2$, $1\,km^2$를 단위넓이로 사용해요.

$1\,cm$

$1\,cm$ $\boxed{1\,cm^2}$

$$1\,cm^2$$
$$1\,m^2 = 10000\,cm^2$$
$$1\,km^2 = 1000000\,m^2$$

산처럼 넓은 땅의 크기를 나타낼 때는 헥타르($1\,ha = 10000\,m^2$)를 단위넓이로 사용하기도 해요.

개념 연결

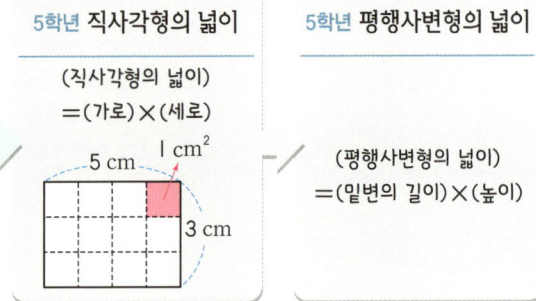

5학년 **단위넓이**	5학년 **직사각형의 넓이**	5학년 **평행사변형의 넓이**
도형의 넓이를 나타낼 때는 한 변의 길이가 $1\,cm$인 정사각형의 넓이를 넓이의 단위로 사용합니다.	(직사각형의 넓이) =(가로)×(세로)	(평행사변형의 넓이) =(밑변의 길이)×(높이)

개념 문제 넓이의 단위를 보고 알맞게 선으로 이어 보세요.

$330\,cm^2$ $420\,m^2$ $1846\,km^2$
•   •   •

•   •   •

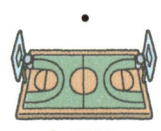      

농구장   동화책   제주도

072 단위부피 單(하나 단) 位(자리 위)

부피를 재는 기준으로 사용되는 부피를 단위부피라고 해요. 우리나라에서는 주로 $1\,cm^3$, $1\,m^3$를 단위부피로 사용해요.

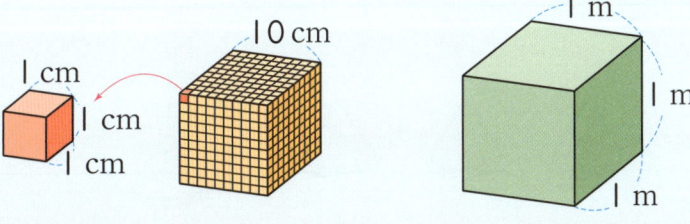

$1\,cm^3 = 1\,mL$　$1000\,cm^3 = 1\,L$　　$1\,m^3 = 1000000\,cm^3 = 1000\,L$

부피를 나타낼 때 밀리리터(mL), 리터(L)와 같은 들이 단위를 사용하기도 합니다.

개념 연결

5학년 단위넓이	6학년 단위부피	6학년 직육면체의 부피
도형의 넓이를 나타낼 때는 한 변의 길이가 $1\,cm$인 정사각형의 넓이를 넓이의 단위로 사용합니다.	입체도형의 부피를 나타낼 때는 한 변의 길이가 $1\,cm$인 정육면체의 부피를 부피의 단위로 사용합니다.	(직육면체의 부피) =(가로)×(세로)×(높이) =(밑면의 넓이)×(높이)

개념 문제

부피가 $2\,m^3$와 가장 비슷한 물건은? (　　　　　)

①
수박

②
버스

③
냉장고

83

073 단위분수 單(하나 단) 位(자리 위) 分(나눌 분) 數(셈 수)

$\frac{1}{2}$, $\frac{1}{3}$, $\frac{1}{4}$, $\frac{1}{5}$……과 같이 분자가 1인 분수를 단위분수라고 해요. 단위
분수를 이용하여 분수의 크기를 셀 수 있어요. 이처럼 단위분수는 분수
를 세는 기준이 돼요.

$\frac{1}{5}$이 3(셋)이면 $\frac{3}{5}$입니다. $\frac{3}{5}$은 $\frac{1}{5}$이 3입니다.

개념 연결

3학년 진분수	3학년 단위분수	3학년 단위분수의 크기 비교
$\frac{1}{5}$, $\frac{2}{5}$, $\frac{3}{5}$, $\frac{4}{5}$……와 같이 분자가 분모보다 작은 분수를 진분수라고 합니다.	$\frac{1}{2}$, $\frac{1}{3}$, $\frac{1}{4}$……과 같이 분자가 1인 분수를 단위분수라고 합니다.	$\frac{1}{2} > \frac{1}{3}$

개념 문제 관계있는 것끼리 선으로 이어 보세요.

$\frac{1}{4}$이 3개 •   • $\frac{5}{6}$

$\frac{1}{6}$이 5개 •   • $\frac{2}{7}$

$\frac{1}{7}$이 2개 •   • $\frac{3}{4}$

84

074 달력

1년 동안의 월, 일, 요일을 한 달 단위로 구분하여 보여 주는 것을 달력이라고 해요. 달력에는 기념일, 절기, 음력 등 여러 가지 정보가 들어있어요.

1년: 약 365일

1달: 약 30일

1주일＝7일

개념 연결

2학년 1주일	2학년 1년	2학년 달력
1주일은 7일입니다.	1년은 12개월입니다.	1년 동안의 월, 일, 요일을 한 달 단위로 구분하여 보여 주는 것을 달력이라고 합니다.

개념 문제

어느 해 달력입니다. 같은 해의 제헌절(7월 17일)은 무슨 요일인가요?

			7월			
일	월	화	수	목	금	토
				1	2	3	4
5	6	7				

(   )

075 담을 수 있는 양

어떤 그릇이나 속이 비어 있는 통이 차지하는 공간의 크기를 말해요.
담을 수 있는 양을 다른 말로 **들이**라고 해요.

컵   양동이

컵은 양동이보다 담을 수 있는 양이 더 적습니다.

 개념 연결

1학년 **길이**		1학년 **넓이**		1학년 **담을 수 있는 양**
어떤 물건의 한쪽 끝에서 다른 쪽 끝까지의 거리를 길이라고 합니다.	/	사각형, 원과 같이 어떤 평면이 차지하는 크기를 넓이라고 합니다.	/	어떤 그릇이나 속이 비어 있는 통이 차지하는 공간의 크기를 담을 수 있는 양이라고 합니다.

개념 문제 알맞은 말에 ○표 해 보세요.

 은 ⬛ 보다 담을 수 있는 양이 더 (많습니다 , 적습니다).

86

076 대각선

다각형에서 서로 이웃하지 않는 두 꼭짓점을 이은 선분을 대각선이라고
해요.

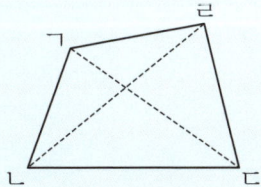

사각형의 대각선은 2개입니다.

개념 연결

2학년 **변**	2학년 **꼭짓점**	4학년 **대각선**
각이나 다각형을 이루는 선분을 변이라고 합니다.	다각형에서 두 변이 만나서 이루는 점을 꼭짓점이라고 합니다.	다각형에서 서로 이웃하지 않는 두 꼭짓점을 이은 선분을 대각선이라고 합니다.

개념 문제 두 대각선이 서로 수직으로 만나는 것을 모두 골라 기호를 써 보세요.

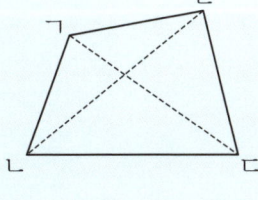

ㄱ 평행사변형 ㄴ 정사각형 ㄷ 마름모

(   )

ⓛ ㄴ , ㄱ ㄷ

87

077 대분수 帶(띠 두를 대) 分(나눌 분) 數(셀 수)

$3\frac{1}{2}$, $2\frac{4}{7}$……와 같이 자연수와 진분수로 이루어진 분수를 대분수라고 해요. 대분수는 자연수와 분수가 합쳐진 분수라는 뜻을 갖고 있어요.

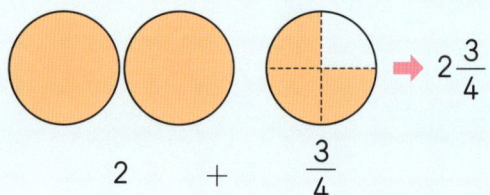

$$2 \qquad + \qquad \frac{3}{4} \qquad \Rightarrow \qquad 2\frac{3}{4}$$

$2\frac{3}{4}$은 2와 4분의 3이라고 읽습니다.

개념 연결

3학년 **가분수**	3학년 **대분수**	4학년 **대분수의 덧셈**
$\frac{3}{3}$, $\frac{4}{3}$, $\frac{5}{3}$……와 같이 분자가 분모와 같거나 분모보다 큰 분수를 가분수라고 합니다.	$1\frac{1}{3}$, $5\frac{3}{4}$과 같이 자연수와 진분수의 합으로 이루어진 수를 대분수라고 합니다.	$2\frac{2}{4}+1\frac{1}{4}=\frac{10}{4}+\frac{5}{4}$ $=\frac{15}{4}$ $=3\frac{3}{4}$

개념 문제 대분수가 <u>아닌</u> 것을 모두 골라 기호를 써 보세요.

㉠ $1\frac{2}{5}$	㉡ $\frac{7}{3}$	㉢ $\frac{1}{4}$	㉣ $3\frac{1}{2}$

(   )

㉠´ ㉡ ㉢

88

078 대응각 對(대할 대) 應(응할 응) 角(뿔 각)

서로 합동인 두 도형을 포개었을 때 완전히 겹쳐지는 각을 대응각이라고 해요.

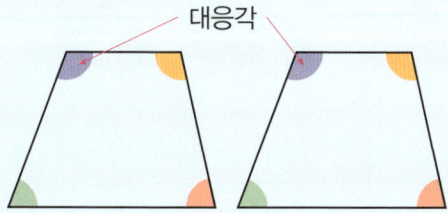

대응각

합동인 두 도형에서 대응각의 크기는 서로 같습니다.

개념 연결

5학년 **합동**	5학년 **대응변**	5학년 **대응각**
모양과 크기가 같아 서로 포개었을 때 완전히 겹쳐지는 도형을 합동이라고 합니다.	서로 합동인 두 도형을 포개었을 때 완전히 겹쳐지는 변을 대응변이라고 합니다.	서로 합동인 두 도형을 포개었을 때 완전히 겹쳐지는 각을 대응각이라고 합니다.

개념 문제 두 도형이 서로 합동일 때 □ 안에 알맞은 수를 써넣으세요.

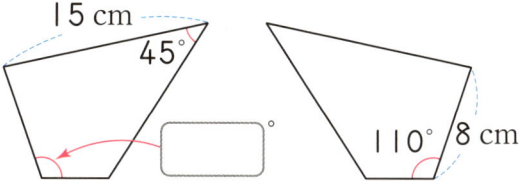

89

079 대응 관계 對(대할 대) 應(응할 응) 關(관계할 관) 係(맬 계)

어떤 두 양이 주어진 어떤 일정한 조건에 의해 서로 짝을 이룰 때 이를
대응이라 하고, 이 두 양 사이의 정해진 규칙을 대응 관계라고 해요.

(사과의 수) = (접시의 수)×3

접시에 사과를 3개씩 담을 때 접시의 수가 1씩 늘어나면 사과의 수는
3씩 늘어납니다.

 개념 연결

5학년 두 양 사이의 관계	5학년 대응 관계	5학년 관계식
두 대상 사이에 어떤 규칙이 있을 때, 이를 두 양 사이의 관계라고 합니다.	어떤 두 양이 주어진 어떤 일정한 조건에 의해 서로 짝을 이룰 때, 두 양 사이의 정해진 규칙을 대응 관계라고 합니다.	어떤 두 양 사이의 대응 관계를 나타낸 식을 관계식이라고 합니다.

개념문제 탁자의 수와 의자의 수 사이의 대응 관계를 식으로 나타내려고 합니다. ☐ 안에 알맞은 수를 써넣으세요.

(의자의 수)=(탁자의 수)× ☐

90

080 대응변 對(대할 대) 應(응할 응) 邊(가장자리 변)

서로 합동인 두 도형을 포개었을 때 완전히 겹쳐지는 변을 대응변이라고 해요.

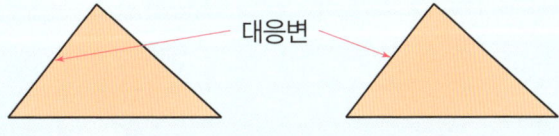

대응변

합동인 두 도형에서 대응변의 길이는 서로 같습니다.

개념 연결

5학년 합동	5학년 대응변	5학년 대응각
모양과 크기가 같아 서로 포개었을 때 완전히 겹쳐지는 도형을 합동이라고 합니다.	서로 합동인 두 도형을 포개었을 때 완전히 겹쳐지는 변을 대응변이라고 합니다.	서로 합동인 두 도형을 포개었을 때 완전히 겹쳐지는 각을 대응각이라고 합니다.

개념 문제 두 사각형이 서로 합동일 때 변 ㄱㄹ은 몇 cm인지 써 보세요.

9 cm

5 cm

12 cm

(   )

답 12 cm

91

081 대응점 對(대할 대) 應(응할 응) 點(점 점)

서로 합동인 두 도형을 포개었을 때 완전히 겹쳐지는 점을 대응점이라고 해요.

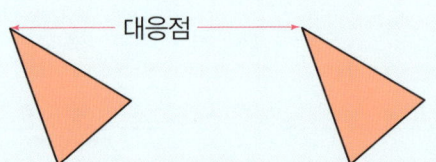

개념 연결

5학년 **대응변**	5학년 **대응각**	5학년 **대응점**
서로 합동인 두 도형을 포개었을 때 완전히 겹쳐지는 변을 대응변이라고 합니다.	서로 합동인 두 도형을 포개었을 때 완전히 겹쳐지는 각을 대응각이라고 합니다.	서로 합동인 두 도형을 포개었을 때 완전히 겹쳐지는 점을 대응점이라고 합니다.

개념 문제 두 도형이 서로 합동일 때 대응점은 모두 몇 쌍인지 써 보세요.

(   )

92

082 대칭 對(대할 대) 稱(저울 칭)

도형을 어떤 직선을 따라 접거나, 기준이 되는 한 점을 중심으로 180°
돌렸을 때 서로 완전히 겹쳐지는 경우 대칭이라고 해요.

대칭축

대칭의 중심

한 직선(대칭축)을 따라 접었을 때 완전히 겹쳐지는 경우를 선대칭이라고 합니다.

한 점(대칭의 중심)을 중심으로 180° 돌렸을 때 완전히 겹쳐지는 경우를 점대칭이라고 합니다.

 개념 연결

5학년 대칭	5학년 선대칭도형	5학년 점대칭도형
도형을 어떤 직선을 따라 접거나 기준이 되는 한 점을 중심으로 180° 돌렸을 때 서로 완전히 겹쳐지는 경우를 대칭이라고 합니다.	한 직선을 따라 접었을 때 완전히 겹쳐지는 도형을 선대칭도형이라고 합니다. 대칭축	기준이 되는 한 점을 중심으로 180° 돌렸을 때 서로 완전히 겹쳐지는 도형을 점대칭도형이라고 합니다. 대칭의 중심

개념 문제 점대칭도형이지만 선대칭도형이 아닌 것에 ○표 해 보세요.

(   ) (   )

93

083 대칭의 중심 對(대할 대) 稱(저울 칭) 中(가운데 중) 心(마음 심)

점대칭도형에서 기준이 되는 한 점을 대칭의 중심이라고 해요.

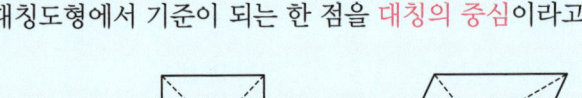

대칭의 중심   대칭의 중심

대칭의 중심을 중심으로 도형을 180° 돌리면 처음 도형과 완전히 겹쳐집니다.

개념 연결

5학년 대칭	5학년 점대칭도형	5학년 대칭의 중심
도형은 어떤 직선을 따라 접거나 기준이 되는 한 점을 중심으로 180° 돌렸을 때 서로 완전히 겹쳐지는 경우를 대칭이라고 합니다.	기준이 되는 한 점을 중심으로 180° 돌렸을 때 서로 완전히 겹쳐지는 도형을 점대칭도형이라고 합니다.	점대칭도형에서 기준이 되는 한 점을 대칭의 중심이라고 합니다.

개념 문제 점 ㅇ을 대칭의 중심으로 하는 점대칭도형입니다. 물음에 답하세요.

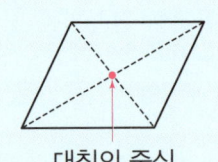

(1) 변 ㄴㄹ은 몇 cm일까요?

(   )

(2) 변 ㄱㄴ은 몇 cm일까요?

(   )

답 (1) 12 cm (2) 5 cm

94

084 대칭축 對(대할 대) 稱(저울 칭) 軸(굴대 축)

선대칭도형의 기준이 되는 직선을 대칭축이라고 해요.

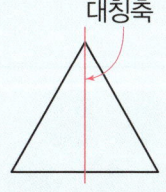
대칭축

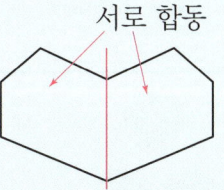
서로 합동

선대칭도형을 대칭축을 따라 접으면 완전히 겹쳐집니다.

선대칭도형에서 대칭축으로 나뉘는 두 부분은 서로 합동입니다.

 개념 연결

5학년 대칭	5학년 선대칭도형	5학년 대칭축
도형을 어떤 직선을 따라 접거나 기준이 되는 한 점을 중심으로 180° 돌렸을 때 서로 완전히 겹쳐지는 경우를 대칭이라고 합니다.	한 직선을 따라 접었을 때 완전히 겹쳐지는 도형을 선대칭도형이라고 합니다.	선대칭도형에서 두 도형을 완전히 겹치게 하는 직선을 대칭축이라고 합니다.

 개념 문제 다음 도형의 대칭축은 모두 몇 개인지 써 보세요.

(   )

무수히 많다. ⑤

085 더하기 `관련어` 빼기

어떤 수에 다른 수를 더해서 값을 구하는 방법을 말해요. 덧셈식에서

$+$ 기호를 더하기라고 읽어요.

3 더하기 5

$3+5$

개념 연결

1학년 **모으기**	1학년 **더하기**	1학년 **빼기**
	4 더하기 3	7 빼기 4
	$4+3$	$7-4$

개념 문제 그림을 보고 □ 안에 알맞은 말을 써넣으세요.

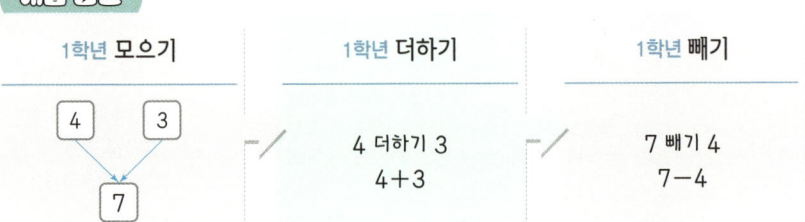

3 □□□ 4는 7과 같습니다.

96

086 덧셈 　관련어　 뺄셈

두 수의 합을 구하기 위해 하나의 수에 다른 수를 더하는 셈을 덧셈이라

고 해요. 덧셈은 + 기호를 사용하여 나타내요.

$$4+1=5$$

4와 1의 합은 5입니다.

4 더하기 1은 5와 같습니다.

개념 연결

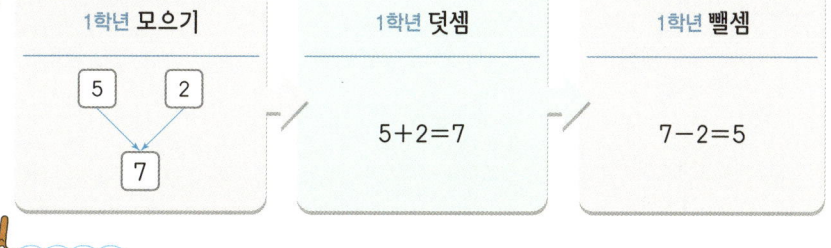

개념 문제 　그림을 보고 덧셈을 해 보세요.

3, 5, 8

087 덧셈구구

1에서 9까지의 수를 순서대로 둘씩 더하여 나타낸 식을 덧셈구구라고
해요.

+	1	2	3	4	5	6	7	8	9
1	2	3	4	5	6	7	8	9	10
2	3	4	5	6	7	8	9	10	11
3	4	5	6	7	8	9	10	11	12
4	5	6	7	8	9	10	11	12	13
5	6	7	8	9	10	11	12	13	14
6	7	8	9	10	11	12	13	14	15
7	8	9	10	11	12	13	14	15	16
8	9	10	11	12	13	14	15	16	17
9	10	11	12	13	14	15	16	17	18

덧셈구구를 표로 나타내면 덧셈구구를 한눈에 볼 수 있고, 덧셈구구표에서 여러 가지 규칙도 찾을 수 있습니다.

개념 연결

1학년 덧셈

1+1=2
1+2=3
1+3=4
1+4=5
⋮

2학년 덧셈구구

2학년 덧셈표

+	3	5	7
3	6	8	10
5	8	10	12
7	10	12	14

개념 문제 덧셈표를 완성해 보세요.

+	6	8
6		
8	14	

088 덧셈식　관련어 빼셈식

덧셈 기호(＋)와 등호(＝)를 써서 나타낸 식을 덧셈식이라고 해요.

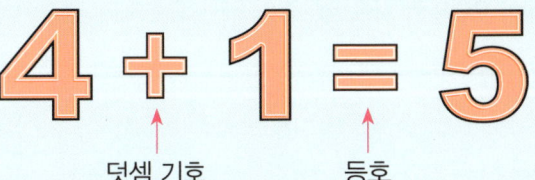

덧셈 기호　　　등호

4 더하기 1은 5와 같습니다.

개념 연결

1학년 모으기	1학년 덧셈식	1학년 뺄셈식
2　4 → 6	2+4=6	6-2=4

개념 문제　그림을 보고 덧셈식으로 나타내어 보세요.

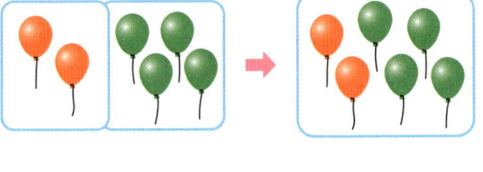

식 _____

답 2+4=6

99

089 도(°) 度(법도 도)

각의 크기를 나타내는 단위로 도(°)를 사용해요.

직각을 똑같이 90으로 나눈 것 중의 하나를 1도라 하고 1°라고 써요.

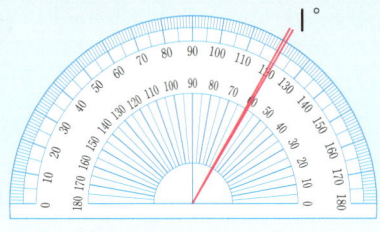

개념 연결

3학년 직각	3학년 90°	3학년 도(°)
종이를 반듯하게 두 번 접었을 때 생기는 각을 직각이라고 합니다.	직각은 90°입니다.	직각을 똑같이 90으로 나눈 한 칸의 크기를 1°라 쓰고 1도라고 읽습니다.

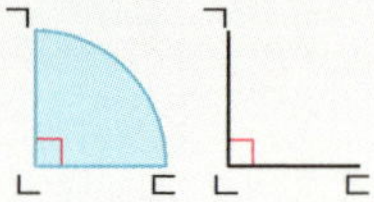

개념 문제 각도를 바르게 읽어 보세요.

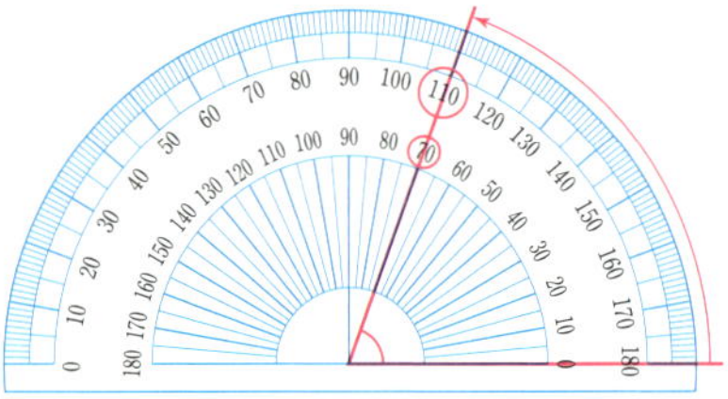

(   )

100

090 도형 圖(그림 도) 形(모양 형)

물체를 색이나 재료 등의 성질에 상관없이 모양만으로 분류한 것을 <u>도</u> <u>형</u>이라고 해요. 도형은 점, 선, 면으로 이루어지며, 점과 선만으로 나타난 것도 도형이에요.

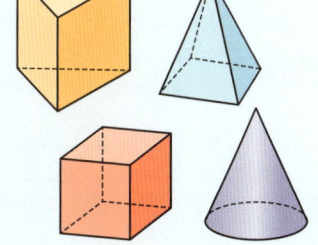

직선, 곡선, 각, 다각형, 원 등과 같이 평면 위에 있는 도형을 평면도형이라고 합니다.

공간에서 크기(부피)를 갖고 있는 도형을 입체도형이라고 합니다.

 개념 연결

2학년 **도형**	3학년 **평면도형**	6학년 **입체도형**
물체의 색이나 재료 등의 성질에 상관없이 모양만으로 분류한 것을 도형이라고 합니다.	직선, 곡선, 각, 다각형, 원 등과 같이 평면 위에 있는 도형을 평면도형이라고 합니다.	공간에서 크기(부피)를 갖고 있는 도형을 입체도형이라고 합니다.

개념 문제 다음 중 모양이 <u>다른</u> 것은? (   )

① ② ③ ④

101

091 도형판

평평한 판 위에 격자로 기둥을 놓고, 그 위에 고무줄을 걸어 여러 가지 도형을 만들 수 있는 수학 교구예요. 도형판에 있는 기둥의 배열에 따라 5×5 도형판, 7×7 도형판 등으로 불러요.

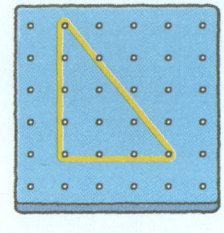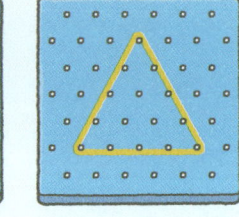

 **개념 연결**

2학년 **칠교판**	3학년 **도형판**	3학년 **평면도형**
정사각형을 7개의 조각으로 잘라 만든 퍼즐을 칠교판이라고 합니다.	평평한 판 위에 격자로 기둥을 놓고, 그 위에 고무줄을 걸어 여러 가지 도형을 만들 수 있는 수학 교구를 도형판이라고 합니다.	직선, 곡선, 각, 다각형, 원 등과 같이 평면 위에 있는 도형을 평면도형이라고 합니다.

개념 문제 다음 도형판에 나타낼 수 <u>없는</u> 도형은? (   )

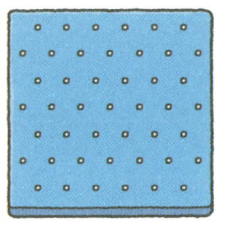

① 정삼각형

② 육각형

③ 원

102

092 돌리기

평면에서 도형을 시계 방향 또는 시계 반대 방향으로 돌리는 것을 말해요.

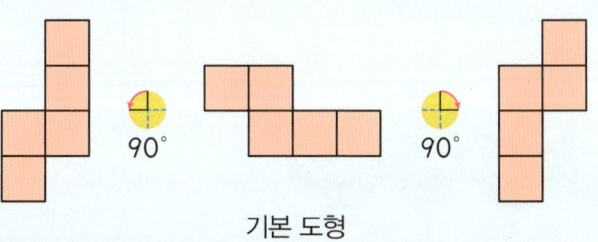

기본 도형

도형을 돌리면 도형의 크기와 모양은 변하지 않고 방향만 바뀝니다.

 개념 연결

4학년 **밀기**	4학년 **뒤집기**	4학년 **돌리기**
평면 위에서 모양 조각이나 물건을 한쪽 방향으로 옮기는 것을 밀기라고 합니다.	도형을 어느 한쪽 방향으로 뒤집는 것을 뒤집기라고 합니다.	평면에서 도형을 시계 방향 또는 시계 반대 방향으로 돌리는 것을 돌리기라고 합니다.

개념 문제 도형을 시계 반대 방향으로 180°만큼 돌렸을 때의 도형을 그려 보세요.

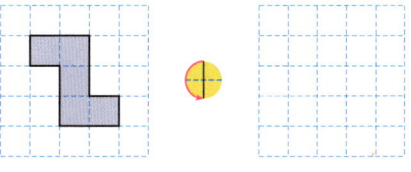

103

093 두 양 사이의 관계 關(관계할 관) 係(맬 계)

두 대상 사이에 어떤 일정한 규칙이 있을 때, 두 양 사이의 관계 또는 두 양 사이의 대응 관계라는 말을 써요.

자동차의 수가 1씩 늘어나면 자동차 바퀴의 수는 4씩 늘어납니다.

자동차의 수와 바퀴의 수 사이의 대응 관계를 식으로 나타내면

(자동차의 수)×4=(자동차 바퀴의 수)로 나타낼 수 있습니다.

개념 연결

5학년 두 양 사이의 관계	5학년 대응 관계	5학년 관계식
두 대상 사이에 어떤 규칙이 있을 때, 이를 두 양 사이의 관계라고 합니다.	어떤 두 양이 주어진 어떤 일정한 조건에 의해 서로 짝을 이룰 때, 두 양 사이의 정해진 규칙을 대응 관계라고 합니다.	어떤 두 양 사이의 대응 관계를 나타낸 식을 관계식이라고 합니다.

개념 문제

달걀 한 판에 달걀을 30개씩 담을 때, 달걀 6판을 담으려면 달걀이 몇 개 필요한지 구해 보세요.

(   )

104

094 두 자리 수

십의 자리와 일의 자리로 이루어진 수를 말해요. 두 자리 수 중 가장 작은 수는 10이고, 가장 큰 수는 99예요.

십의 자리	일의 자리
3	5

10개씩 묶음 3개와 낱개 5개를 35라고 합니다. 이때 십의 자리 숫자는 3이고, 일의 자리 숫자는 5입니다.

개념 연결

1학년 **한 자리 수**	1학년 **두 자리 수**	2학년 **세 자리 수**
1, 2, 3……	11, 12, 13……	527=500+20+7

개념 문제 수 모형이 나타내는 수를 쓰고 읽어 보세요.

쓰기 _____

읽기 _____

58. 오십팔

095 둔각 鈍(무딜 둔) 角(뿔 각)

두 직선이 한 점에서 만나 각을 이룰 때, 각도가 90°보다 크고 180°보다 작은 각을 둔각이라고 해요.

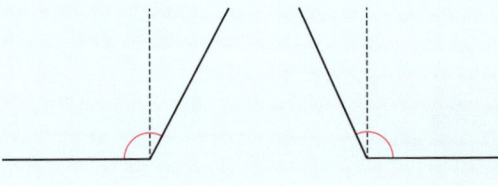

90° (직각) < (둔각) < 180° (평각)

개념 연결

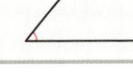

4학년 예각	4학년 둔각	4학년 둔각삼각형
각도가 0°보다 크고 90°보다 작은 각을 예각이라고 합니다.	각도가 90°보다 크고 180°보다 작은 각을 둔각이라고 합니다.	한 각이 둔각인 삼각형을 둔각삼각형이라고 합니다.

 개념 문제 둔각인 곳을 찾아 ○표 해 보세요.

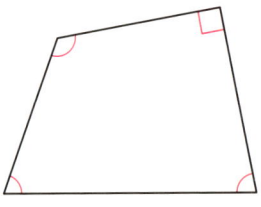

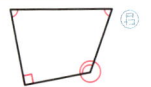

106

096 둔각삼각형 三(셋 삼) 角(뿔 각) 形(모양 형)

한 각이 둔각인 삼각형을 둔각삼각형이라고 해요.

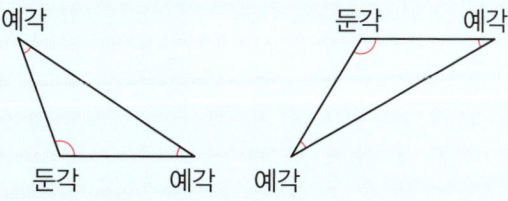

둔각삼각형에서 둔각이 아닌 나머지 두 각의 크기의 합은 90°보다 작습니다.

개념 연결

3학년 직각삼각형	4학년 둔각삼각형	4학년 예각삼각형
한 각이 직각인 삼각형을 직각삼각형이라고 합니다.	한 각이 둔각인 삼각형을 둔각삼각형이라고 합니다.	세 각이 모두 예각인 삼각형을 예각삼각형이라고 합니다.
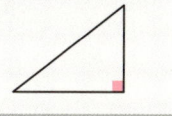	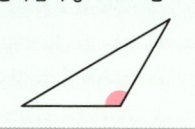	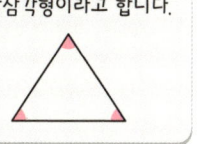

개념 문제

다음 도형이 둔각삼각형인 이유를 써 보세요.

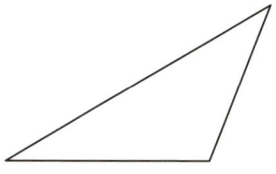

이유 _____

_____

답 한 각이 90°보다 큰 둔각이므로 둔각삼각형입니다.

107

097 둘레

도형의 가장자리나 테두리의 길이를 둘레라고 해요. 다각형의 둘레는
다각형을 이루는 변을 길이를 더해서 구할 수 있어요.

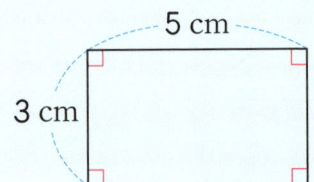

가로가 5 cm, 세로가 3 cm인 직사각형의 둘레는

$(5+3) \times 2 = 16$ (cm)입니다.

개념 연결

5학년 둘레	5학년 가로	5학년 세로
도형의 가장자리나 테두리의 길이를 둘레라고 합니다.	왼쪽에서 오른쪽으로 나 있는 방향이나 길이를 가로라고 합니다.	위쪽에서 아래쪽으로 나 있는 방향이나 길이를 세로라고 합니다.

개념 문제 한 변의 길이가 7 cm인 정오각형의 둘레는 몇 cm인지 써 보세요.

(   )

098 뒤집기

도형을 위나 아래, 왼쪽이나 오른쪽의 어느 한쪽 방향으로 뒤집는 것을
뒤집기라고 해요.

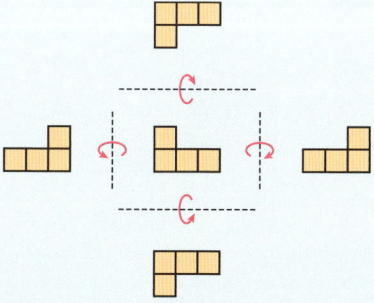

도형을 뒤집기 하면 모양은 그대로이지만 모양의 방향은 바뀝니다.

개념 연결

4학년 밀기	4학년 뒤집기	4학년 돌리기
평면 위에서 모양 조각이나 물건을 한쪽 방향으로 옮기는 것을 밀기라고 합니다.	도형을 어느 한쪽 방향으로 뒤집는 것을 뒤집기라고 합니다.	평면에서 도형을 시계 방향 또는 시계 반대 방향으로 돌리는 것을 돌리기라고 합니다.

개념 문제 삼각형 ㄱㄴㄷ을 오른쪽으로 뒤집었을 때의 도형을 그려 보세요.

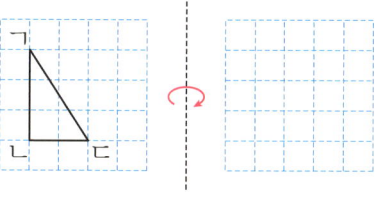

109

099 들이

속이 비어 있는 통이나 그릇 안에 담을 수 있는 양을 들이라고 해요. 들이를 나타내는 단위에는 리터(L)와 밀리리터(mL)가 있는데 주로 액체의 양을 나타낼 때 써요.

사과 주스 1 L와 우유 200 mL가 있습니다.

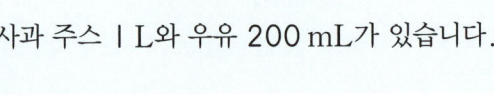

개념 연결

3학년 들이

담을 수 있는 양을 들이라고 합니다.

3학년 리터(L)

한 모서리의 길이가 10 cm인 정육면체의 부피와 같은 양을 1 L라 하고 1 리터라고 읽습니다.

3학년 밀리리터(mL)

한 모서리의 길이가 1 cm인 정육면체와 부피가 같은 양을 1 mL라 하고 1 밀리리터라고 읽습니다.

개념 문제 들이가 가장 작은 것을 찾아 기호를 써 보세요.

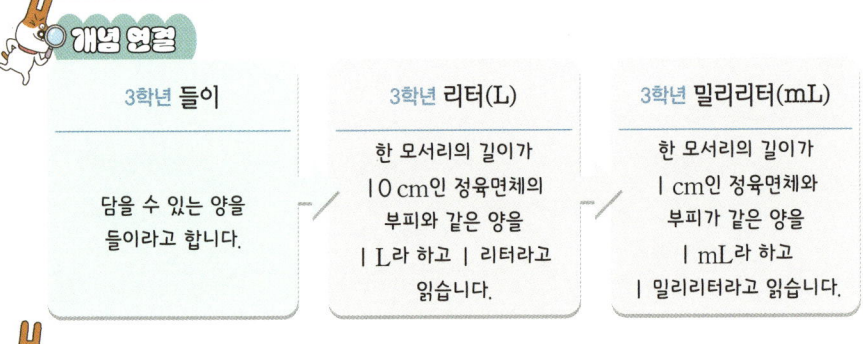

(   )

100 등분 等(같을 등) 分(나눌 분)

수나 양을 똑같은 크기로 나누는 것을 등분이라고 해요.

사과 8개를 두 명에게 똑같이 나누어 주면 한 사람이 4개씩 가질 수 있습니다.

피자 한 판을 8조각으로 등분했습니다.

 개념 연결

3학년 **등분**	3학년 **나눗셈**	3학년 **분수**
수나 양을 똑같은 크기로 나누는 것을 등분이라고 합니다.	어떤 수를 몇으로 똑같이 나누어 몫을 구하는 셈을 나눗셈이라고 합니다.	전체에 대한 부분의 크기를 나타낸 수를 분수라고 합니다.

 개념 문제 다음 중 바르게 등분한 것은? (   )

① 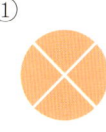   ②    ③    ④

①: 답

111

101 등식 等(같을 등) 式(법 식)

$2+3=5$, $7\times4+6=34$와 같이 등호($=$)를 사용하여 나타낸 식을 등식이라고 해요.

양변

$$\underset{\text{좌변}}{2+3}=\underset{\text{우변}}{5}$$

등식에서 등호를 기준으로 왼쪽은 좌변, 오른쪽은 우변이라고 합니다. 좌변과 우변을 함께 양변이라고 부릅니다.

개념 연결

1학년 등호	1학년 등식	중등 방정식
식에서 두 수나 양이 같을 때 쓰는 $=$ 기호를 등호라고 합니다.	$2+3=5$, $7\times4+6=34$와 같이 등호($=$)를 사용하여 나타낸 식을 등식이라고 합니다.	미지항이 있는 등식을 방정식이라고 합니다.

개념 문제 주어진 수 카드를 이용하여 등식을 만들어 보세요.

| 1 | 6 | 7 | — | = |

식 _____

답 $7-1=6$, $7-6=1$

102 등호 等(같을 등) 號(기호 호)

식에서 두 수나 양이 같을 때 = 기호를 써서 나타내요. 이때 사용되는 = 기호를 등호라고 불러요.

$$3+4=7$$

3 더하기 4는 7과 같습니다.

3과 4의 합은 7이므로 등호를 써서 $3+4=7$과 같이 나타냅니다.

개념 연결

1학년 등호	1학년 등식	중등 방정식
식에서 두 수나 양이 같을 때 쓰는 = 기호를 등호라고 합니다.	$2+3=5$, $7\times4+6=34$와 같이 등호(=)를 사용하여 나타낸 식을 등식이라고 합니다.	미지항이 있는 등식을 방정식이라고 합니다.

개념 문제 크기를 비교하여 ○ 안에 >, =, <를 알맞게 써넣으세요.

$$\frac{1}{4}+\frac{2}{4} \bigcirc \frac{3}{4}$$

= 🔢

113

103 뛰어 세기

뛰어 세기는 처음 수에 어떤 수를 계속 더하는 방법으로 수를 세는 방법이에요.

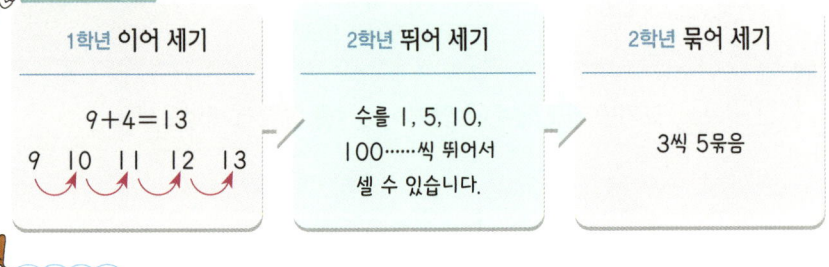

수를 셀 때 1, 10, 100……씩 뛰어 셀 수 있습니다.

개념 연결

1학년 이어 세기	2학년 뛰어 세기	2학년 묶어 세기
9+4=13 9 10 11 12 13	수를 1, 5, 10, 100……씩 뛰어서 셀 수 있습니다.	3씩 5묶음

개념 문제 10씩 뛰어 세어 보세요.

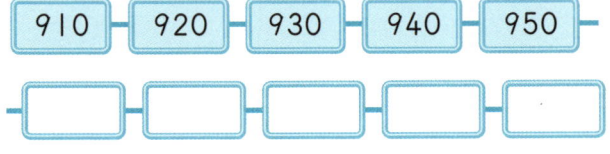

答 960, 970, 980, 990, 1000

114

104 띠그래프

전체에 대한 각 부분의 비율을 띠 모양으로 나타낸 그래프를 **띠그래프**라고 해요. 띠그래프는 각 항목이 차지하는 비율만큼 선을 그어 띠를 나누어요.

가장 좋아하는 과일

수박 40 %	사과 25 %	복숭아 13 %	배 12 %	기타 10 %

띠그래프는 비율이 직사각형 모양의 가로로 되어 있어 알아보기 쉽습니다.

개념 연결

6학년 비율그래프

전체에 대한 각 부분의 비율을 나타낸 그래프를 비율그래프라고 합니다.

6학년 띠그래프

전체에 대한 각 부분의 비율을 띠 모양으로 나타낸 그래프를 띠그래프라고 합니다.

6학년 원그래프

전체에 대한 각 부분의 비율을 원 모양으로 나타낸 그래프를 원그래프라고 합니다.

개념 문제

띠그래프를 보고 가장 많은 학생이 희망하는 직업은 무엇인지 써 보세요.

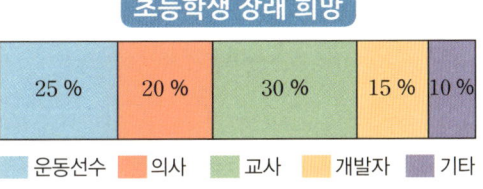

초등학생 장래 희망

25 %	20 %	30 %	15 %	10 %

■ 운동선수   ■ 의사   ■ 교사   ■ 개발자   ■ 기타

(   )

105 로마 숫자

고대 로마에서 사용되던 숫자로 지금까지도 세계적으로 널리 쓰이고 있어요. 1에서 10까지는 I, II, III, IV, V, VI, VII, VIII, IX, X와 같이 나타내요.

1	2	3	4	5	6	7	8	9	10
I	II	III	IV	V	VI	VII	VIII	IX	X
20	30	40	50	60	70	80	90	100	500
XX	XXX	XL	L	LX	LXX	LXXX	XC	C	D

로마 숫자는 I, V, L, C, D 등의 문자를 사용하여 만들었습니다.

개념 연결

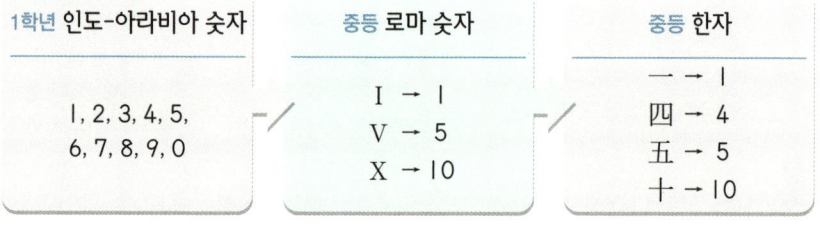

1학년 인도-아라비아 숫자	중등 로마 숫자	중등 한자
1, 2, 3, 4, 5, 6, 7, 8, 9, 0	I → 1 V → 5 X → 10	一 → 1 四 → 4 五 → 5 十 → 10

개념 문제 로마 숫자가 나타내는 수를 인도-아라비아 숫자로 써 보세요.

(1, 2, 3…… 등을 인도-아라비아 숫자라고 합니다.)

로마숫자   인도-아라비아 숫자

XII ·········· ☐

XXXVII ·········· ☐

106 리터(L)

한 모서리의 길이가 10 cm인 정육면체의 부피와 같은 양을 1 L라 하고 1 리터라고 읽어요.

10 cm
10 cm
10 cm

1 L

$$1 \text{ L} = 1000 \text{ mL} = 1000 \text{ cm}^3$$

 개념 연결

3학년 들이	3학년 리터(L)	3학년 밀리리터(mL)
담을 수 있는 양을 들이라고 합니다.	한 모서리의 길이가 10 cm인 정육면체의 부피와 같은 양을 1 L라 하고 1 리터라고 읽습니다.	한 모서리의 길이가 1 cm인 정육면체의 부피와 같은 양을 1 mL라 하고 1 밀리리터라고 읽습니다.

개념 문제 한 갑에 200 mL인 우유 5갑의 들이는 몇 L인지 구해 보세요.

(   )

107 마름모

네 변의 길이가 모두 같은 사각형을 마름모라고 해요.

합이 180°

마름모는 마주 보는 두 각의 크기가 같고, 이웃한 두 각의 크기의 합이 180°입니다.

마름모는 마주 보는 꼭짓점끼리 이은 선분이 서로 수직으로 만나고 이등분합니다.

 개념 연결

4학년 평행사변형	4학년 마름모	3학년 정사각형
마주 보는 두 쌍의 변이 서로 평행인 사각형을 평행사변형이라고 합니다.	네 변의 길이가 모두 같은 사각형을 마름모라고 합니다.	네 각이 모두 직각이고 네 변의 길이가 모두 같은 사각형을 정사각형이라고 합니다.

개념 문제 다음 도형은 마름모입니다. ☐ 안에 알맞은 수를 써넣으세요.

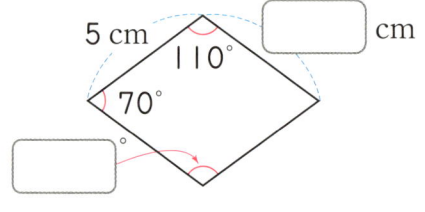

5 cm ☐ cm

110°

70°

118

108 막대그래프

자료를 조사하여 어떤 대상의 수나 양을 비교하기 쉽게 막대 모양의 길이로 나타낸 그래프를 막대그래프라고 해요.

우리 반 학생들이 좋아하는 과목

(명)

수학 4, 영어 5, 국어 6, 사회 2, 과학 3

개념 연결

3학년 그림그래프
조사한 자료를 정리하여 알리려고 하는 수를 그림의 크기나 개수로 나타낸 그래프를 그림그래프라고 합니다.

4학년 막대그래프
자료를 조사하여 어떤 대상의 수나 양을 비교하기 쉽게 막대 모양의 길이로 나타낸 그래프를 막대그래프라고 합니다.

4학년 꺾은선그래프
어떤 대상의 변화를 나타내기 위해 수량을 점으로 표시하고 그 점들을 선분으로 이어 그린 그래프를 꺾은선그래프라고 합니다.

개념 문제

우리 반 학생들이 체육 시간에 하고 싶은 운동을 조사하여 막대그래프로 나타내었습니다. 모두 몇 명을 조사했는지 구해 보세요.

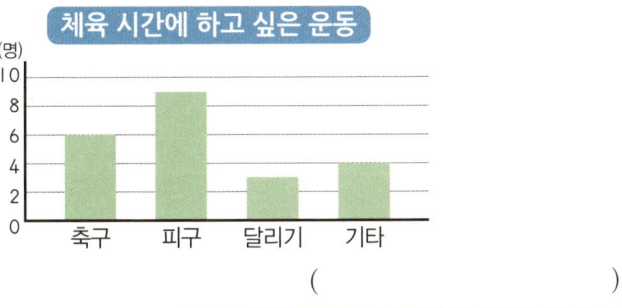

체육 시간에 하고 싶은 운동

(명)

축구 6, 피구 9, 달리기 3, 기타 4

(   )

유형 22강

119

109 만 萬(일만 만)

9999보다 I만큼 더 큰 수를 I0000이라고 쓰고 만이라고 읽어요.

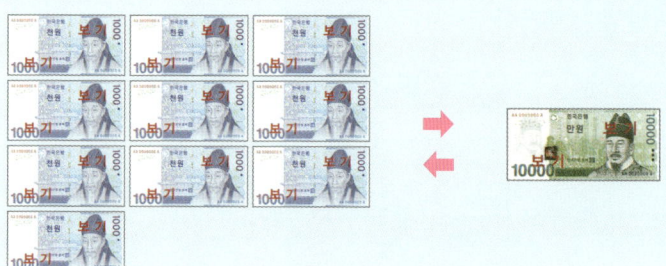

천(I000)이 I0개이면 만(I0000)이 됩니다.

개념 연결

2학년 천	4학년 만	4학년 십만
I00이 I0개이면 천(I000)입니다.	I000이 I0개이면 만(I0000)입니다.	만(I0000)이 I0개이면 십만(I00000)입니다.

개념 문제 빈칸에 알맞은 수를 써넣으세요

(1) 9700 — 9800 — 9900 — ☐

(2) 9970 — 9980 — 9990 — ☐

답 (1) I0000 (2) I0000

120

110 면 面(낯 면)

겉으로 드러나 넓이를 갖는 부분을 면이라고 해요.

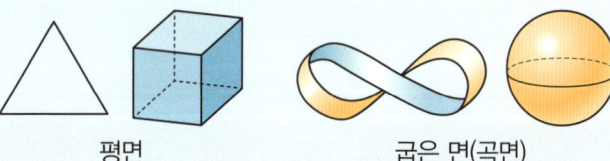

평면   굽은 면(곡면)

면은 평면과 굽은 면(곡면)이 있습니다.

 개념 연결

3학년 점	3학년 선	3학년 면
길이, 넓이는 없고 위치만 있는 도형을 점이라고 합니다.	점이 한 방향으로 움직여서 만들어진 도형을 선이라고 합니다.	겉으로 드러나 넓이를 갖는 부분을 면이라고 합니다.

개념문제 입체도형의 면의 개수를 써 보세요.

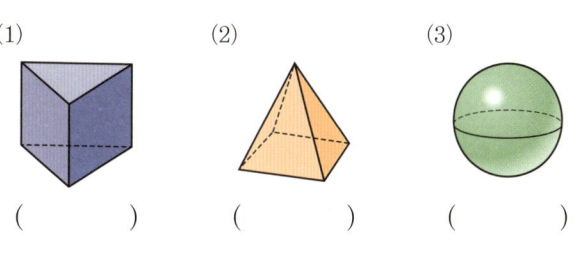

(1)   (2)   (3)

(   )   (   )   (   )

답 (1) 5 (2) 5 (3) 1

111 몇

잘 모르는 수를 묻거나 그리 많지 않은 수를 막연하게 이를 때 몇이라고 해요. 수를 물을 때 몇 개, 몇 명, 몇째, 몇 배처럼 뒤에 오는 단위 앞에 붙여 사용해요.

공은 모두 몇 개일까?

강아지는 몇 살이지?

개념 연결

1학년 몇	2학년 몇 배	2학년 몇십 몇
수량을 셀 때 몇 개, 몇 명이라고 합니다.	3씩 4묶음을 3의 4배라고 합니다.	13, 21, 36과 같은 두 자리 수를 몇십 몇이라고 합니다.

개념 문제 자동차는 모두 몇 대인가요?

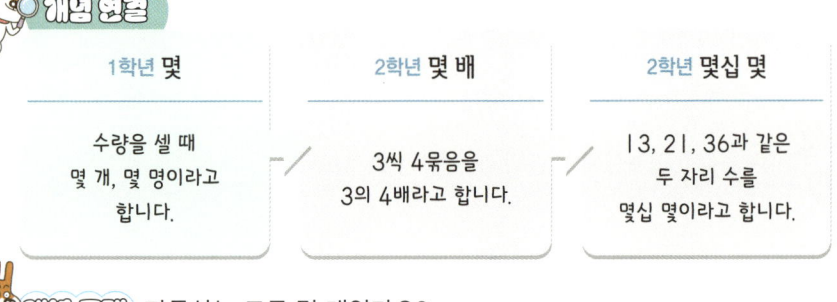

$4 + 3 = \boxed{}$ (대)

122

112 몇 배 倍(곱 배)

어떤 수에 1을 곱한 것을 1배, 2를 곱한 수를 2배라고 해요. 이처럼 어떤 수에 몇을 곱한 것을 몇 배라고 해요.

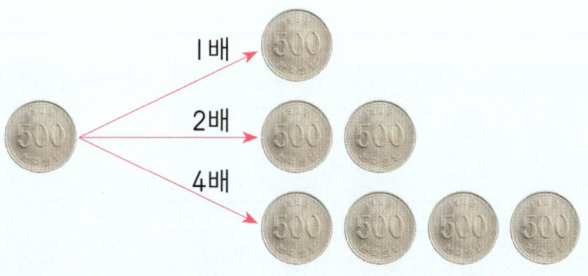

500의 2배는 1000입니다.

개념 연결

2학년 묶음		2학년 몇 배		3학년 (몇십)×(몇십)
20씩 4묶음 → 20×4		20의 4배는 80입니다.		20×40=800

개념 문제 ▢ 안에 알맞은 말을 써넣으세요.

5씩 3묶음 ➡ 5의 3 ▢ ➡ 5×3

123

113 몇째

일정한 기준에 따라 순서대로 놓인 차례에서 위치가 어디인지 모를 때 쓰는 말이에요. 순서를 나타낼 때 첫째, 둘째, 셋째……라는 표현을 써요.

개념 연결

1학년 **몇**	1학년 **몇째**	1학년 **순서**
수량을 셀 때 몇 개, 몇 명이라고 합니다.	순서를 나타낼 때 첫째, 둘째, 셋째……라고 씁니다.	셋째 다음은 넷째, 여섯째 다음은 일곱째입니다.

개념 문제 수학 사전은 위에서 몇째인지 써 보세요.

(   )

114 모서리

각기둥, 각뿔과 같은 입체도형에서 면과 면이 만나는 선을 모서리라고
해요.

모서리 ←

모서리 ←

개념 연결

2학년 변	3학년 선분	6학년 모서리
각이나 다각형을 이루는 선분을 변이라고 합니다.	평면 위의 두 점을 곧게 이은 선을 선분이라고 합니다.	각기둥, 각뿔과 같은 입체도형에서 면과 면이 만나는 선을 모서리라고 합니다.

개념 문제 사각뿔의 모서리는 모두 몇 개인지 써 보세요.

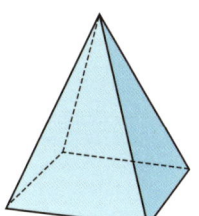

(   )

125

115 모선 母(어머니 모) 線(줄 선)

축을 중심으로 선분을 회전시켜 원기둥이나 원뿔과 같은 입체도형이 만들어질 때 사용한 선분을 말해요. 주로 원뿔에서 원의 둘레의 한 점과 원뿔의 꼭짓점을 이은 선분을 모선이라고 불러요.

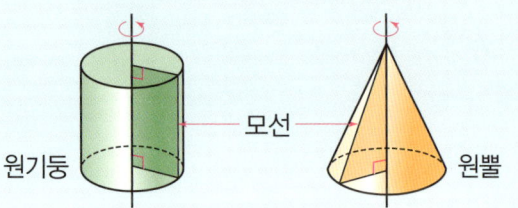

원기둥에서 모선의 길이는 원기둥의 높이와 같습니다.

개념 연결

6학년 원뿔	6학년 원뿔의 꼭짓점	6학년 모선
한 면이 원이고 원에서 위로 뾰족한 입체도형을 원뿔이라고 합니다.	원뿔에서 뾰족한 부분의 점을 원뿔의 꼭짓점이라고 합니다.	주로 원뿔에서 원의 둘레의 한 점과 원뿔의 꼭짓점을 이은 선분을 모선이라고 합니다.

개념 문제

원뿔에서 그을 수 있는 모선의 개수는 모두 몇 개인지 써 보세요.

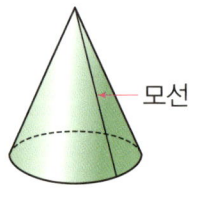

(   )

116　모양 模(본뜰 모) 樣(모양 양)

물건이나 사물의 생김새를 모양이라고 해요. 모양은 면의 모습만 생각하고 무늬나 색깔 등은 생각하지 않아요.

시계와 동전의 모양은 원입니다.

개념 연결

1학년 **모양**	2학년 **삼각형**	3학년 **원**
물건이나 사물의 생김새를 모양이라고 합니다.	세 선분으로 둘러싸인 도형을 삼각형이라고 합니다.	평면 위의 한 점에서 일정한 거리에 있는 점들을 이은 도형을 원이라고 합니다.

개념 문제　알맞은 말을 써넣어 문장을 완성해 보세요.

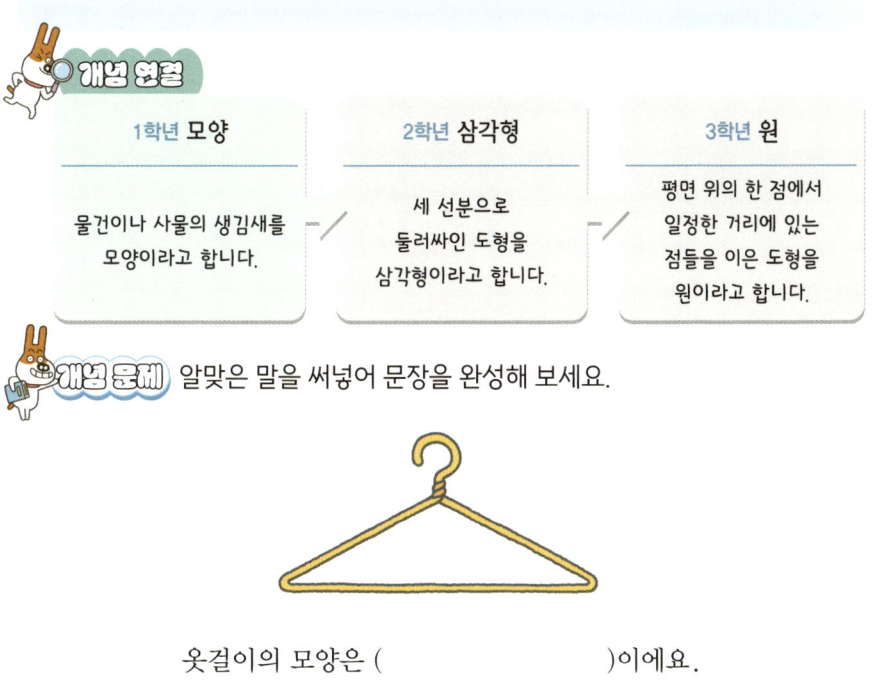

옷걸이의 모양은 (　　　　　　　　　)이에요.

127

117 모양 채우기

모양이 서로 겹치거나 빈틈이 생기지 않도록 평면을 덮는 것을 모양 채우기라고 해요.

칠교로 정사각형 모양을 빈틈없이 채울 수 있습니다.

 개념 연결

4학년 **다각형**	4학년 **정다각형**	4학년 **모양 채우기**
선분으로만 둘러싸인 도형을 다각형이라고 합니다.	변의 길이가 모두 같고, 각의 크기가 모두 같은 다각형을 정다각형이라고 합니다.	모양이 서로 겹치거나 빈틈이 생기지 않도록 평면을 덮는 것을 모양 채우기라고 합니다.

 개념 문제 모양 채우기에 사용된 도형이 <u>아닌</u> 것은? (   )

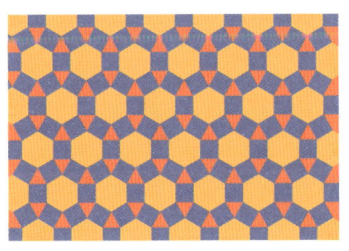

① 정삼각형　　② 정사각형　　③ 정오각형　　④ 정육각형

128

118 **모으기** 관련어 가르기

어떤 두 수나 두 양을 하나로 나타내는 것을 모으기라고 해요.

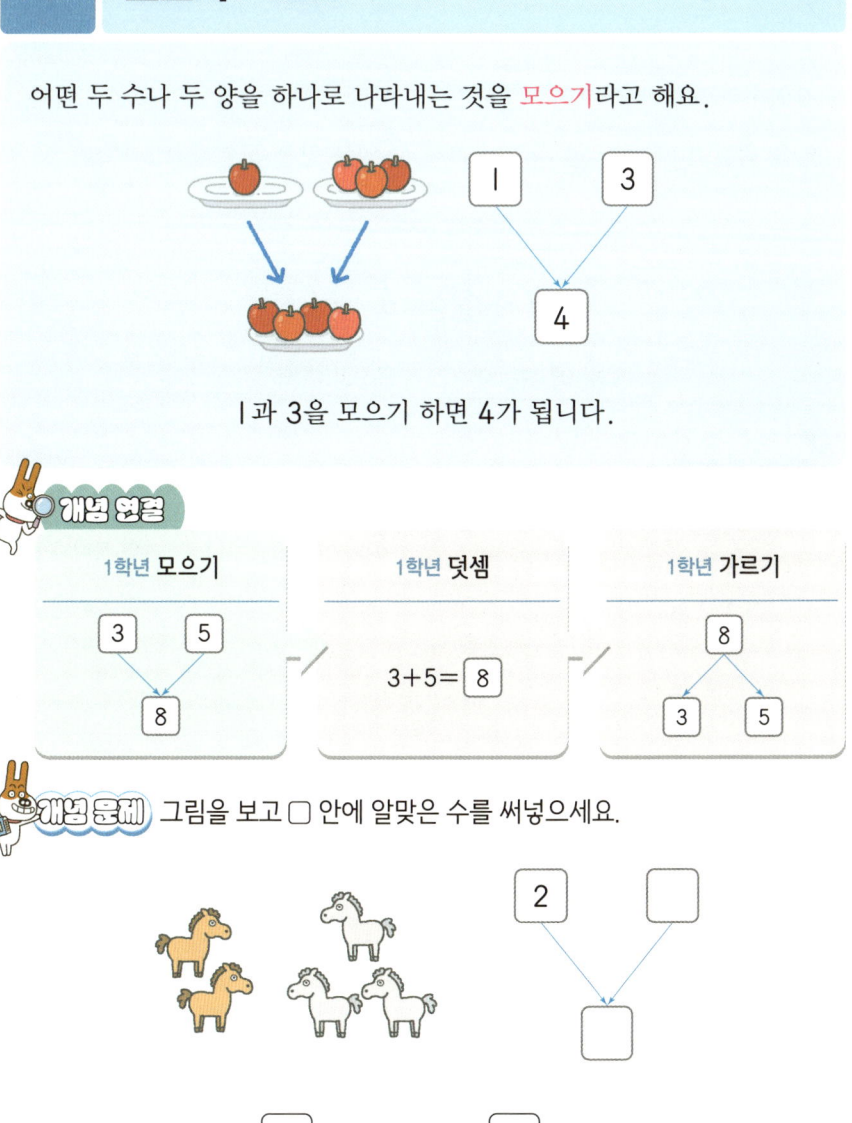

1과 3을 모으기 하면 4가 됩니다.

개념 연결

1학년 모으기	1학년 덧셈	1학년 가르기

1학년 **모으기**

3 5
↓
8

1학년 **덧셈**

3+5= 8

1학년 **가르기**

8
↓
3 5

개념 문제 그림을 보고 ☐ 안에 알맞은 수를 써넣으세요.

2 ☐
↓
☐

2와 ☐을 모으기 하면 ☐가 돼요.

㈜ 3, 5 / 5 / 3, 5

129

119 몫

자연수의 나눗셈을 하여 얻은 수를 몫이라고 해요. 일상생활에서 어떤 양을 똑같이 나눌 때 한 사람이 가질 수 있는 양을 몫이라고도 해요.

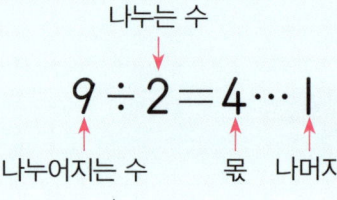

나누는 수

$$9 \div 2 = 4 \cdots 1$$

나누어지는 수　　몫　나머지

개념 연결

2학년 곱셈	3학년 몫	3학년 (세 자리 수)÷(한 자리 수)
$3 \times 4 = 12$	$14 \div 4 = 3 \cdots 2$에서 14를 4로 나눈 몫은 3입니다.	$\begin{array}{r} 24 \\ 5\overline{)124} \\ 10 \\ \hline 24 \\ 20 \\ \hline 4 \end{array}$

개념 문제 19를 5로 나누었을 때의 몫은 얼마인지 써 보세요.

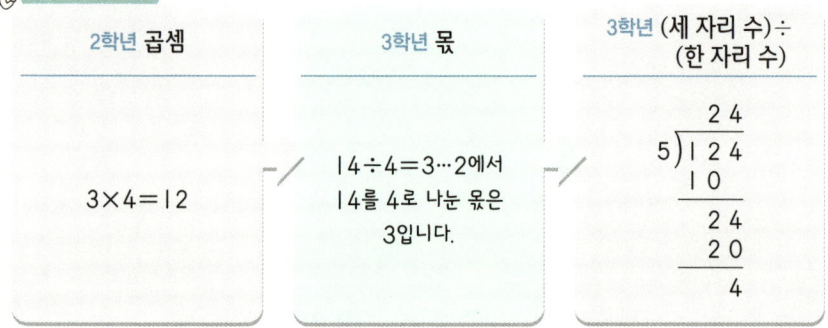

$$\begin{array}{r} 3 \\ 5\overline{)19} \\ 15 \\ \hline 4 \end{array}$$

(　　　　　　　　　　　)

130

120 무게

어떤 물건의 무거운 정도를 무게라고 해요. 무게를 나타내는 단위에는
g(그램), kg(킬로그램), t(톤) 등이 있어요.

저울로 잰
몸무게는
43.1 kg
이에요.

무게를 잴 때 저울을 사용합니다.

개념 연결

1학년 길이	1학년 무게	1학년 넓이
어떤 물건의 한쪽 끝에서 다른 쪽 끝까지의 거리를 길이라고 합니다.	어떤 물건의 무거운 정도를 무게라고 합니다.	사각형, 원과 같이 어떤 평면이 차지하는 크기를 넓이라고 합니다.

개념 문제 달걀 1개의 무게로 알맞은 것은? (   )

① 56 g   ② 56 kg   ③ 56 t   ④ 56 cm

131

121 묶어 세기

묶음으로 수를 세는 방법이에요. 수를 하나씩 세는 것보다는 몇씩 묶어 세기를 하는 것이 편리할 때가 있어요. 묶어 세기는 곱셈의 기초가 돼요.

$12 = 2 + 2 + 2 + 2 + 2 + 2$

12를 2씩 묶어 세면 6묶음입니다.

$12 = 3 + 3 + 3 + 3$

12를 3씩 묶어 세면 4묶음입니다.

 개념 연결

1학년 묶음	2학년 묶어 세기	2학년 곱셈
10개씩 묶음 3개와 낱개 4개는 34입니다.	$12 = 2 + 2 + 2 + 2 + 2 + 2$	$3 \times 4 = 12$

개념 문제 5씩 몇 묶음인지 □ 안에 알맞은 수를 써넣으세요.

5씩 ☐ 묶음

132

122 묶음

수나 양을 몇씩 묶어 세는 단위를 묶음이라고 해요. 수를 셀 때 2씩, 5씩, 10씩 묶어서 세기도 해요. 또 묶음으로 세고 남은 나머지를 낱개라고 해요.

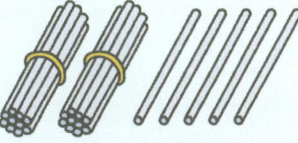

10개씩 묶음 2개와 낱개 5개

개념 연결

1학년 낱개	1학년 묶음	1학년 수 모형
묶음을 세고 남은 나머지를 낱개라고 합니다.	10개씩 묶음 2개와 낱개 5개는 25입니다.	10개씩 묶음을 십 모형, 낱개를 일 모형이라고 합니다.

개념 문제 그림을 보고 몇씩 몇 묶음인지 □ 안에 알맞은 수를 써넣으세요.

□씩 □묶음

133

123 물결선

그래프를 그릴 때 불필요한 부분을 생략하고 수량의 변화를 크게 보이기 위해 물결선(≈)을 사용해요.

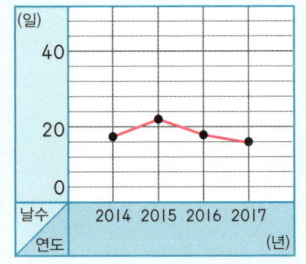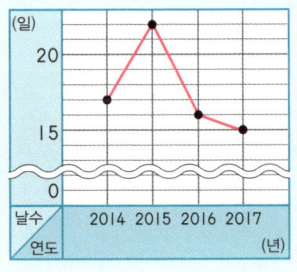

(출처: 황사 발생 빈도, 기상청 국가 기후 데이터 센터, 2018)

물결선을 사용하면 수량의 작은 차이를 확대하거나 두드러지게 나타낼 수 있습니다.

개념 연결

4학년 막대그래프	4학년 꺾은선그래프	4학년 물결선
자료를 조사하여 어떤 대상의 수나 양을 비교하기 쉽게 막대 모양의 길이로 나타낸 그래프를 막대그래프라고 합니다.	어떤 대상의 변화를 나타내기 위해 수량을 점으로 표시하고, 그 점들을 선분으로 이어 그린 그래프를 꺾은선그래프라고 합니다.	그래프를 그릴 때 불필요한 부분을 생략하고 수량의 변화를 크게 보이기 위해 물결선(≈)을 사용합니다.

개념 문제 물결선을 사용하기에 알맞은 그래프는? (   )

① 그림그래프   ② 원그래프   ③ 꺾은선그래프

124 미만 未(아닐 미) 滿(가득 찰 만)

기준이 되는 수보다 작은 수를 나타내는 말이에요. 예를 들어 5 미만인
수는 5보다 작은 수 모두를 뜻해요.

0, 3, 4.5 등과 같이 5보다 작은 수를 5 미만인 수라고 합니다.

개념 연결

5학년 이하	5학년 미만	5학년 초과
기준이 되는 수와 같거나 그 수보다 작은 수를 나타낼 때 이하라고 합니다.	기준이 되는 수보다 작은 수를 나타낼 때 미만이라고 합니다.	기준이 되는 수보다 큰 수를 나타낼 때 초과라고 합니다.

개념 문제 20 미만인 수를 모두 찾아 써 보세요.

16	20	8
9	35	43

(   )

16, 8, 9

135

125 미터(m)

세계 많은 나라에서 널리 사용되는 길이 단위로, 측정 단위를 통일하기 위해 1798년 프랑스에서 공포되었어요.

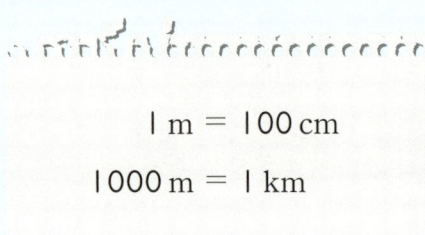

$$1\,m = 100\,cm$$
$$1000\,m = 1\,km$$

1 m의 100분의 1은 1 cm이고, 1 m를 1000배 하면 1 km가 됩니다.

개념 연결

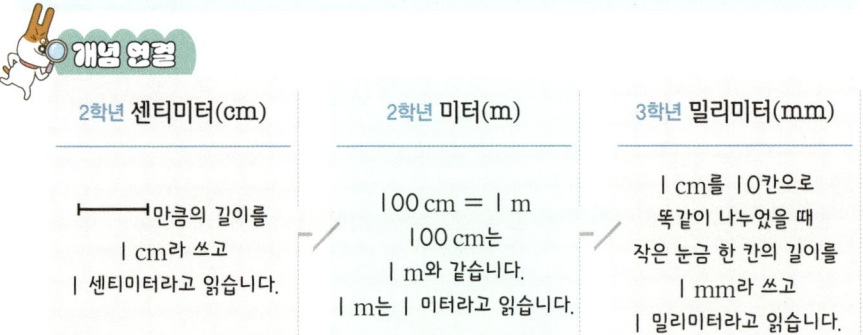

2학년 **센티미터(cm)**	2학년 **미터(m)**	3학년 **밀리미터(mm)**
├──┤만큼의 길이를 1 cm라 쓰고 1 센티미터라고 읽습니다.	100 cm = 1 m 100 cm는 1 m와 같습니다. 1 m는 1 미터라고 읽습니다.	1 cm를 10칸으로 똑같이 나누었을 때 작은 눈금 한 칸의 길이를 1 mm라 쓰고 1 밀리미터라고 읽습니다.

개념 문제 □ 안에 알맞은 수를 써넣으세요.

$$208\,cm = \boxed{}\,m\,\boxed{}\,cm$$

126 밀기

평면 위에서 모양 조각이나 물건을 한쪽 방향으로 옮기는 것을 말해요.

도형을 어느 방향으로 밀어도 도형의 크기와 모양은 변하지 않고 위치만 바뀝니다.

개념 연결

4학년 밀기	4학년 뒤집기	4학년 돌리기
평면 위에서 모양 조각이나 물건을 한쪽 방향으로 옮기는 것을 밀기라고 합니다.	도형을 어느 한쪽 방향으로 뒤집는 것을 뒤집기라고 합니다.	평면에서 도형을 시계 방향 또는 시계 반대 방향으로 돌리는 것을 돌리기라고 합니다.

개념 문제 알맞은 말에 ○표 해 보세요.

도형을 오른쪽 방향으로 밀었을 때

도형의 크기와 모양은 (변한다 , 변하지 않는다).

127 밀리리터(mL)

한 모서리의 길이가 1 cm인 정육면체의 부피와 같은 양을 1 mL라 하고 1 밀리리터라고 읽어요.

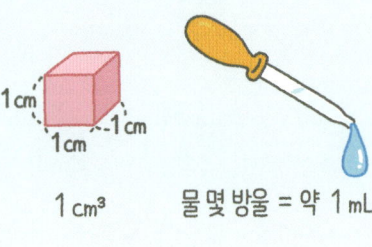

$1 \, cm^3$

물 몇 방울 = 약 1 mL

$$1 \, mL = 1 \, cm^3$$

$$1000 \, mL = 1 \, L$$

1 mL를 1000배 하면 1 L입니다.

개념 연결

3학년 들이	3학년 리터(L)	3학년 밀리리터(mL)
담을 수 있는 양을 들이라고 합니다.	한 모서리의 길이가 10 cm인 정육면체의 부피와 같은 양을 1 L라 하고 1 리터라고 읽습니다.	한 모서리의 길이가 1 cm인 정육면체의 부피와 같은 양을 1 mL라 하고 1 밀리리터라고 읽습니다.

개념 문제 □ 안에 알맞은 수를 써넣으세요

$$1.8 \, L = \boxed{} \, mL$$

128 밀리미터(mm)

| cm의 |0분의 |에 해당하는 길이를 | **mm**라 쓰고 | **밀리미터**라고
읽어요.

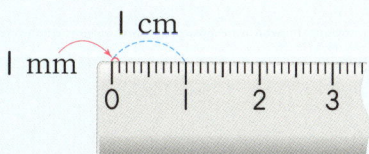

자에서 작은 눈금 한 칸의 길이는 | mm입니다.

개념 연결

2학년 **센티미터(cm)**	2학년 **미터(m)**	3학년 **밀리미터(mm)**
├─────┤ 만큼의 길이를 | cm라 쓰고 | 센티미터라고 읽습니다.	100 cm =	m 100 cm는 | m와 같습니다. | m는	미터라고 읽습니다.		cm를 10칸으로 똑같이 나누었을 때 작은 눈금 한 칸의 길이를 | mm라 쓰고 | 밀리미터라고 읽습니다.

개념 문제 크레파스의 길이는 몇 cm 몇 mm인지 써 보세요.

(   )

답 6 cm 5 mm

139

129 밑면 面(표면 면)

기둥, 뿔과 같은 입체도형에서 기준이 될 수 있는 면을 밑면이라고 해요.

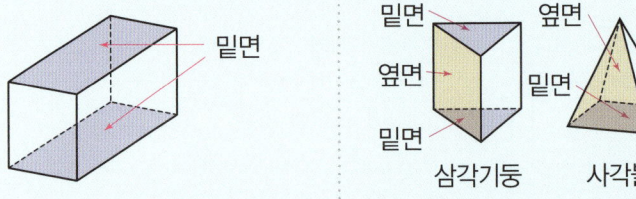

직육면체에서 서로 마주 보는 두 면은 서로 평행하고 합동입니다. 직육면체의 밑면은 3쌍입니다.

각기둥과 각뿔은 밑면의 모양에 따라 이름을 붙입니다.

개념 연결

5학년 **직육면체**	5학년 **밑면**	5학년 **옆면**
직사각형 6개로 둘러싸인 입체도형을 직육면체라고 합니다.	기둥, 뿔과 같은 입체도형에서 기준이 될 수 있는 면을 밑면이라고 합니다.	기둥, 뿔과 같은 입체도형에서 밑면이 아닌 면을 옆면이라고 합니다.

개념 문제 다음 직육면체에서 색칠한 면을 밑면이라고 할 때, 밑면에 수직인 면은 모두 몇 개인지 써 보세요.

(   )

140

130 밑변 邊 (가장자리 변)

평면도형에서 높이를 정할 때 기준이 되는 변을 밑변이라고 해요.

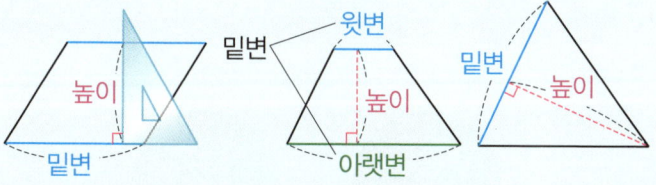

평행사변형, 사다리꼴에서 평행한 두 변을 밑변이라 하고, 두 밑변 사이의 거리를 높이라고 합니다. 삼각형에서 어느 한 변을 밑변이라고 하면, 그 밑변과 마주 보는 꼭짓점에서 밑변 사이의 거리를 높이라고 합니다.

개념 연결

5학년 **평행사변형**	5학년 **밑변**	5학년 **높이**
마주 보는 두 쌍의 변이 서로 평행한 사각형을 평행사변형이라고 합니다.	평면도형에서 높이를 정할 때 기준이 되는 변을 밑변이라고 합니다.	기준이 되는 선분이나 면에서 마주 보는 점, 선분 또는 면까지의 거리를 높이라고 합니다.

개념 문제 ☐ 안에 알맞은 말을 써넣으세요.

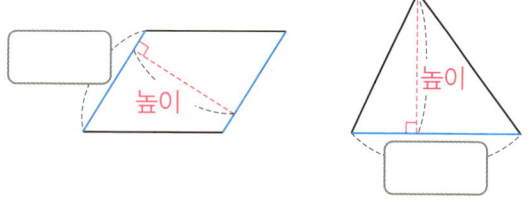

131 반반이다

동전을 던지면 그림면과 숫자면이 나올 가능성은 $\frac{1}{2}$로 서로 같아요. 이처럼 어떤 일이 일어날 가능성이 $\frac{1}{2}$일 때, 가능성이 반반이다라는 표현을 써요.

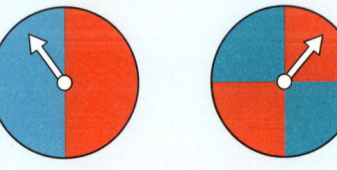

회전판의 화살을 돌리면 화살이 파란색에 멈출 가능성은 반반입니다.

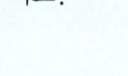 개념 연결

5학년 가능성	5학년 반반이다	중등 확률
어떠한 상황에서 특정한 일이 일어나길 기대할 수 있는 정도를 가능성이라고 합니다.	어떤 일이 일어날 가능성이 $\frac{1}{2}$일 때, 가능성이 반반이다라고 합니다.	모든 경우가 일어날 가능성이 같을 때 모든 경우의 수에 대한 사건 A가 일어나는 경우의 수의 비율을 사건 A가 일어날 확률이라고 합니다.

 개념 문제 주사위를 던졌을 때 짝수가 나올 가능성을 써 보세요.

(   )

132 반올림

구하려는 자리보다 한 자리 아래의 수가 5 이상이면 올리고, 5보다 작으면 버려서 나타내는 방법을 **반올림**이라고 해요.

$$625 \rightarrow 630 \qquad 625 \rightarrow 600$$

625를 반올림하여 십의 자리까지 나타내면 630입니다.

625를 반올림하여 백의 자리까지 나타내면 600입니다.

개념 연결

5학년 **올림**	5학년 **버림**	5학년 **반올림**
구하려는 자리의 아래 수를 올려서 나타내는 방법을 올림이라고 합니다.	구하려는 자리의 아래 수를 버려서 나타내는 방법을 버림이라고 합니다.	구하려는 자리보다 한 자리 아래의 수가 5 이상이면 올리고 5보다 작으면 버려서 나타내는 방법을 반올림이라고 합니다.

개념 문제 왼쪽 수를 반올림하여 백의 자리까지 나타낸 것을 찾아 선으로 이어 보세요.

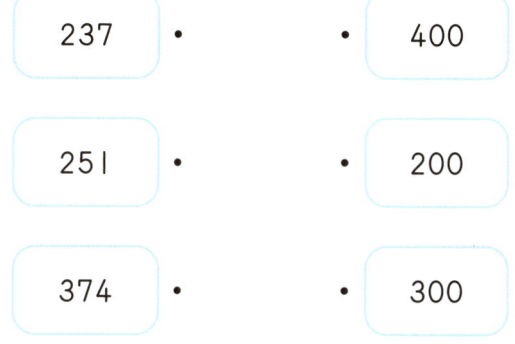

237 •   • 400

251 •   • 200

374 •   • 300

133　반원 半(반 반) 圓(둥글 원)

원을 지름으로 나눈 것 중의 하나, 즉 원의 $\frac{1}{2}$을 반원이라고 해요.

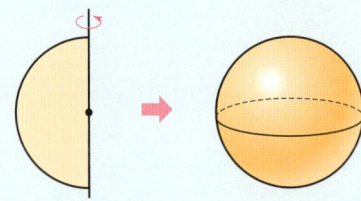

반원의 지름을 기준으로 반원을 한 바퀴 돌리면

공 모양의 입체도형이 만들어집니다.

개념 연결

3학년 원	3학년 원의 지름	6학년 반원
평면 위의 한 점에서 일정한 거리에 있는 점들을 이은 도형을 원이라고 합니다.	원 위의 두 점을 이은 선분 중 원의 중심을 지나는 선분을 원의 지름이라고 합니다.	원을 지름으로 나눈 것 중의 하나, 즉 원의 $\frac{1}{2}$을 반원이라고 합니다.

개념 문제 지름이 10 cm인 반원을 회전시켜 만들어지는 구의 반지름은 몇 cm인지 써 보세요.

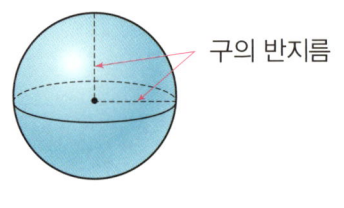

구의 반지름

(　　　　　　　　　)

정답 5 cm

144

134 반직선 半(반 반) 直(곧을 직) 線(줄 선)

한 점에서 시작하여 다른 한쪽으로 계속 뻗어 가는 곧은 선을 반직선이
라고 해요.

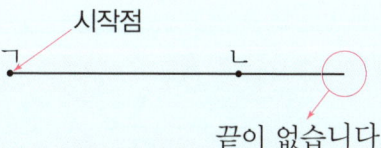

점 ㄱ에서 시작하여 점 ㄴ을 지나는 곧은 선이므로

반직선 ㄱㄴ이라고 부릅니다.

개념 연결

3학년 **선분**	3학년 **반직선**	3학년 **직선**
두 점을 곧게 이은 선을 선분이라고 합니다.	한 점에서 시작하여 한쪽으로 끝없이 늘인 곧은 선을 반직선이라고 합니다.	선분을 양쪽으로 끝없이 늘인 곧은 선을 직선이라고 합니다.
선분 ㄱㄴ 또는 선분 ㄴㄱ	반직선 ㄱㄴ	직선 ㄱㄴ 또는 직선 ㄴㄱ

개념 문제 각에서 반직선을 모두 찾아 써 보세요.

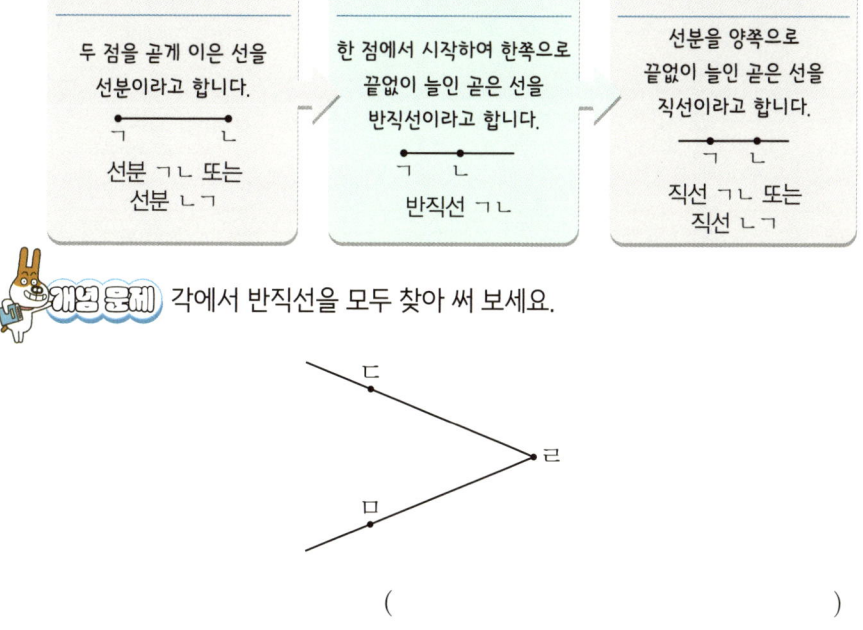

(   )

반직선 ㄹㄷ, 반직선 ㄹㅁ 圖

145

135	**받아내림** 관련어 받아올림

뺄셈에서 같은 자리의 수끼리 비교했을 때 빼어지는 수보다 빼는 수가 더 크면 바로 윗자리의 수에서 10을 내려 계산하는 방법이에요.

$$
\begin{array}{r}
\overset{3}{\cancel{4}}\;\overset{10}{2} \\
-\quad 5 \\
\hline
3\;7
\end{array}
$$

일의 자리 수끼리 비교했을 때 2보다 5가 더 크므로 십의 자리에서 10을 받아내림하여 12-5를 계산합니다.

개념 연결

1학년 **두 자리 수의 뺄셈**	2학년 **받아내림**	3학년 **세 자리 수의 뺄셈**
$\begin{array}{r} 5\;3 \\ -\;2\;1 \\ \hline 3\;2 \end{array}$	$\begin{array}{r} \overset{4}{\cancel{5}}\;\overset{10}{3} \\ -\;2\;5 \\ \hline 2\;8 \end{array}$	$\begin{array}{r} \overset{2}{\cancel{3}}\;\overset{10}{4}\;6 \\ -\;1\;7\;2 \\ \hline 1\;7\;4 \end{array}$

개념 문제 □ 안에 알맞은 수를 구해 보세요.

$$
\begin{array}{r}
\overset{6}{\cancel{7}}\;\overset{\bigcirc}{3} \\
-\;2\;8 \\
\hline
4\;5
\end{array}
$$

(   )

146

136 받아올림 `관련어` 받아내림

덧셈에서 같은 자리끼리의 합이 10 이상이 되면 10을 바로 윗자리로
올려 계산하는 방법이에요.

$$
\begin{array}{r}
\overset{1}{} \\
3\ 6 \\
+\ 1\ 7 \\
\hline
5\ 3
\end{array}
$$

6+7=13이므로 일의 자리에 3을 쓰고 십의 자리에 받아올림하여 1
을 씁니다.

개념 연결

1학년 두 자리 수의 덧셈	2학년 받아올림	3학년 세 자리 수의 덧셈
$\begin{array}{r} 3\ 6 \\ +\ 2\ 1 \\ \hline 5\ 7 \end{array}$	$\begin{array}{r} \overset{1}{} \\ 5\ 7 \\ +\ 6\ 6 \\ \hline 1\ 2\ 3 \end{array}$	$\begin{array}{r} \overset{1}{}\ \overset{1}{} \\ 7\ 4\ 5 \\ +\ 4\ 6\ 9 \\ \hline 1\ 2\ 1\ 4 \end{array}$

개념 문제 받아올림한 1이 나타내는 수는 얼마인가요? (   )

$$
\begin{array}{r}
\overset{1}{} \\
5\ 4 \\
+\ 2\ 9 \\
\hline
8\ 3
\end{array}
$$

① 1   ② 10   ③ 100   ④ 1000

147

137 방정식 方(모 방) 程(과정 정) 式(법 식)

2+□=5와 같은 등식에서 2, □, 5를 각각 그 식의 항이라고 하는데 □와 같이 그 값을 알지 못하는 항을 미지항이라고 불러요. 이처럼 미지항이 있는 등식을 방정식이라고 해요.

$$2 + \square = 5$$

미지항

미지항의 값을 구하는 것을 방정식을 푼다라고 합니다.

개념 연결

1학년 등호	1학년 등식	중등 방정식
식에서 두 수나 양이 같을 때 쓰는 = 기호를 등호라고 합니다.	2+3=5, 7×4+6=34와 같이 등호(=)를 사용하여 나타낸 식을 등식이라고 합니다.	미지항이 있는 등식을 방정식이라고 합니다.

개념 문제
다음 중 방정식인 것은? (　　　　　)

① □+3=8　　　　　② 5+□

③ 8−7=1　　　　　④ 4×6=24

148

138 배수 倍(곱 배) 數(셀 수) 관련어 약수

어떤 수를 1배, 2배, 3배…… 한 수를 그 수의 배수라고 해요. 6을 1배, 2배, 3배…… 하면 6, 12, 18……이므로 6, 12, 18……은 6의 배수예요.

$$12=3\times4$$

3을 4배 하면 12이고, 4를 3배 하면 12이므로
12는 3의 배수도 되고, 4의 배수도 됩니다.

개념 연결

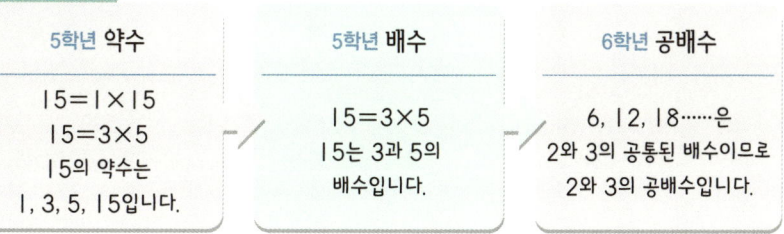

5학년 약수	5학년 배수	6학년 공배수
$15=1\times15$ $15=3\times5$ 15의 약수는 1, 3, 5, 15입니다.	$15=3\times5$ 15는 3과 5의 배수입니다.	6, 12, 18……은 2와 3의 공통된 배수이므로 2와 3의 공배수입니다.

개념 문제 □ 안에 알맞은 수를 써넣으세요.

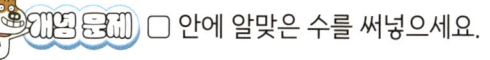
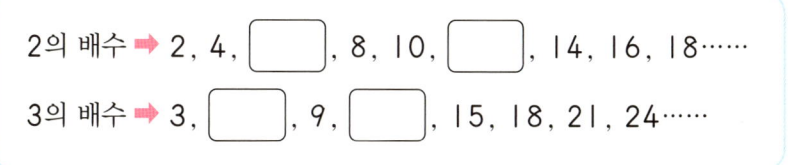

2의 배수 ➡ 2, 4, □, 8, 10, □, 14, 16, 18……

3의 배수 ➡ 3, □, 9, □, 15, 18, 21, 24……

2의 배수도 되고, 3의 배수도 되는 수
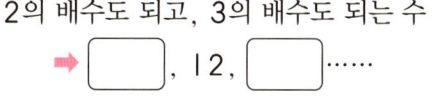
➡ □, 12, □……

149

139 백 百(일백 백)

99보다 1만큼 더 큰 수를 100이라 쓰고 백이라고 읽어요. 100은 세 자리 수 중에서 가장 작은 수예요.

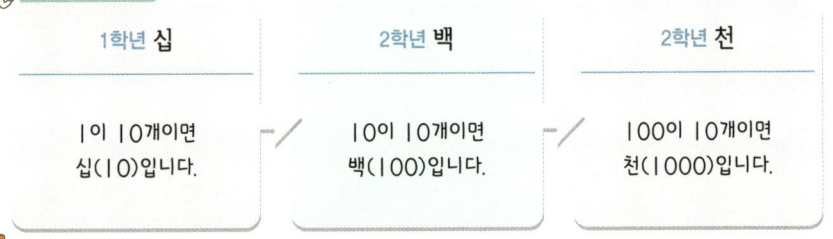

십(10)이 10개이면 백(100)이 됩니다.

 개념 연결

1학년 십	2학년 백	2학년 천
1이 10개이면 십(10)입니다.	10이 10개이면 백(100)입니다.	100이 10개이면 천(1000)입니다.

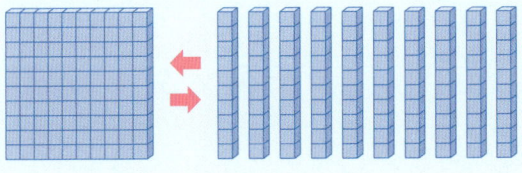 개념 문제 빈칸에 알맞은 수를 써넣으세요.

(1) 97 ― 98 ― 99 ― ☐

(2) 70 ― 80 ― 90 ― ☐

답 (1) 100 (2) 100

150

| 140 | **백(100)도표** |

1부터 100까지의 수를 가로 10칸, 세로 10칸인 표에 순서대로 나타낸 표를 100도표라고 해요.

1	2	3	4	5	6	7	8	9	10
11	12	13	14	15	16	17	18	19	20
21	22	23	24	25	26	27	28	29	30
31	32	33	34	35	36	37	38	39	40
41	42	43	44	45	46	47	48	49	50
51	52	53	54	55	56	57	58	59	60
61	62	63	64	65	66	67	68	69	70
71	72	73	74	75	76	77	78	79	80
81	82	83	84	85	86	87	88	89	90
91	92	93	94	95	96	97	98	99	100

100도표로 나타내면
수의 규칙을 알기 쉽습니다.

개념 연결

1학년 수의 순서

1부터 9까지 순서대로
1-2-3-4-5-6-
7-8-9입니다.

1학년 백(100)도표

1부터 100까지의 수를
가로 10칸, 세로 10칸인
표에 순서대로 나타낸 표를
100도표라고 합니다.

1학년 규칙 찾기

1-3-5-7-9는
1부터 시작하여 9까지
2씩 커지는 규칙으로
늘어놓은 수 입니다.

개념 문제 규칙을 보고 빈칸에 알맞은 수를 써넣으세요.

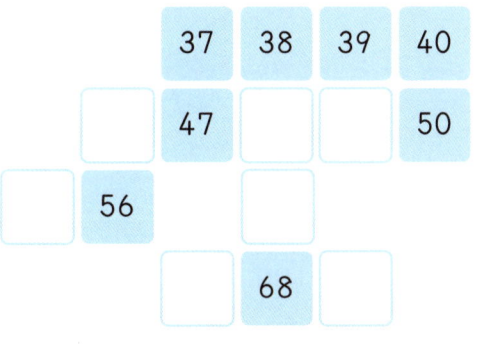

답 (아래서부터) 46, 48, 49, 55, 58, 67, 69

151

141 백분율 百(일백 **백**) 分(나눌 **분**) 率(비율 **율**)

비율에서 기준량을 100으로 할 때의 비율을 백분율이라고 해요. 백분율은 기호 %(퍼센트)를 이용하여 나타내요.

$$\frac{1}{100} = 1\ \%$$

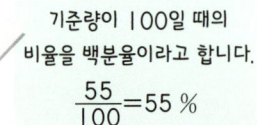

$$\frac{1}{4} = \frac{25}{100} = 25\ \%$$

25 %는 25 퍼센트라고 읽습니다.

 개념 연결

6학년 비	6학년 비율	6학년 백분율
두 수를 나눗셈으로 비교하기 위해 기호 :을 사용하여 나타낸 것을 비라고 합니다.	기준량에 대한 비교하는 양의 크기를 비율이라고 합니다.	기준량이 100일 때의 비율을 백분율이라고 합니다. $\frac{55}{100} = 55\ \%$

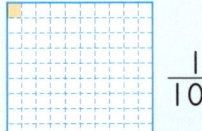 개념 문제 그림에서 색칠한 부분을 백분율로 나타내려고 합니다. □ 안에 알맞은 수를 써넣으세요.

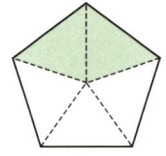

$$\frac{2}{5} = \frac{\boxed{}}{100} = \boxed{}\ \%$$

152

142 버림 　관련어 올림

구하려는 자리의 아래 수를 버려서 나타내는 방법을 버림이라고 해요.

$$3\,1\,4 \rightarrow 3\,1\,0$$

314를 버림하여 십의 자리까지 나타내면 310입니다.

$$3\,1\,4 \rightarrow 300$$

314를 버림하여 백의 자리까지 나타내면 300입니다.

개념 연결

5학년 올림	5학년 버림	5학년 반올림
구하려는 자리의 아래 수를 올려서 나타내는 방법을 올림이라고 합니다.	구하려는 자리의 아래 수를 버려서 나타내는 방법을 버림이라고 합니다.	구하려는 자리보다 한 자리 아래의 수가 5 이상이면 올리고 5보다 작으면 버려서 나타내는 방법을 반올림이라고 합니다.

개념 문제 버림하여 십의 자리까지 나타내었을 때 580이 되는 수는?

(　　　)

① 579　　　　② 589　　　　③ 590

153

143 변 邊(가장자리 변)

각이나 다각형에서 도형을 둘러싼 곧은 선을 변이라고 해요. 각의 두
변은 반직선이고, 삼각형의 세 변은 선분이에요.

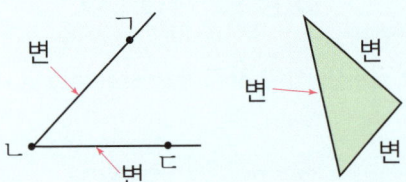

각의 변은 2개이고, 삼각형의 변은 3개입니다.

개념 연결

2학년 **변**	2학년 **꼭짓점**	4학년 **대각선**
각이나 다각형을 이루는 선분을 변이라고 합니다.	다각형에서 두 변이 만나서 이루는 점을 꼭짓점이라고 합니다.	다각형에서 서로 이웃하지 않는 두 꼭짓점을 이은 선분을 대각선이라고 합니다.

개념 문제 변이 모두 몇 개인지 써 보세요.

(   )

154

144 부피

어떤 물건이 공간에서 차지하는 크기를 부피라고 해요. 부피를 나타내는 단위에는 세제곱센티미터(cm³), 세제곱미터(m³) 등이 있어요.

풍선에 공기를 넣으면 부피가 더 커져요.

개념 연결

6학년 부피

어떤 물건이 공간에서 차지하는 크기를 부피라고 합니다.

6학년 단위부피

도형의 부피를 나타낼 때는 한 변의 길이가 1 cm인 정육면체의 부피를 부피의 단위로 사용합니다.

6학년 직육면체의 부피

직육면체의 부피는 (가로)×(세로)×(높이) 또는 (밑면의 넓이) ×(높이)로 구합니다.

개념 문제 직육면체의 부피를 비교하여 ◯ 안에 >, =, <를 알맞게 써넣으세요.

가

나

(가의 부피) ◯ (나의 부피)

155

145 분 分 (나눌 분)

시계에서 긴바늘이 가리키는 작은 눈금 한 칸은 **1분**을 나타내요. 1분
은 60초이고, 60분은 1시간이에요.

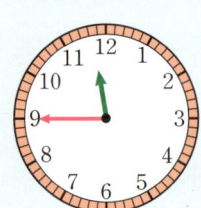

11시 45분

개념 연결

2학년 분	2학년 시간	3학년 초
시계에서 긴바늘이 가리키는 작은 눈금 한 칸은 1분을 나타냅니다.	시계의 긴바늘이 한 바퀴 도는 데 60분의 시간이 걸립니다. 60분=1시간	시계의 초바늘이 작은 눈금 한 칸을 가는 데 걸리는 시간을 1초라고 합니다. 1분=60초

개념 문제 관계있는 것끼리 선으로 이어 보세요.

1시간 30분 •	• 1시간 10분
2시간 •	• 90분
70분 •	• 120분

156

146 분류 기준 分(나눌 분) 類(무리 류) 基(터 기) 準(기준 준)

어떤 사물을 기준에 따라 분류할 때 판단의 근거가 되는 것을 분류 기준 이라고 해요.

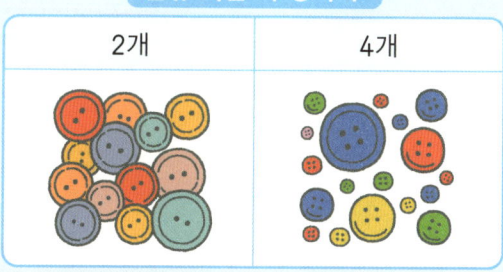

분류 기준: 구멍의 수

2개	4개

단추를 크기, 구멍의 수, 색깔 등으로 분류 기준을 정해 분류할 수 있 습니다.

개념 연결

1학년 **분류하기**	2학년 **기준**	2학년 **분류 기준**
어떤 사물을 공통되는 일정한 기준에 따라 나누는 것을 분류라고 합니다.	어떤 사물에서 드러나는 성질이나 특징으로 무언가를 비교할 때 판단의 근거가 되는 것을 기준이라고 합니다.	어떤 사물을 기준에 따라 분류할 때 판단의 근거가 되는 것을 분류 기준이라고 합니다.

개념 문제 분류 기준으로 알맞지 <u>않은</u> 것은? (   )

① 색이 빨간 것과 빨갛지 않은 것

② 나무에 열리는 것과 밭에 자라는 것

③ 맛있는 것과 맛없는 것

정답 ③

147 분류(하기) 分(나눌 분) 類(무리 류)

어떤 사물을 공통되는 일정한 기준에 따라 나누는 것을 분류라고 해요.

땅에서 다니는 교통수단과 하늘을 나는 교통수단으로 분류할 수 있습니다.

개념 연결

1학년 분류하기	2학년 기준	2학년 분류 기준
어떤 사물을 공통되는 일정한 기준에 따라 나누는 것을 분류라고 합니다.	어떤 사물에서 드러나는 성질이나 특징으로 무언가를 비교할 때 판단의 근거가 되는 것을 기준이라고 합니다.	어떤 사물을 기준에 따라 분류할 때 판단의 근거가 되는 것을 분류 기준이라고 합니다.

개념 문제 조건에 맞게 분류해 보세요.

여름에 필요한 것	겨울에 필요한 것

⑧ 여름에 필요한 것: ②, ③, ⑤ / 겨울에 필요한 것: ①, ④, ⑤, ⑦

148 분모 分(나눌 분) 母(어머니 모)

분수에서 가로선 아래쪽에 있는 수를 분모라고 해요. 분모는 전체를 똑같이 몇으로 나눈 수로, 분수를 나타내는 기준이 돼요.

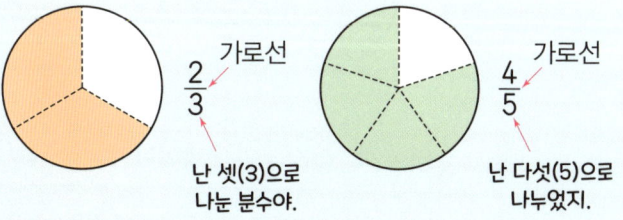

$\frac{2}{3}$ 가로선

난 셋(3)으로 나눈 분수야.

$\frac{4}{5}$ 가로선

난 다섯(5)으로 나누었지.

전체를 몇으로 나누었는지 분모를 보면 알 수 있습니다.

개념 연결

1학년 자연수	3학년 분모	3학년 대분수
1, 2, 3, 4……를 자연수라고 합니다.	분수 $\frac{1}{2}$, $\frac{3}{5}$에서 가로선 아래쪽에 있는 수 2, 5를 분모라고 합니다.	$1\frac{1}{3}$, $5\frac{3}{4}$과 같이 자연수와 진분수의 합으로 이루어진 수를 대분수라고 합니다.

개념 문제 그림을 보고 □ 안에 알맞은 수를 써넣으세요.

$= \dfrac{5}{\boxed{}}$

159

149 분모가 같은 분수

$\frac{1}{4}$, $\frac{2}{4}$, $\frac{3}{4}$……과 같이 분모가 서로 같을 때 분모가 같은 분수라고 해요.

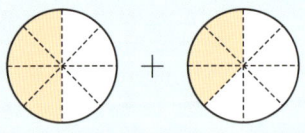

$\frac{4}{8}$는 $\frac{1}{8}$이 4개, $\frac{3}{8}$은 $\frac{1}{8}$이 3개입니다.

$\frac{4}{8}+\frac{3}{8}$은 $\frac{1}{8}$이 7개입니다. 따라서 $\frac{4}{8}+\frac{3}{8}=\frac{7}{8}$이 됩니다.

분모가 같은 분수는 단위분수를 이용하여 덧셈과 뺄셈을 할 수 있습니다.

 개념 연결

3학년 분수	4학년 분모가 같은 분수	4학년 분모가 같은 분수의 덧셈
전체를 똑같이 3으로 나눈 것 중 2를 $\frac{2}{3}$라고 합니다. $\frac{2}{3}$ ← 분자 ← 분모	$\frac{1}{3}$, $\frac{2}{3}$, $\frac{3}{3}$……과 같이 분모가 서로 같을 때 분모가 같은 분수라고 합니다.	$\frac{1}{4}+\frac{2}{4}=\frac{1+2}{4}=\frac{3}{4}$

 개념 문제 수직선을 이용하여 분모가 같은 분수의 뺄셈을 해 보세요.

```
0               1               2
```

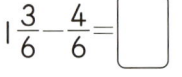

$1\frac{3}{6}-\frac{4}{6}=\boxed{}$

160

150 분수 分(나눌 분) 數(셀 수)

전체에 대한 부분의 크기를 나타낸 수를 분수라고 해요.

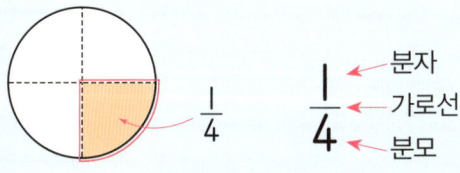

$\dfrac{1}{4}$ ← 분자
가로선
분모

$\dfrac{1}{4}$은 전체를 4로 똑같이 나눈 것 중 1을 나타냅니다.

 개념 연결

1학년 **자연수**	3학년 **분수**	3학년 **소수**
1, 2, 3, 4······를 자연수라고 합니다.	전체를 똑같이 3으로 나눈 것 중 2를 $\dfrac{2}{3}$라고 합니다.	분수 $\dfrac{1}{10}$은 소수로 0.1, 분수 $\dfrac{1}{100}$은 소수로 0.01입니다.

 개념 문제 그림을 보고 □ 안에 알맞은 수를 써넣으세요.

피자를 먹고 남은 부분은 전체의 □입니다.

161

151 분수 막대

분수의 크기를 막대 모양으로 나타낸 것을 분수 막대라고 해요.

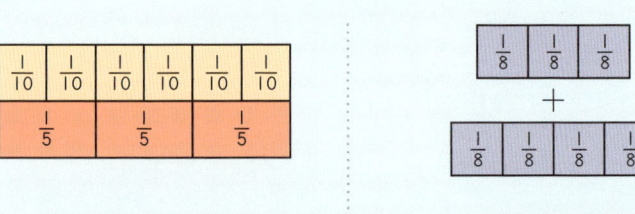

$$\frac{3}{5} \text{은 } \frac{6}{10} \text{과 같아요.}$$

$$\frac{3}{8} + \frac{4}{8} = \frac{7}{8}$$

분수 막대를 사용하여 분수의 크기를 비교하거나 분수의 계산을 할 수 있습니다.

개념 연결

3학년 분수	5학년 분수 막대	5학년 분수의 크기 비교
전체를 똑같이 3으로 나눈 것 중 2를 $\frac{2}{3}$라고 합니다. $\frac{2}{3}$ ← 분자 ← 분모	분수의 크기를 막대 모양으로 나타낸 것을 분수 막대라고 합니다.	$\frac{1}{2} \bigcirc\!\!> \frac{1}{3}$ $\frac{1}{3} \bigcirc\!\!> \frac{1}{4}$

개념 문제

분수 막대를 보고 분수의 덧셈을 해 보세요.

$$1\frac{1}{3} + 1\frac{3}{6} = \boxed{}$$

162

152 분자 分(나눌 분) 子(아들 자)

분수에서 가로선 위쪽에 있는 수를 분자라고 해요. 분자는 전체를 똑같이 나눈 것 중 몇을 센 수예요.

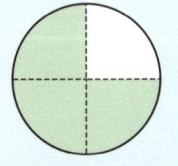

$\dfrac{3}{4}$ ← 나뉜 것 중 세 개야.
← 가로선

분수 $\dfrac{3}{4}$은 $\dfrac{1}{4}$이 3인 수입니다.

 개념 연결

1학년 **자연수**	3학년 **분자**	3학년 **대분수**
1, 2, 3, 4……를 자연수라고 합니다.	분수 $\dfrac{1}{2}$, $\dfrac{3}{5}$에서 가로선 위쪽에 있는 수 1, 3을 분자라고 합니다.	$1\dfrac{1}{3}$, $5\dfrac{3}{4}$과 같이 자연수와 진분수의 합으로 이루어진 수를 대분수라고 합니다.

개념 문제 그림을 보고 ⬜ 안에 알맞은 수를 써넣으세요.

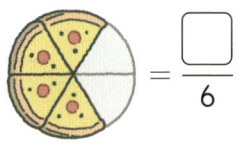

$= \dfrac{\boxed{}}{6}$

163

153 비 比(견줄 비)

두 수를 나눗셈으로 비교하기 위해 기호 :을 사용하여 나타낸 것을 비라고 해요.

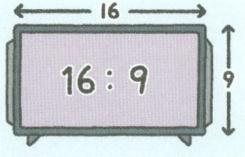

두 수 16과 9를 비교할 때 16:9라 쓰고, 16 대 9라고 읽습니다.

또 16:9는 "16과 9의 비", "16의 9에 대한 비",

"9에 대한 16의 비"라고도 읽습니다.

개념 연결

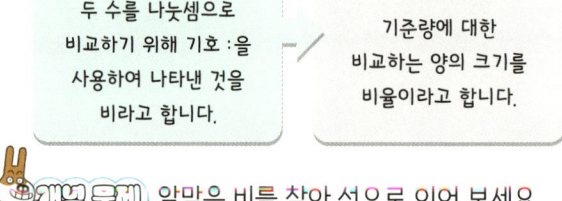

6학년 비	6학년 비율	6학년 비례식
두 수를 나눗셈으로 비교하기 위해 기호 :을 사용하여 나타낸 것을 비라고 합니다.	기준량에 대한 비교하는 양의 크기를 비율이라고 합니다.	비가 같은 두 비를 등호를 사용하여 나타낸 식을 비례식이라고 합니다.

개념 문제

알맞은 비를 찾아 선으로 이어 보세요.

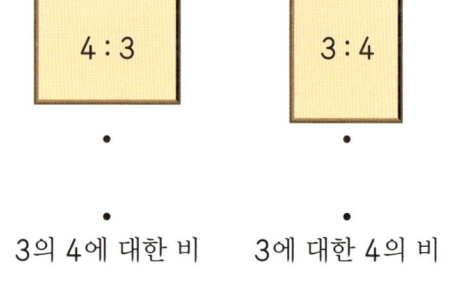

3의 4에 대한 비   3에 대한 4의 비

154 비교하는 양 量(헤아릴 양)

비 또는 비율에서 기준량에 대한 다른 수나 양을 비교하는 양이라고 해요.

$$4 : 7$$
비교하는 양   기준량

$$\frac{5}{6}$$ 비교하는 양
기준량

비 4 : 7에서 기호 :의 왼쪽에 있는 4가 비교하는 양입니다.

비율에서 분자를 비교하는 양이라고 합니다.

개념 연결

6학년 비

두 수를 나눗셈으로 비교하기 위해 기호 :을 사용하여 나타낸 것을 비라고 합니다.

6학년 기준량

비 또는 비율에서 기준이 되는 양을 기준량이라고 합니다.

6학년 비교하는 양

비 또는 비율에서 기준량에 대한 다른 수나 양을 비교하는 양이라고 합니다.

개념 문제

그림에서 전체에 대한 색칠한 부분의 비가 5 : 8일 때 기준량과 비교하는 양을 써 보세요.

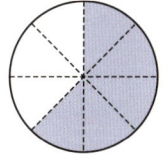

기준량(   )

비교하는 양(   )

정답 8, 5

165

155 비례배분 比(견줄 비) 例(법식 례) 配(짝 지어 줄 배) 分(나눌 분)

전체의 양을 주어진 비로 나누는 것을 비례배분이라고 해요.

형과 동생이 사과 15개를 2 : 3으로 나누면

형: $15 \times \dfrac{2}{2+3} = 15 \times \dfrac{2}{5} = 6(개)$

동생: $15 \times \dfrac{3}{2+3} = 15 \times \dfrac{3}{5} = 9(개)$

형은 6개, 동생은 9개를 가지게 됩니다.

6학년 비	6학년 비율	6학년 비례배분
두 수를 나눗셈으로 비교하기 위해 기호 :을 사용하여 나타낸 것을 비라고 합니다.	기준량에 대한 비교하는 양의 크기를 비율이라고 합니다.	전체의 양을 주어진 비로 나누는 것을 비례배분이라고 합니다.

개념 문제 어느 날 낮과 밤의 길이의 비가 7 : 5라면, 이날 낮의 길이는 몇 시간인가요?

낮의 길이: $24 \times \dfrac{\square}{7+5} = \square(시간)$

(   )

166

156 비례식 比(견줄 비) 例(법식 례) 式(법 식)

비율이 같은 두 비를 등호(=)를 사용하여 나타낸 식을 비례식이라고 해요. 비례식에서 내항의 곱과 외항의 곱은 같아요.

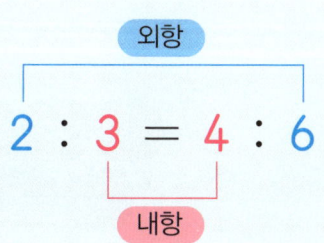

외항

$$2 : 3 = 4 : 6$$

내항

비율이 같은 두 비 2 : 3과 4 : 6을 등호를 사용하여 2 : 3 = 4 : 6과 같이 비례식으로 나타낼 수 있습니다.

개념 연결

6학년 비율	6학년 비례식	6학년 비례식의 성질
기준량에 대한 비교하는 양의 크기를 비율이라고 합니다.	비가 같은 두 비를 등호를 사용하여 나타낸 식을 비례식이라고 합니다.	비례식에서 외항의 곱과 내항의 곱은 같습니다. 3:5=6:10에서 $3 \times 10 = 5 \times 6$

개념 문제 비례식에서 ☐ 안에 알맞은 수를 써넣으세요.

$$6 : \boxed{} = 24 : 20$$

157 비율 比(견줄 비) 率(비율 율)

두 양을 비교할 때 기준량에 대한 비교하는 양의 크기를 비율이라고 해요.

$$(비율) = (비교하는 양) \div (기준량) = \frac{(비교하는 양)}{(기준량)}$$

배

사과

사과의 개수에 대한 배의 개수의 비율은 $\frac{3}{5}$입니다.

 개념 연결

6학년 비	6학년 비율	6학년 백분율
두 수를 나눗셈으로 비교하기 위해 기호 :을 사용하여 나타낸 것을 비라고 합니다.	기준량에 대한 비교하는 양의 크기를 비율이라고 합니다.	기준량이 100일 때의 비율을 백분율이라고 합니다. $\frac{85}{100} = 85\%$

 개념 문제 전체 탁구공 수에 대한 노란색 탁구공 수의 비율을 구해 보세요.

(   )

답 $\frac{4}{10}$, 0.4 또는 40%

168

158 비율그래프

전체에 대한 각 부분의 비율을 나타낸 그래프를 비율그래프라고 해요.
비율그래프에는 띠그래프, 원그래프 등이 있어요.

찬성
60 %

$(찬성비율) = \dfrac{120}{200} = 60\%$

200명 중
120명이 찬성!

개념 연결

6학년 비	6학년 비율	6학년 비율그래프
두 수를 나눗셈으로 비교하기 위해 기호 :을 사용하여 나타낸 것을 비라고 합니다.	기준량에 대한 비교하는 양의 크기를 비율이라고 합니다.	전체에 대한 각 부분의 비율을 나타낸 그래프를 비율그래프라고 합니다.

개념 문제

비율그래프로 나타내기에 적절하지 <u>않은</u> 것은? (   )

①

내 키의 변화

②

집에서 발생하는
쓰레기의 종류별 양

③

자주 이용하는 교통
수단의 종류별 횟수

① 答

169

159 빼기 관련어 더하기

어떤 수에서 다른 수를 빼어 값을 구하는 방법을 말해요. 뺄셈식에서
— 기호를 빼기라고 읽어요.

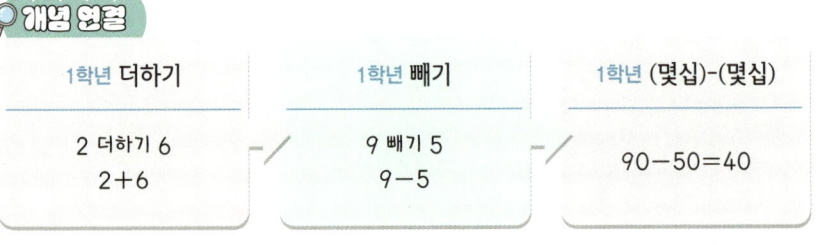

6 빼기 4

6 ― 4

 개념 연결

1학년 **더하기**	1학년 **빼기**	1학년 **(몇십)-(몇십)**
2 더하기 6 2+6	9 빼기 5 9-5	90−50=40

개념 문제 관계있는 것끼리 선으로 이어 보세요.

더하기	•	•	÷
빼기	•	•	―
나누기	•	•	+

160 뺄셈 관련어 덧셈

두 수의 차를 구하거나 두 수의 크기를 비교하기 위해 큰 수에서 작은 수를 빼는 셈을 뺄셈이라고 해요. 뺄셈은 − 기호를 사용하여 나타내요.

$$7-3=4$$

7과 3의 차는 4입니다.

7 빼기 3은 4와 같습니다.

개념 연결

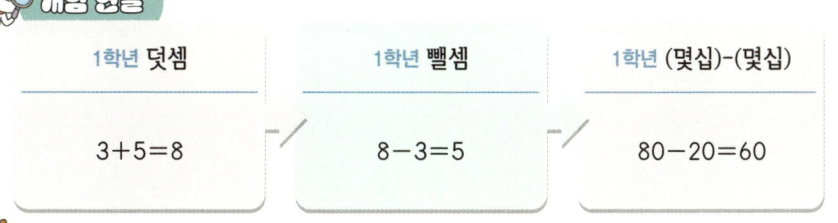

1학년 덧셈	1학년 뺄셈	1학년 (몇십)−(몇십)
$3+5=8$	$8-3=5$	$80-20=60$

개념 문제 뺄셈을 해 보세요.

$$9- \boxed{} = \boxed{}$$

⑧ 5, 4 또는 4, 5

171

161 뺄셈식 　관련어　 덧셈식

뺄셈 기호(−)와 등호(=)를 써서 나타낸 식을 뺄셈식이라고 합니다.

$$9 - 3 = 6$$

뺄셈 기호　　　　등호

9 빼기 3은 6과 같습니다.

 개념 연결

1학년 덧셈식	1학년 뺄셈식	1학년 (몇십)-(몇십)
4+1=5 4 더하기 1은 5와 같습니다.	7−2=5 7 빼기 2는 5와 같습니다.	50−30=20

개념 문제 그림을 뺄셈식으로 나타내어 보세요.

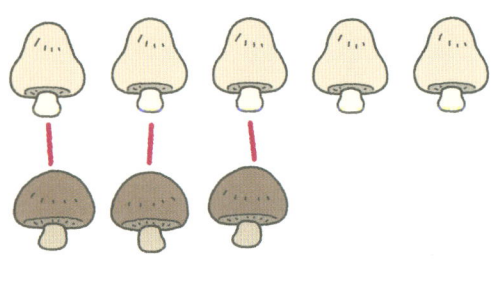

식 _____

답 5−3=2

172

162 뼘

뼘은 손을 이용하여 길이를 잴 때 쓰는 임의 단위예요. 한 뼘은 엄지손
가락과 다른 손가락을 완전히 펴서 벌렸을 때 두 끝 사이의 거리예요.

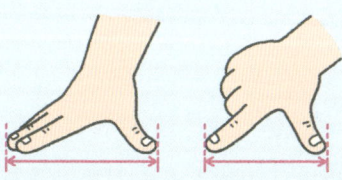

뼘을 이용하여 물건의 길이를 잴 수 있습니다.

 개념 연결

2학년 **임의 단위**	2학년 **뼘**	2학년 **센티미터**
길이, 무게, 부피 등을 재기 위해 주변에서 쉽게 구할 수 있는 물건이나 우리 몸을 이용하는 단위를 임의 단위라고 합니다.	뼘은 손을 이용하여 길이를 잴 때 쓰는 임의 단위입니다.	길이를 재는 단위로 $1\,m$의 $\frac{1}{100}$에 해당하는 길이를 $1\,cm$라 하고, 1 센티미터라고 읽습니다.

개념 문제 한 뼘이 아닌 것은? (   )

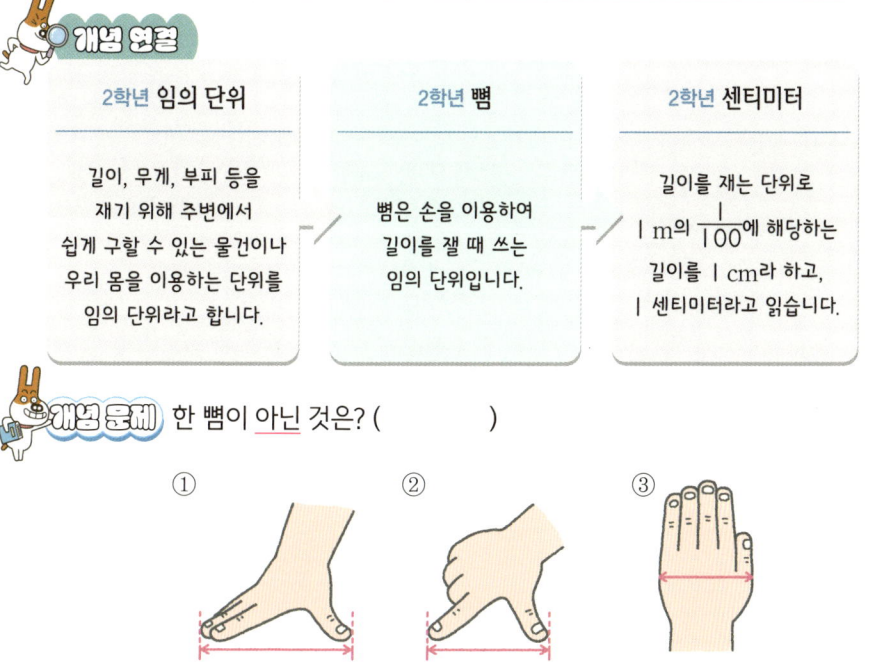

163 뿔

밑면이 평면이고 위로 뾰족한 입체도형을 뿔이라고 해요.

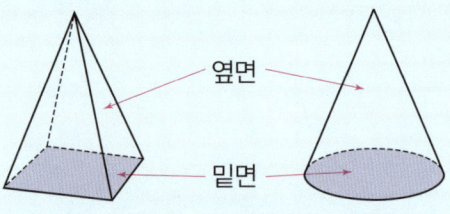

옆면

밑면

밑면이 다각형인 뿔을 각뿔이라 하고,

밑면이 원인 뿔을 원뿔이라고 합니다.

 개념 연결

6학년 **뿔**	6학년 **각뿔**	6학년 **원뿔**
밑면이 평면이고 위로 뾰족한 입체도형을 뿔이라고 합니다.	밑면이 다각형인 뿔을 각뿔이라고 합니다.	밑면이 원인 뿔을 원뿔이라고 합니다.

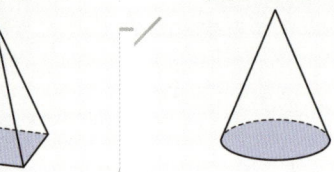

 개념 문제 도형의 이름을 써 보세요.

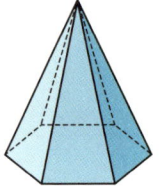

(   )

164 사각기둥 四(넷 사) 角(뿔 각)

밑면이 사각형인 각기둥을 사각기둥이라고 해요.

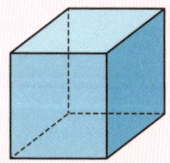 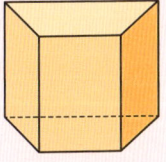

사각기둥의 마주 보는 두 밑면은 서로 평행하고 합동입니다.

개념 연결

4학년 **다각형**	6학년 **각기둥**	6학년 **사각기둥**
선분으로만 둘러싸인 도형을 다각형이라고 합니다. 	마주 보는 두 면이 서로 평행하고 합동인 다각형으로 이루어진 입체도형을 각기둥이라고 합니다.	밑면이 사각형인 각기둥을 사각기둥이라고 합니다.

개념 문제 다음 도형이 사각기둥이 아닌 이유를 설명해 보세요.

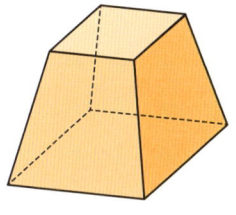

이유 _____

_____

답 두 밑면이 평행하지 아니하기 때문입니다.

175

165 사각뿔 四(넷 사) 角(뿔 각)

밑면이 사각형인 각뿔을 사각뿔이라고 해요.

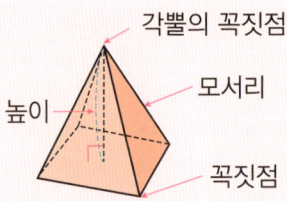

각뿔의 꼭짓점

모서리

높이

꼭짓점

사각뿔의 밑면은 사각형이고, 옆면은 삼각형입니다.

개념 연결

6학년 각기둥

마주 보는 두 면이 서로 평행하고 합동인 다각형으로 이루어진 입체도형을 각기둥이라고 합니다.

6학년 각뿔

밑면이 다각형이고 위로 뾰족한 입체도형을 각뿔이라고 합니다.

6학년 사각뿔

밑면이 사각형인 각뿔을 사각뿔이라고 합니다.

개념 문제 이집트의 피라미드는 어떤 입체도형인지 써 보세요.

(   )

176

166 사각형 四(넷 사) 角(뿔 각) 形(모양 형)

곧은 선(선분) 4개로 둘러싸인 도형을 사각형이라고 해요. 사각형에는
사다리꼴, 평행사변형, 마름모, 직사각형, 정사각형 등이 있어요.

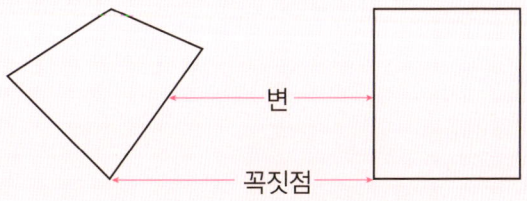

변

꼭짓점

사각형은 변이 4개, 꼭짓점이 4개입니다.

개념 연결

4학년 삼각형	4학년 사각형	4학년 다각형
세 선분으로 둘러싸인 도형을 삼각형이라고 합니다.	네 선분으로 둘러싸인 도형을 사각형이라고 합니다.	선분으로만 둘러싸인 도형을 다각형이라고 합니다.

개념 문제 다음 도형이 사각형인 이유를 써 보세요.

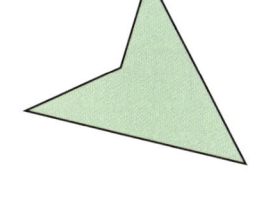

이유 _____

_____

⑤ 네 선분으로 둘러싸여 있으므로 사각형이 맞습니다.

177

167 사다리꼴

평행한 변이 한 쌍이라도 있는 사각형을 사다리꼴이라고 해요.

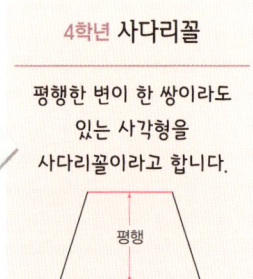

사다리꼴

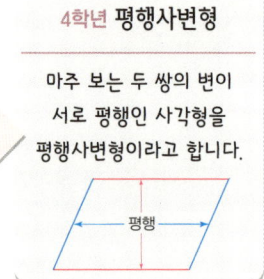

평행사변형

평행사변형도 사다리꼴입니다.

 개념 연결

4학년 **평행선**	4학년 **사다리꼴**	4학년 **평행사변형**
평행한 두 직선을 평행선이라고 합니다.	평행한 변이 한 쌍이라도 있는 사각형을 사다리꼴이라고 합니다.	마주 보는 두 쌍의 변이 서로 평행인 사각형을 평행사변형이라고 합니다.
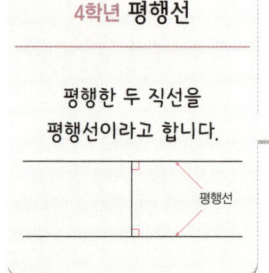	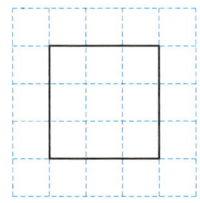	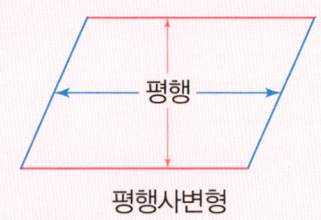

 개념 문제 다음 도형이 사다리꼴인 이유를 써 보세요.

이유 _____

_____

ⓑ 평행한 변이 한 쌍이므로, 서로 마주보는 한 쌍이 평행할 수 있습니다.

178

168 사칙연산 四(넷 사) 則(법칙 칙) 演(펼 연) 算(셈 산)

수학에서 기본이 되는 계산 방법으로 덧셈, 뺄셈, 곱셈, 나눗셈의 네 가지 계산을 통틀어 사칙연산이라고 해요. 사칙연산을 사칙계산이라고도 불러요.

덧셈
$$8 + 2 = 10$$
8과 2의 합을 구해요.

뺄셈
$$8 - 2 = 6$$
8과 2의 차를 구해요.

곱셈
$$8 \times 2 = 16$$
8을 2배한 수를 구해요.

나눗셈
$$8 \div 2 = 4$$
8을 2로 나눈 몫을 구해요.

개념 연결

1학년 연산

식의 규칙에 따라 일정하게 계산하는 것을 연산이라고 합니다.

1학년 등식

$2 + 3 = 5$, $7 \times 4 + 6 = 34$와 같이 등호(=)를 사용하여 나타낸 식을 등식이라고 합니다.

3학년 사칙연산

덧셈, 뺄셈, 곱셈, 나눗셈의 네 가지 계산을 통틀어 사칙연산이라고 합니다.

개념 문제 □ 안에 알맞은 사칙연산 기호를 써넣으세요.

(1) $5 \boxed{} 6 = 11$

(2) $20 \boxed{} 5 = 4$

(3) $8 \boxed{} 7 = 56$

(4) $35 \boxed{} 25 = 10$

답 (1) + (2) ÷ (3) × (4) −

169 삼각기둥 三(셋 삼) 角(뿔 각)

밑면이 삼각형인 각기둥을 삼각기둥이라고 해요.

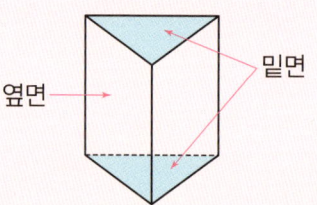

옆면

밑면

삼각기둥의 마주 보는 두 밑면은 서로 평행하고 합동입니다.

 개념 연결

4학년 **다각형**	6학년 **각기둥**	6학년 **삼각기둥**
선분으로만 둘러싸인 도형을 다각형이라고 합니다.	마주 보는 두 면이 서로 평행하고 합동인 다각형으로 이루어진 입체도형을 각기둥이라고 합니다.	밑면이 삼각형인 각기둥을 삼각기둥이라고 합니다.

 개념 문제 삼각기둥에서 옆면은 모두 몇 개인지 써 보세요.

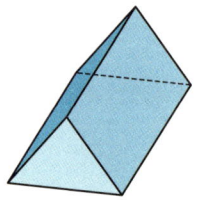

(   )

180

170 삼각뿔 三(셋 삼) 角(뿔 각)

밑면이 삼각형인 각뿔을 삼각뿔이라고 해요.

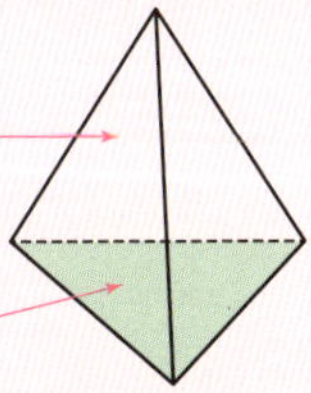

옆면

밑면

삼각뿔의 밑면과 옆면은 모두 삼각형입니다.

개념 연결

6학년 각기둥	6학년 각뿔	6학년 삼각뿔
마주 보는 두 면이 서로 평행하고 합동인 다각형으로 이루어진 입체도형을 각기둥이라고 합니다.	밑면이 다각형이고 위로 뾰족한 입체도형을 각뿔이라고 합니다.	밑면이 삼각형인 각뿔을 삼각뿔이라고 합니다.

개념 문제

그림을 보고 삼각뿔의 옆면의 개수와 밑면의 개수의 차를 구해 보세요.

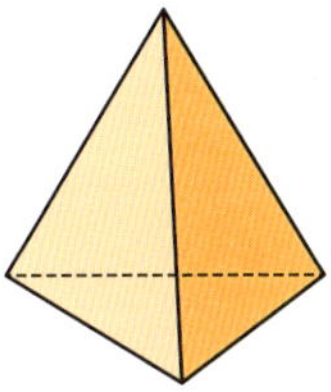

(   )

2 ㉯

181

171 삼각자

삼각형 모양으로 된 자를 삼각자 또는 직각 삼각자라고 해요. 삼각자는
직각이 있는 이등변삼각형과 한 각이 30°인 직각삼각형 두 가지 모양이
있어요.

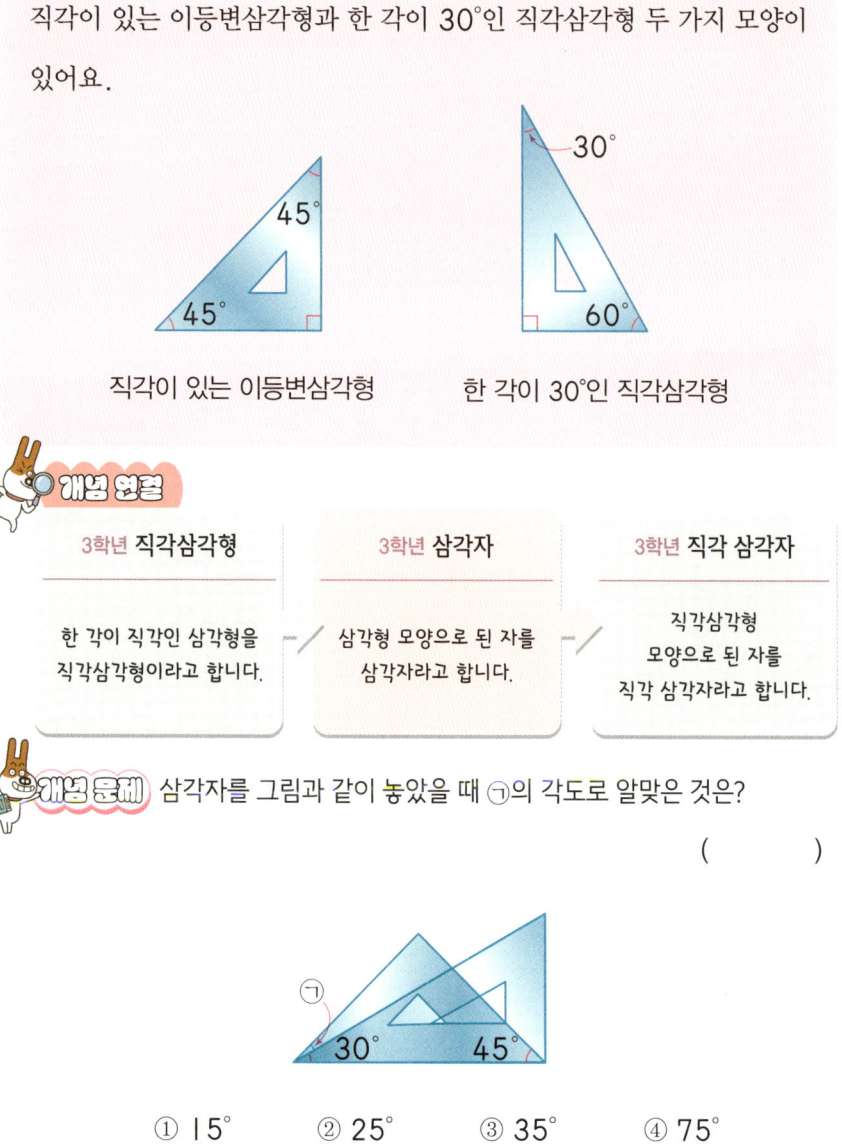

직각이 있는 이등변삼각형   한 각이 30°인 직각삼각형

개념 연결

3학년 **직각삼각형**	3학년 **삼각자**	3학년 **직각 삼각자**
한 각이 직각인 삼각형을 직각삼각형이라고 합니다.	삼각형 모양으로 된 자를 삼각자라고 합니다.	직각삼각형 모양으로 된 자를 직각 삼각자라고 합니다.

개념 문제 삼각자를 그림과 같이 놓았을 때 ㉠의 각도로 알맞은 것은?

(   )

① 15°   ② 25°   ③ 35°   ④ 75°

182

172 삼각형 三(셋 삼) 角(뿔 각) 形(모양 형)

곧은 선(선분) 3개로 둘러싸인 도형을 삼각형이라고 해요. 삼각형의 두 곧은 선이 만나는 점을 꼭짓점, 삼각형의 곧은 선을 변이라고 해요.

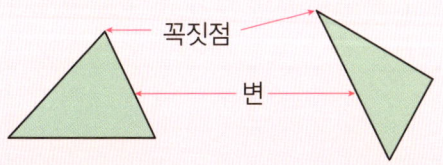

삼각형은 변이 3개, 꼭짓점이 3개입니다.

개념 연결

3학년 선분

두 점을 곧게 이은 선을 선분이라고 합니다.

ㄱ ─────── ㄴ

선분 ㄱㄴ 또는
선분 ㄴㄱ

4학년 삼각형

세 선분으로 둘러싸인 도형을 삼각형이라고 합니다.

4학년 다각형

선분으로만 둘러싸인 도형을 다각형이라고 합니다.

개념 문제 삼각형을 모두 찾아 기호를 써 보세요.

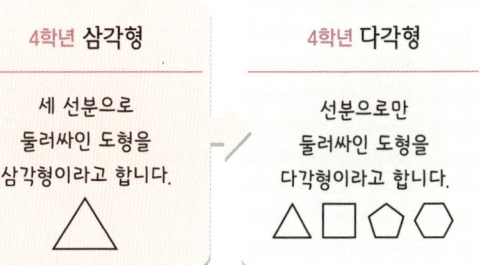

(   )

ㄹ, ㄱ 답

183

173 선 線(줄 선)

점이 움직여서 만들어진 도형을 선이라고 해요. 선은 곧은 선과 굽은
선이 있어요.

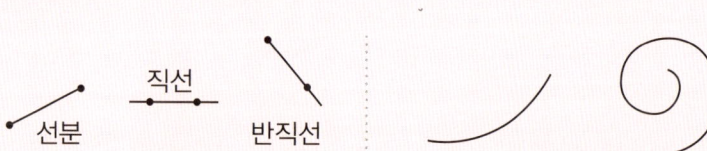

직선

선분   반직선

곧은 선   굽은 선

어디에도 굽은 부분이 없고 곧게   굽은 선은 곧은 부분이 없고 휘어
뻗어 있습니다.   져 있습니다.

 개념 연결

3학년 점	3학년 선	3학년 면
길이, 넓이는 없고 위치만 있는 도형을 점이라고 합니다.	점이 움직여서 만들어진 도형을 선이라고 합니다.	겉으로 드러나 넓이를 갖는 부분을 면이라고 합니다.

개념문제 곧은 선이 아닌 것을 모두 찾아 기호를 써 보세요.

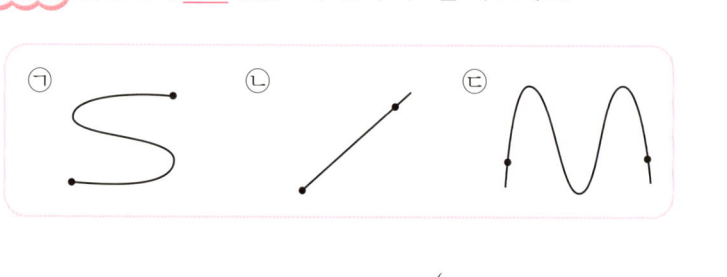

ㄱ   ㄴ   ㄷ

(   )

ㄱ, ㄴ 답

184

174 선대칭도형 線(줄 선) 對(대할 대) 稱(저울 칭)

한 직선을 따라 접었을 때 완전히 겹쳐지는 도형을 선대칭도형이라고
해요. 이때 한 직선을 대칭축이라고 해요.

개념 연결

5학년 대칭	5학년 선대칭도형	5학년 점대칭도형
도형을 어떤 직선을 따라 접거나 기준이 되는 한 점을 중심으로 180° 돌렸을 때 서로 완전히 겹쳐지는 경우를 대칭이라고 합니다.	한 직선을 따라 접었을 때 완전히 겹쳐지는 도형을 선대칭도형이라고 합니다. 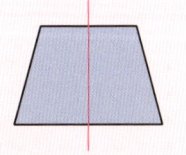 대칭축	기준이 되는 한 점을 중심으로 180° 돌렸을 때 서로 완전히 겹쳐지는 도형을 점대칭도형이라고 합니다. 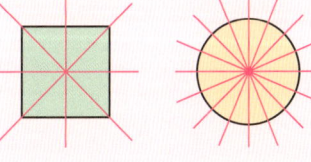 대칭의 중심

개념 문제 다음 도형이 선대칭도형일 때 대칭축을 모두 그려 보세요.

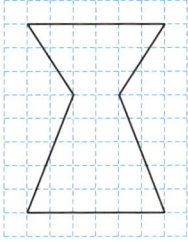

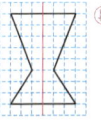

185

175 선분 線(줄 선) 分(나눌 분)

두 점을 곧게 이은 선을 선분이라고 해요.

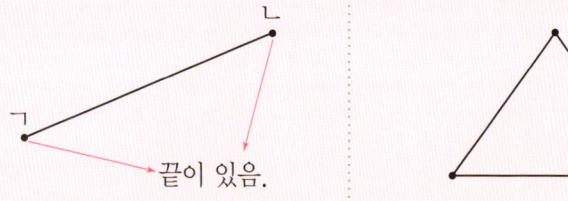

끝이 있음.

선분 ㄱㄴ 또는 선분 ㄴㄱ이라고 부릅니다.

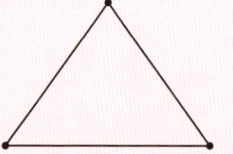

삼각형은 선분 3개로 둘러싸인 도형입니다.

개념 연결

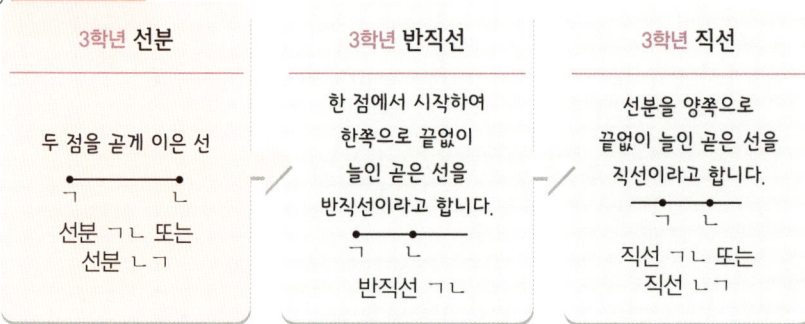

3학년 선분	3학년 반직선	3학년 직선
두 점을 곧게 이은 선 ㄱ——ㄴ 선분 ㄱㄴ 또는 선분 ㄴㄱ	한 점에서 시작하여 한쪽으로 끝없이 늘인 곧은 선을 반직선이라고 합니다. ㄱ—ㄴ 반직선 ㄱㄴ	선분을 양쪽으로 끝없이 늘인 곧은 선을 직선이라고 합니다. ㄱ——ㄴ 직선 ㄱㄴ 또는 직선 ㄴㄱ

개념 문제 다음 도형에서 선분의 수를 써 보세요.

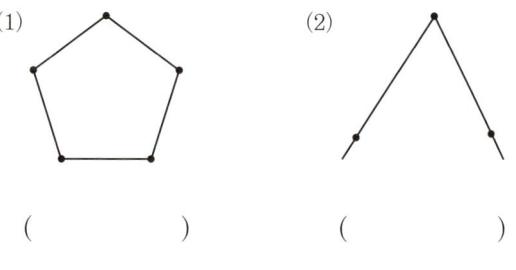

(1) (   )

(2) (   )

정답 (1) 5 (2) 0

176 세 자리 수

백의 자리, 십의 자리, 일의 자리로 이루어진 수를 말해요. 세 자리 수 중 가장 작은 수는 100이고, 가장 큰 수는 999예요.

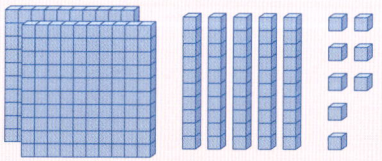

100이 2개, 10이 5개, 1이 8개이면 258입니다.

개념 연결

1학년 **두 자리 수**	2학년 **세 자리 수**	2학년 **네 자리 수**
72 ➡ 칠십이	258 ➡ 이백오십팔	5678 ➡ 오천육백칠십팔

개념 문제 수 모형이 나타내는 수를 쓰고 읽어 보세요.

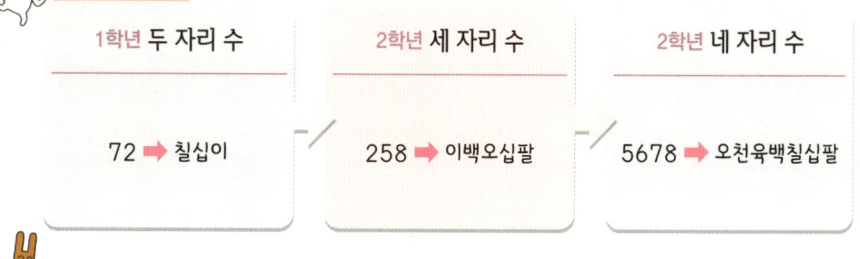

쓰기 _____

읽기 _____

305. 상해요

177 세로

위에서 아래로 나 있는 방향이나 길이를 세로라고 해요. 도형이 놓인
위치에 따라 세로는 달라질 수 있어요.

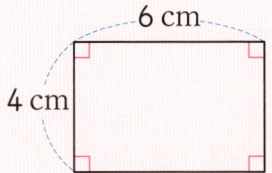

직사각형의 세로는 4 cm입니다.

 개념 연결

5학년 가로	5학년 세로	5학년 직사각형의 넓이
왼쪽에서 오른쪽으로 나 있는 방향이나 길이를 가로라고 합니다.	위쪽에서 아래쪽으로 나 있는 방향이나 길이를 세로라고 합니다.	직사각형의 넓이는 (가로)×(세로)로 구합니다.

개념 문제 빈 곳에 알맞은 수나 말을 써넣으세요.

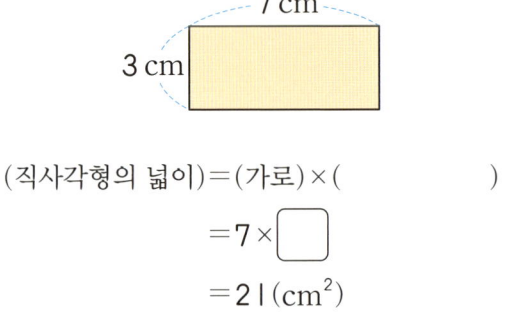

(직사각형의 넓이)=(가로)×(   )

$$= 7 \times \boxed{}$$

$$= 21 \,(\text{cm}^2)$$

답 세로, 3

188

178 세로셈

세로 방향으로 식을 써서 계산하는 방법을 세로셈이라고 해요.

한 눈에 계산하기 쉽지 않은 덧셈, 뺄셈, 곱셈, 나눗셈 등은 가로셈보다 세로셈으로 계산하는 것이 더 편리합니다.

개념 연결

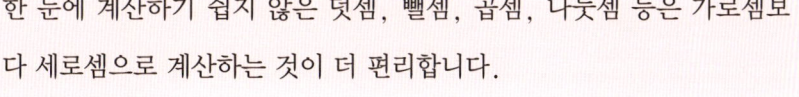

2학년 가로셈	2학년 세로셈	3학년 세 자리 수의 덧셈
26+37=20+30+6+7 =50+13 =63	2 6 + 3 7 6 3	3 5 8 + 2 6 7 6 2 5

개념 문제 곱셈식을 세로셈으로 나타내어 계산해 보세요.

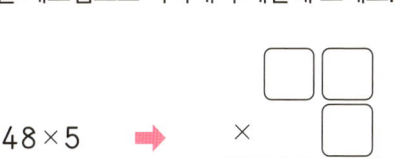

48×5   ➡

179 세제곱미터(m^3)

한 변의 길이가 $1\,m$인 정육면체의 부피를 $1\,m^3$라 쓰고, 1 세제곱미터라고 읽어요.

$$1\,m는 100\,cm이므로 \quad 1\,m^3 = 1000000\,cm^3$$

$1\,m$는 $1\,cm$의 100배이고, $1\,m^3$는 $1\,cm^3$의 1000000배입니다.

개념 연결

6학년 세제곱센티미터(cm^3)

한 변의 길이가 $1\,cm$인 정육면체의 부피를 $1\,cm^3$라 쓰고, 1 세제곱센티미터라고 읽습니다.

6학년 세제곱미터(m^3)

한 변의 길이가 $1\,m$인 정육면체의 부피를 $1\,m^3$라 쓰고, 1 세제곱미터라고 읽습니다.

6학년 직육면체의 부피

직육면체가 공간에서 차지하는 크기를 직육면체의 부피라고 합니다.

개념 문제 □ 안에 알맞은 수를 써넣으세요.

(1) $3.5\,m^3 = \boxed{}\,cm^3$

(2) $45000000\,cm^3 = \boxed{}\,m^3$

정답 (1) 3500000 (2) 45

180　세제곱센티미터(cm^3)

한 변의 길이가 1 cm인 정육면체의 부피를 1 cm^3라 쓰고, 1 세제곱센티미터라고 읽어요.

$$1\ cm^3$$

개념 연결

6학년 세제곱센티미터(cm^3)	6학년 세제곱미터(m^3)	6학년 직육면체의 부피
한 변의 길이가 1 cm인 정육면체의 부피를 1 cm^3라 쓰고, 1 세제곱센티미터라고 읽습니다.	한 변의 길이가 1 m인 정육면체의 부피를 1 m^3라 쓰고, 1 세제곱미터라고 읽습니다.	직육면체가 공간에서 차지하는 크기를 직육면체의 부피라고 합니다.

개념 문제 부피가 1 cm^3인 쌓기나무의 수를 세어 부피를 구해 보세요.

1 cm^3

(　　　　　　　　　　)

답 16 cm^3

191

181 센티미터(cm)

길이를 재는 단위로 ㅣm의 ㅣ00분의 ㅣ에 해당하는 길이를 ㅣcm라 하고, ㅣ센티미터라고 읽어요.

 개념 연결

2학년 **센티미터(cm)**	2학년 **미터(m)**	3학년 **밀리미터(mm)**
├───┤만큼의 길이를 ㅣcm라 쓰고 ㅣ센티미터라고 읽습니다.	ㅣ00 cm = ㅣm ㅣ00 cm는 ㅣm와 같습니다. ㅣm는 ㅣ미터라고 읽습니다.	ㅣcm를 ㅣ0칸으로 똑같이 나누었을 때 작은 눈금 한 칸의 길이를 ㅣmm라 쓰고 ㅣ밀리미터라고 읽습니다.

개념 문제 장수풍뎅이의 길이는 몇 cm인지 써 보세요.

(   )

답 5 cm

192

182 소수 小(작을 소) 數(셈 수)

일의 자리보다 작은 자릿값을 가진 수를 소수라고 해요. 1보다 작은 소
수를 나타낼 때 소수점(.)을 사용해요.

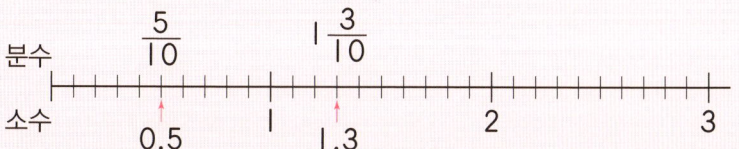

분수 $\dfrac{5}{10}$는 소수 0.5, 분수 $1\dfrac{3}{10}$은 소수 1.3과 같습니다.

개념 연결

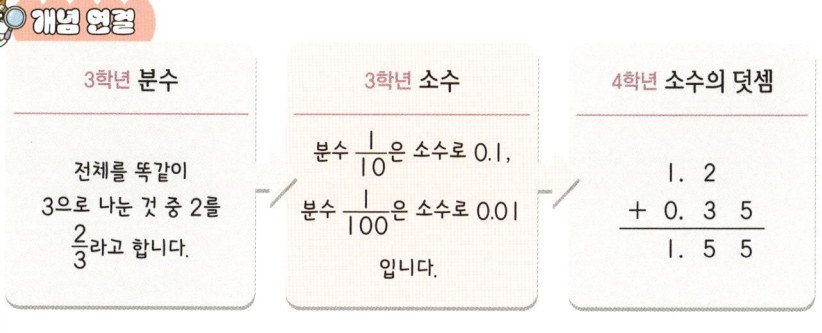

3학년 분수	3학년 소수	4학년 소수의 덧셈
전체를 똑같이 3으로 나눈 것 중 2를 $\dfrac{2}{3}$라고 합니다.	분수 $\dfrac{1}{10}$은 소수로 0.1, 분수 $\dfrac{1}{100}$은 소수로 0.01 입니다.	$\begin{array}{r} 1.\ 2 \\ +\ 0.\ 3\ 5 \\ \hline 1.\ 5\ 5 \end{array}$

개념 문제 관계있는 것끼리 선으로 이어 보세요.

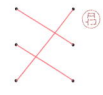

193

183 소수 두 자리 수 小(작을 소) 數(셈 수)

0.27, 5.83과 같이 소수 둘째 자리까지 나타낸 소수를 소수 두 자리 수라고 해요.

5	.	8	3
일의 자리		소수 첫째 자리	소수 둘째 자리

5.83에서 5는 일의 자리 숫자이고, 5를 나타냅니다.

8은 소수 첫째 자리 숫자이고, 0.8을 나타냅니다.

3은 소수 둘째 자리 숫자이고, 0.03을 나타냅니다.

개념 연결

3학년 소수 한 자리 수

$\frac{1}{10}=0.1$

$\frac{5}{10}=0.5$

4학년 소수 두 자리 수

$\frac{1}{100}=0.01$

$\frac{23}{100}=0.23$

4학년 소수 세 자리 수

$\frac{1}{1000}=0.001$

$\frac{573}{1000}=0.573$

개념 문제 전체 크기가 1인 모눈종이의 색칠한 부분을 소수로 나타내어 보세요.

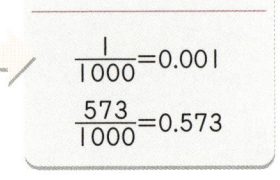

답 0.38

184 소수 한 자리 수 小(작을 소) 數(셈 수)

0.6, 2.5와 같이 소수 첫째 자리까지 나타낸 소수를 소수 한 자리 수 라고 해요.

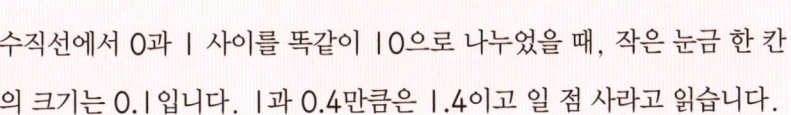

수직선에서 0과 1 사이를 똑같이 10으로 나누었을 때, 작은 눈금 한 칸 의 크기는 0.1입니다. 1과 0.4만큼은 1.4이고 일 점 사라고 읽습니다.

개념 연결

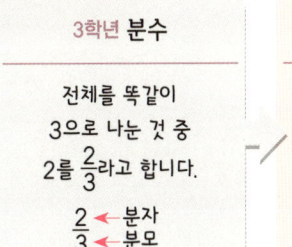

3학년 분수
전체를 똑같이 3으로 나눈 것 중 2를 $\frac{2}{3}$라고 합니다.
$\frac{2}{3}$ ← 분자 ← 분모

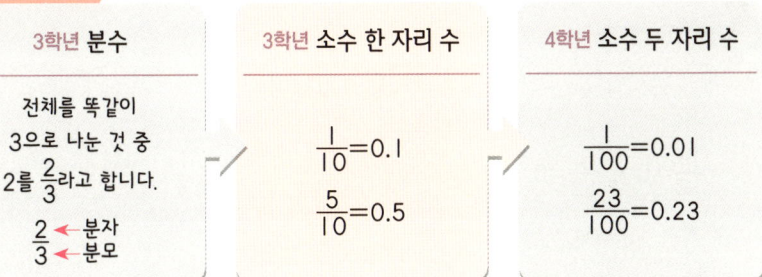

3학년 소수 한 자리 수

$$\frac{1}{10}=0.1$$

$$\frac{5}{10}=0.5$$

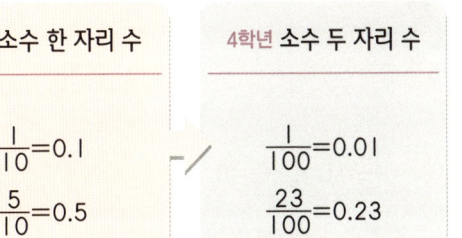

4학년 소수 두 자리 수

$$\frac{1}{100}=0.01$$

$$\frac{23}{100}=0.23$$

개념 문제 소수의 크기를 비교하여 ○ 안에 >, =, <를 알맞게 써넣으세요.

(1) 0.4 ◯ 0.9

(2) 1.3 ◯ 0.9

(3) 4.3 ◯ 4.7

(4) 3.5 ◯ 2.8

정답 (1) < (2) > (3) < (4) >

185 소수점 小(작을 소) 數(셈 수) 點(점 점)

0.4, 2.7, 5.08과 같이 소수의 일의 자리보다 작은 자릿값을 나타내기 위해 사용하는 기호 '.'을 소수점이라고 해요.

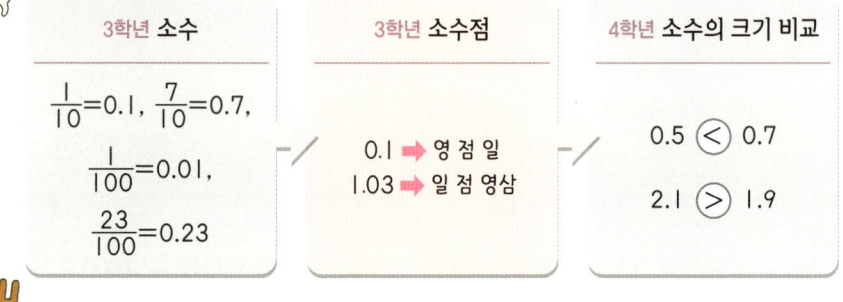

3.6은 3+0.6과 같습니다.

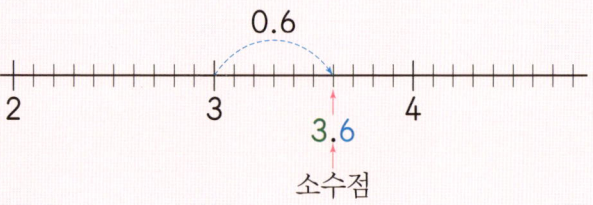

개념 연결

3학년 소수	3학년 소수점	4학년 소수의 크기 비교
$\frac{1}{10}=0.1$, $\frac{7}{10}=0.7$, $\frac{1}{100}=0.01$, $\frac{23}{100}=0.23$	0.1 ➡ 영 점 일 1.03 ➡ 일 점 영삼	0.5 $<$ 0.7 2.1 $>$ 1.9

개념 문제 소수를 읽어 보세요.

0.041 ➡ 읽기 _____

186 속력 速(빠를 속) 力(힘 력)

시간에 대한 이동한 거리의 비율을 속력이라고 해요.

이동하는 데 걸린 시간: 2시간
이동 거리: 300 km

$$(속력) = \frac{(이동\ 거리)}{(시간)} = \frac{300}{2} = 150(km/시)$$

 개념 연결

6학년 비	6학년 비율	6학년 속력
두 수를 나눗셈으로 비교하기 위해 기호 :을 사용하여 나타낸 것을 비라고 합니다.	기준량에 대한 비교하는 양의 크기를 비율이라고 합니다.	시간에 대한 이동한 거리의 비율을 속력이라고 합니다.

개념 문제 ☐ 안에 알맞은 수를 써넣으세요.

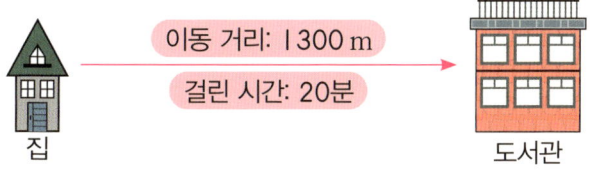

이동 거리: 1300 m
걸린 시간: 20분

집 → 도서관

$$(속력) = \frac{(이동\ 거리)}{(시간)} = \frac{\boxed{}}{20} = \boxed{}(m/분)$$

답 1300, 65

197

187 수 數(셀 수)

일반적으로 물건의 개수나 양을 나타낸 값을 수라고 해요. 물건을 하나, 둘, 셋…… 세기 위해 사용되는 수를 자연수라고 합니다. 또 수를 나타내기 위해 숫자를 사용해요.

누리과정 수 세기	1학년 수	3학년 분수
1, 2, 3을 하나, 둘, 셋이라고 합니다.	1, 2, 3을 하나, 둘, 셋 또는 일, 이, 삼이라고 합니다.	$\frac{1}{2}, \frac{2}{3}, \frac{1}{4}$……을 분수라고 합니다.

 수를 세어 써 보세요.

(   )

198

188 수 모형 數(셈 수) 模(본뜰 모) 形(모양 형)

수의 크기를 나타내는 모형이에요. 수 모형은 수의 크기에 따라 일 모형, 십 모형, 백 모형, 천 모형이 있어요. 일 모형 10개는 십 모형 1개와 같아요.

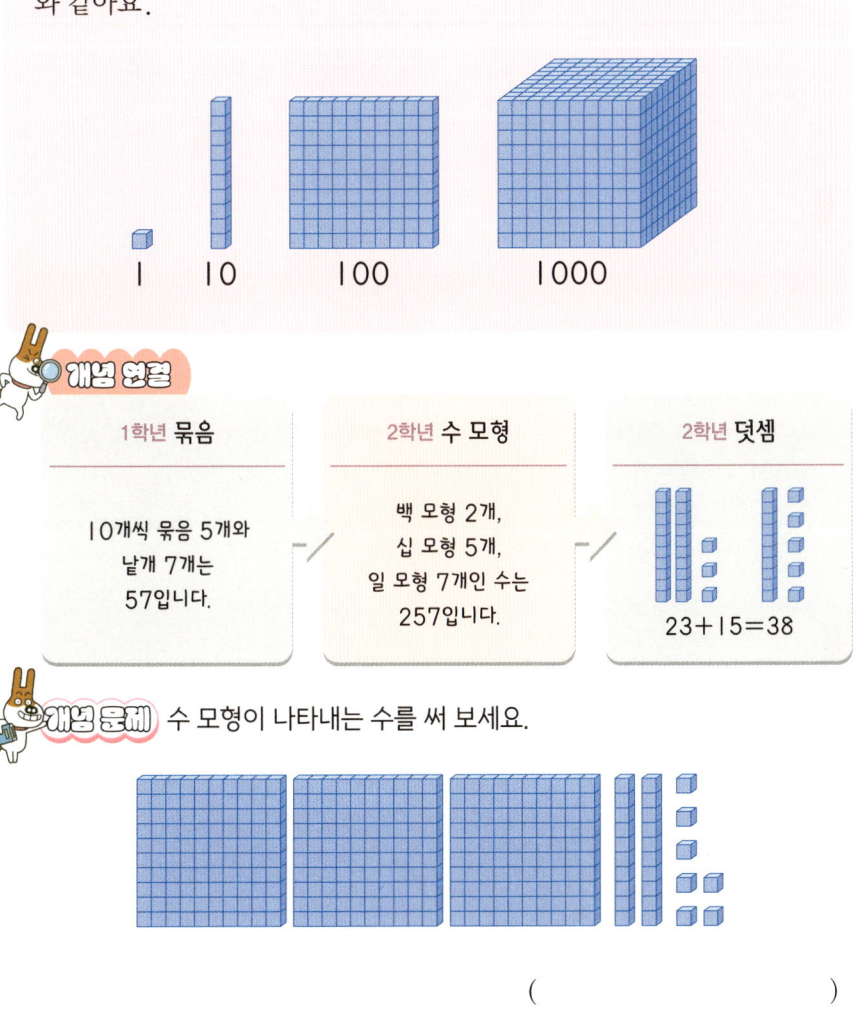

| 1 | 10 | 100 | 1000 |

개념 연결

1학년 묶음

10개씩 묶음 5개와 낱개 7개는 57입니다.

2학년 수 모형

백 모형 2개, 십 모형 5개, 일 모형 7개인 수는 257입니다.

2학년 덧셈

23+15=38

개념 문제 수 모형이 나타내는 수를 써 보세요.

(   )

199

189 수 배열 配(나눌 배) 列(벌일 열)

수를 규칙에 따라 일정하게 늘어놓은 것을 수 배열이라고 해요.

1-4-7-10-13-16	1-2-1-2-1-2-1-2
3씩 커지는 규칙이 있습니다.	1과 2가 반복되어 나타나는 규칙이 있습니다.

개념 연결

1학년 수의 순서	1학년 수 배열	1학년 규칙 찾기
1부터 9까지 순서대로 1-2-3-4-5-6- 7-8-9입니다.	1-3-5-7-9는 1부터 시작하여 9까지 2씩 커지는 규칙으로 늘어놓은 수입니다.	

1학년 규칙 찾기

1	2	3	4	5
6	7	8	9	10
11	12	13	14	15
16	17	18	19	20
21	22	23	24	25

11부터 15까지 가로로
1씩 커지고 3부터 23까지
세로로 5씩 커집니다.

개념 문제 규칙에 따라 ☐ 안에 알맞은 수를 써넣으세요.

(1) ☐ − 8 − 2 − 8 − ☐ − 8 − ☐

(2) 3 − 9 − ☐ − 81 − ☐ − 729

답 (1) 2, 2, 2 (2) 27, 243

200

190 수 배열표 配(나눌 배) 列(벌일 열) 表(표 표)

표에 일정한 규칙으로 수를 늘어놓은 것을 수 배열표라고 해요.

1	2	3	4	5	6	7	8	9	10
11	12	13	14	15	16	17	18	19	20
21	22	23	24	25	26	27	28	29	30
31	32	33	34	35	36	37	38	39	40
41	42	43	44	45	46	47	48	49	50
51	52	53	54	55	56	57	58	59	60
61	62	63	64	65	66	67	68	69	70
71	72	73	74	75	76	77	78	79	80
81	82	83	84	85	86	87	88	89	90
91	92	93	94	95	96	97	98	99	100

1부터 100까지 수를 늘어놓은 표를 100도표라고도 합니다.

개념 연결

1학년 수의 순서	1학년 수 배열표	1학년 규칙 찾기
1부터 9까지 순서대로 1-2-3-4-5-6-7-8-9입니다.	표에 일정한 규칙으로 수를 늘어놓은 것을 수 배열표라고 합니다.	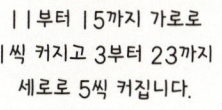 11부터 15까지 가로로 1씩 커지고 3부터 23까지 세로로 5씩 커집니다.

 **개념 문제** 규칙을 보고 빈칸에 알맞은 수를 써넣으세요.

1	3		7
9		13	

201

191 수선 垂(드리울 수) 線(줄 선)

두 직선이 서로 수직으로 만날 때, 한 직선을 다른 직선에 대한 수선이
라고 해요.

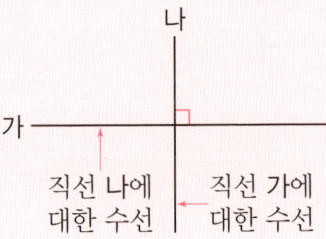

직선 나에   직선 가에
대한 수선   대한 수선

직선 가와 직선 나가 서로 수직일 때, 직선 가는 직선 나에 대한 수선,

직선 나는 직선 가에 대한 수선이 됩니다.

개념 연결

3학년 직각	4학년 수직	4학년 수선
종이를 반듯하게 두 번 접었을 때 생기는 각을 직각이라고 합니다. 직각은 90°입니다.	두 직선이 만나서 이루는 각이 직각일 때, 두 직선은 서로 수직이라고 합니다.	두 직선이 서로 수직으로 만날 때, 한 직선을 다른 직선에 대한 수선이라고 합니다.

개념 문제 직선 가에 대해 수선인 것에 ○표, 수선이 아닌 것에 ✕표 해 보세요.

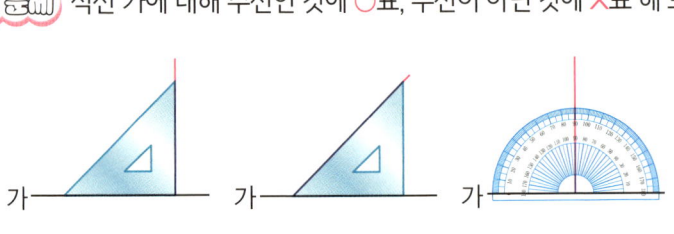

가   가   가

(   )   (   )   (   )

○ · ✕ · ○ 답

202

192 수의 범위 範(법 범) 圍(테두리 위)

기준이 되는 수에 의해 정해진 수의 테두리를 수의 범위라고 해요. 수의 범위를 나타내는 말로 이상, 이하, 초과, 미만이 있어요.

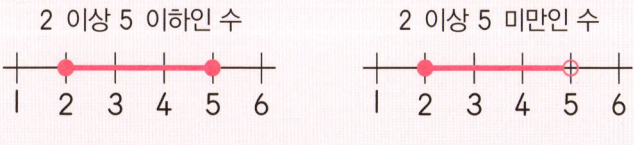

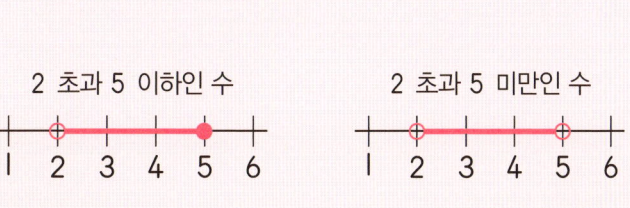

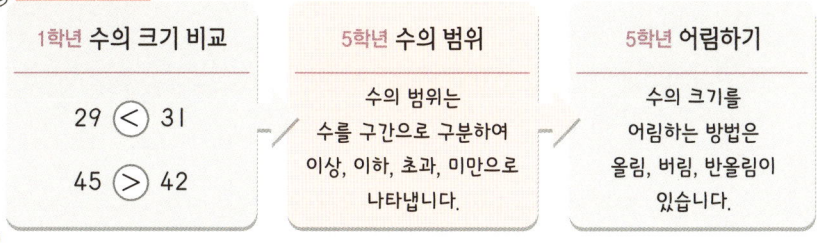

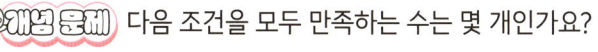

1학년 수의 크기 비교	5학년 수의 범위	5학년 어림하기
29 < 31 45 > 42	수의 범위는 수를 구간으로 구분하여 이상, 이하, 초과, 미만으로 나타냅니다.	수의 크기를 어림하는 방법은 올림, 버림, 반올림이 있습니다.

개념 문제 다음 조건을 모두 만족하는 수는 몇 개인가요?

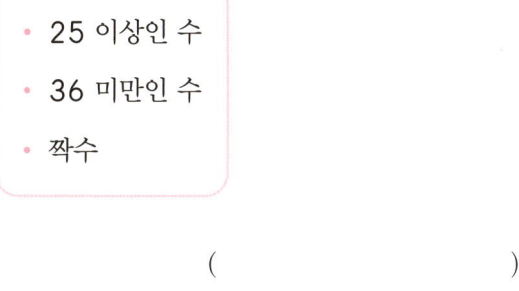

- 25 이상인 수
- 36 미만인 수
- 짝수

(   )

답 5개(26, 28, 30, 32, 34)

203

193 수의 크기

둘 이상의 수를 비교할 때 수의 크거나 작은 정도를 수의 크기라고 해
요. 수의 크기를 말로 나타낼 때 '~는 ~보다 큽니다.' 또는 '~는 ~보다
작습니다.'라고 해요.

$$3 < 5$$

3은 5보다 작습니다.

5는 3보다 큽니다.

 개념 연결

1학년 **수의 순서**	1학년 **수의 크기**	1학년 **두 자리 수의** **크기 비교**
1부터 9까지 순서대로 1-2-3-4-5-6- 7-8-9입니다.	5 ⟨<⟩ 7 5는 7보다 작습니다. 또는 7은 5보다 큽니다.	35 ⟨<⟩ 41 26 ⟨>⟩ 23

개념 문제 보기 의 두 수의 크기를 비교해 보세요.

보기
| 25 | 43 |

☐은 ☐보다 큽니다.

답 43, 25

194 수직 垂(드리울 수) 直(곧을 직)

두 직선이 만나서 이루는 각이 직각(90°)일 때, 두 직선은 서로 수직이라고 해요. 두 직선이 수직일 때 간단히 ┗ 표시로 나타내요.

수직인 두 직선이 이루는 각은 90°입니다.

개념 연결

3학년 **직각**	4학년 **수직**	4학년 **수선**
종이를 반듯하게 두 번 접었을 때 생기는 각을 직각이라고 합니다. 직각은 90°입니다.	두 직선이 만나서 이루는 각이 직각일 때, 두 직선은 서로 수직이라고 합니다.	두 직선이 서로 수직으로 만날 때, 한 직선을 다른 직선에 대한 수선이라고 합니다.

개념 문제 도형에서 수직인 부분을 모두 찾아 ┗ 로 표시해 보세요.

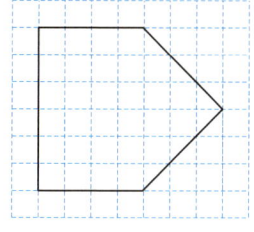

205

| 195 | 수직선 數(셈 수) 直(곧을 직) 線(줄 선) |

직선 위에 일정한 간격으로 눈금을 그어 수를 나타낸 직선을 **수직선**이
라고 해요. 수직선에 자연수, 분수, 소수 등 여러 가지 수를 나타낼 수
있어요.

```
 ├──┼──┼──┼──┼──┼──┼──┤
 0  1  2  3  4  5  6  7
```

 개념 연결

3학년 **선분**	3학년 **직선**	3학년 **수직선**
평면 위의 두 점을 곧게 이은 선을 선분이라고 합니다.	양쪽으로 끝없이 늘인 곧은 선을 직선이라고 합니다.	직선 위에 일정한 간격으로 눈금을 그어 수를 나타낸 직선을 수직선이라고 합니다.

개념 문제 ☐ 안에 알맞은 수를 써넣으세요.

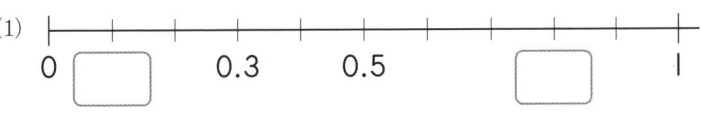

(1)
```
 ├───┼───┼───┼───┼───┼───┤
 0  ☐      0.3     0.5      ☐      1
```

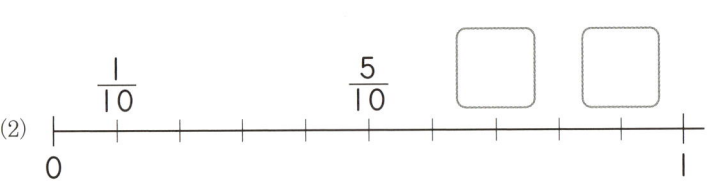

(2)
```
 ├──┼──┼──┼──┼──┼──┼──┤
 0   1/10        5/10    ☐   ☐        1
```

⑧ (1) 0.1, 0.8 (2) 7/10, 9/10

206

196 순서 順(순할 순) 序(차례 서)

크기와 상관없이 차례로 정해 놓은 것을 순서라고 해요. 순서를 나타낼 때 첫째, 둘째, 셋째……라고 말해요.

순서	첫째	둘째	셋째	넷째	다섯째	여섯째	일곱째	여덟째	아홉째
수	1	2	3	4	5	6	7	8	9

개념 연결

1학년 몇째

순서를 나타낼 때 첫째, 둘째, 셋째……라고 합니다.

1학년 순서

셋째 다음은 넷째, 여섯째 다음은 일곱째입니다.

1학년 수의 크기

1 < 2

3 < 5

개념 문제 1부터 수를 순서대로 이어 보세요.

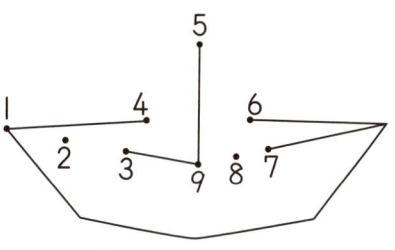

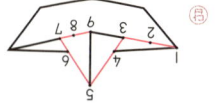

207

197 숫자

수를 나타내기 위해 사용하는 기호를 숫자라고 해요. 우리가 사용하는 1, 2, 3……과 같은 숫자는 인도－아라비아 숫자라고 불러요. 인도에서 처음 만들어졌어요.

0 1 2 3 4 5 6 7 8 9

인도－아라비아 숫자는 0부터 9까지 10개의 숫자로 되어 있습니다.

개념 연결

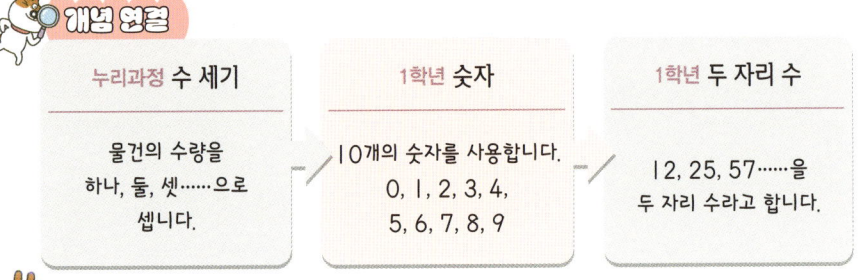

누리과정 **수 세기**	1학년 **숫자**	1학년 **두 자리 수**
물건의 수량을 하나, 둘, 셋……으로 셉니다.	10개의 숫자를 사용합니다. 0, 1, 2, 3, 4, 5, 6, 7, 8, 9	12, 25, 57……을 두 자리 수라고 합니다.

개념 문제 자동차는 모두 몇 대인지 써 보세요.

(   )

208

198 **시각** 時(때 **시**) 刻(새길 **각**)

하루 중의 어느 한 때를 시각이라고 해요.

버스에 탄 시각

11시 10분

버스에서 내린 시각

11시 50분

버스를 탄 시간은 40분입니다.

개념 연결

1학년 시계	1학년 시각	2학년 시간
시간과 시각을 알아볼 수 있는 장치를 시계라고 합니다.	하루 중의 어느 한 때를 시각이라고 합니다.	한 시각에서 다른 시각까지의 간격을 시간이라고 합니다.

개념 문제 영화가 시작한 시각은 다음과 같습니다. 영화 상영 시간이 1시간 30분이라면 영화가 끝난 시각은 몇 시 몇 분일까요?

영화 시작 시각

( )

답 2시 20분

199 시간 時(때 시) 間(틈 간)

한 시각에서 다른 시각까지의 간격을 시간이라고 해요. 시계의 긴바늘이 한 바퀴 도는 데 걸리는 시간은 60분이고, 60분은 1시간이에요.

 **잠자는 시간**

 **라면을 끓이는 시간**

 **콩나물을 기르는 시간**

8시간   5분   7일

1분=60초, 1시간=60분, 하루=24시간

개념 연결

2학년 분	2학년 시간	3학년 초
시계에서 긴바늘이 가리키는 작은 눈금 한 칸은 1분을 나타냅니다.	시계의 긴바늘이 한 바퀴 도는 데 60분의 시간이 걸립니다. 60분=1시간	시계의 초바늘이 작은 눈금 한 칸을 가는 데 걸리는 시간을 1초라고 합니다. 1분=60초

개념 문제 샌드위치를 만드는 데 걸린 시간은 몇 분인지 구해 보세요.

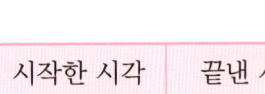

시작한 시각	끝낸 시각
9시 30분	10시 20분

(   )

| **200** | **시계** 時(때 시) 計(셀 계) |

시간을 재거나 시각을 알아볼 수 있는 장치를 말해요. 시계에는 몇 시를 나타내는 짧은바늘과 몇 분을 나타내는 긴바늘, 몇 초를 나타내는 초바늘이 있어요.

2시 30분   2시 15분 20초

🔍 **개념 연결**

1학년 **시계**	1학년 **시각**	2학년 **시간**
시간을 재거나 시각을 알아볼 수 있는 장치를 시계라고 합니다.	하루 중의 어느 한 때를 시각이라고 합니다.	한 시각에서 다른 시각까지의 간격을 시간이라고 합니다.

개념 문제 시각을 읽어 보세요.

(   )

답 8시 25분 35초

211

201 시계 반대 방향 〔관련어〕 시계 방향

시계의 바늘이 돌아가는 방향과 반대되는 방향을 시계 반대 방향 또는
반시계 방향이라고 해요.

수도꼭지를 시계 반대 방향으로 돌려 물이 나오게 할 수 있습니다.

개념 연결

1학년 **시계**	4학년 **시계 방향**	4학년 **시계 반대 방향**
시간을 재거나 시각을 알아볼 수 있는 장치를 시계라고 합니다.	시계의 바늘이 돌아가는 방향과 같은 방향을 시계 방향이라고 합니다.	시계의 바늘이 돌아가는 방향과 반대되는 방향을 시계 반대 방향 또는 반시계 방향이라고 합니다.

개념 문제
모양 조각을 시계 반대 방향으로 90°만큼 돌렸을 때의 모양을 찾
아 ◯표 해 보세요.

(   )　(   )

212

202 시계 방향 관련어 시계 반대 방향

시계의 바늘이 돌아가는 방향과 같은 방향을 시계 방향이라고 해요.

수도꼭지를 시계 방향으로 돌려 물이 나오지 않게 잠글 수 있습니다.

 개념 연결

1학년 시계	4학년 시계 방향	4학년 시계 반대 방향
시간을 재거나 시각을 알아볼 수 있는 장치를 시계라고 합니다.	시계의 바늘이 돌아가는 방향과 같은 방향을 시계 방향이라고 합니다.	시계의 바늘이 돌아가는 방향과 반대되는 방향을 시계 반대 방향 또는 반시계 방향이라고 합니다.

개념 문제 모양 조각을 시계 방향으로 90°만큼 돌렸을 때의 모양을 찾아 ○ 표 해 보세요.

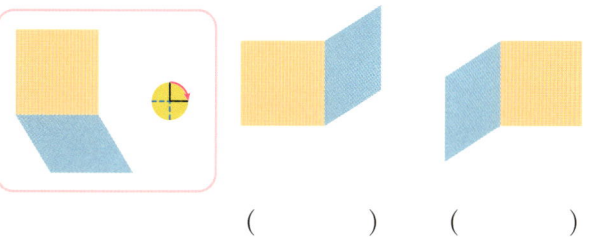

(   )　(   )

213

203 식 式(법 식)

문제 상황을 숫자, 기호 등을 이용하여 나타낸 것을 식이라고 해요. 식을 사용하면 긴 문장을 간단히 나타낼 수 있어요.

식 4+3=7

오리 몇 마리가 땅 위와 연못에 있는 상황을 간단히 식으로
4+3=7과 같이 나타낼 수 있습니다.

개념 연결

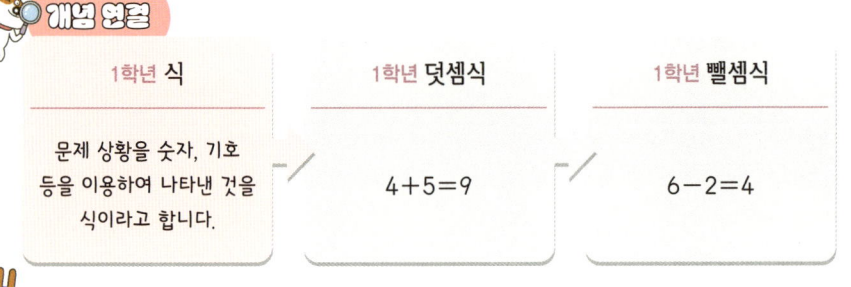

1학년 **식**	1학년 **덧셈식**	1학년 **뺄셈식**
문제 상황을 숫자, 기호 등을 이용하여 나타낸 것을 식이라고 합니다.	4+5=9	6−2=4

개념 문제 그림을 보고 식을 완성해 보세요.

6 − ☐ = ☐

답 2, 4 또는 4, 2

214

204 십 十 (열 십)

9보다 1만큼 더 큰 수를 10이라 쓰고 십이라고 읽어요. 10은 두 자리 수 중 가장 작은 수예요.

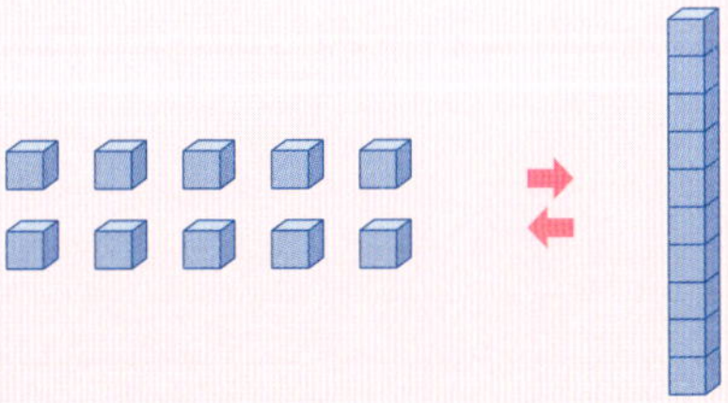

10
십
열

일(1)이 10개이면 십(10)이 됩니다.

개념 연결

1학년 **십**	1학년 **모으기**	1학년 **몇 십**
1이 10개이면 십(10)입니다.	3 7 → 10	10, 20, 30……을 몇 십이라고 합니다.

개념 문제

10을 가르기 해 보세요.

10
1 ☐

10
☐ 8

10
3 ☐

10
☐ 6

10
5 ☐

정답 (위에서부터)9, 2, 7, 4, 5

205 십 모형 十(열 십) 模(본뜰 모) 形(모양 형)

수의 크기를 나타내는 수 모형 중 십(10)을 나타내는 모형을 십 모형이라고 해요.

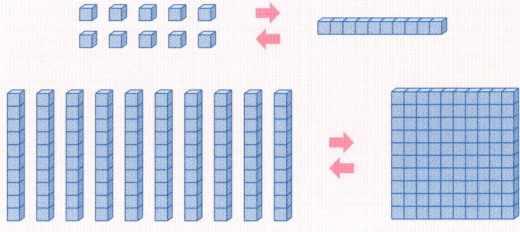

일 모형이 10개이면 십 모형 한 개와 같고,
십 모형이 10개이면 백 모형 한 개와 같습니다.

개념 연결

2학년 일 모형	2학년 십 모형	2학년 백 모형
수의 크기를 나타내는 모형 중 일(1)을 나타내는 모형을 일 모형이라고 합니다.	수의 크기를 나타내는 모형 중 십(10)을 나타내는 모형을 십 모형이라고 합니다.	수의 크기를 나타내는 모형 중 백(100)을 나타내는 모형을 백 모형이라고 합니다.

개념 문제 수 모형이 나타내는 수를 써 보세요.

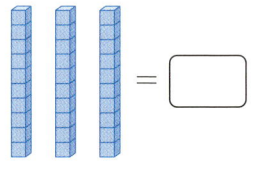

216

206 약분 約(맺을 약) 分(나눌 분)

분수의 분모와 분자를 공약수로 나누어 좀 더 간단한 분수로 만드는 것을 약분한다라고 해요.

$$\frac{18}{24} = \frac{18 \div 2}{24 \div 2} = \frac{9}{12}$$

$$\frac{18}{24} = \frac{18 \div 6}{24 \div 6} = \frac{3}{4}$$

$\frac{18}{24}$을 $\frac{9}{12}$, $\frac{3}{4}$ 등으로 약분할 수 있습니다.

 개념 연결

3학년 분수	5학년 약분	5학년 기약분수
전체를 똑같이 3으로 나눈 것 중 2를 $\frac{2}{3}$라고 합니다.	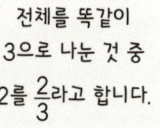	$\frac{2}{3}, \frac{3}{5}$과 같이 분모와 분자의 공약수가 1뿐인 분수를 기약분수라고 합니다.

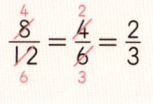 개념 문제 ☐ 안에 알맞은 수를 써넣으세요.

(1) $\frac{12}{20} = \frac{12 \div \boxed{}}{20 \div \boxed{}} = \frac{3}{5}$

(2) $\frac{6}{15} = \frac{6 \div \boxed{}}{15 \div 3} = \boxed{}$

(3) $\frac{5}{25} = \frac{5 \div 5}{25 \div \boxed{}} = \boxed{}$

(4) $\frac{3}{12} = \frac{3 \div 3}{12 \div \boxed{}} = \boxed{}$

답 (1) 4, 4 (2) 3, $\frac{2}{5}$ (3) 5, $\frac{1}{5}$ (4) 3, $\frac{1}{4}$

217

207 약수 約(맺을 약) 數(셀 수) 관련어 배수

어떤 수를 나누어떨어지게 하는 수를 그 수의 약수라고 해요. 약수 중 가장 작은 수는 1이고, 자신도 자신의 약수가 돼요.

$$6 \div 1 = 6 \qquad 6 \div 2 = 3 \qquad 6 \div 3 = 2$$
$$6 \div 4 = 1 \cdots 2 \qquad 6 \div 5 = 1 \cdots 1 \qquad 6 \div 6 = 1$$

6을 1, 2, 3, 6으로 나누었을 때 나머지는 모두 0입니다.

이때 1, 2, 3, 6을 6의 약수라고 합니다.

 개념 연결

3학년 나누어떨어진다	5학년 약수	5학년 배수
$8 \div 2 = 4$와 같이 나머지가 0일 때 나누어떨어진다고 합니다.	$6 = 1 \times 6$, $6 = 2 \times 3$ 6의 약수는 1, 2, 3, 6입니다.	$12 = 2 \times 6$ 12는 2와 6의 배수입니다.

 개념 문제 8의 약수를 찾아 ○표 해 보세요.

4	8	3	6	2
1	16	5	10	

답 4, 8, 2, 1에 ○표

218

208 어림

정확한 값을 구하지 않고 대강 얼마쯤인지 알아보는 것을 어림이라고 해요.

어림한 값을 나타낼 때는 수 앞에 '약'을 붙입니다.

 **개념 연결**

2학년 **센티미터**	2학년 **미터**	2학년 **어림**
길이를 재는 단위로 1 m의 $\dfrac{1}{100}$에 해당하는 길이를 1 cm라 하고, 1 센티미터라고 읽습니다.	$100\,cm = 1\,m$ $100\,cm$는 1 m와 같습니다. 1 m는 1 미터라고 읽습니다.	정확한 값을 구하지 않고 대강 얼마쯤인지 알아보는 것을 어림이라고 합니다.

 **개념 문제** 리본의 길이를 어림하고, 자로 재어 확인해 보세요.

어림한 길이	약	cm
자로 잰 길이		cm

219

209 억 億(억 억)

만(10000)의 만 배인 수를 **1억**이라고 해요. 1억은 1 다음에 0이 8개가 붙는 아주 큰 수예요.

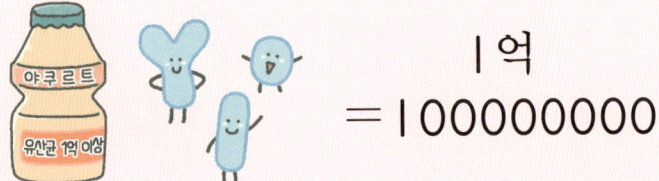

1억
= 100000000

이 음료 1 mL에는 유산균이 1억 마리 이상 들어 있습니다.

 개념 연결

4학년 **만**	4학년 **억**	4학년 **조**
1000이 10개인 수를 10000 또는 1만이라고 합니다.	1만의 만 배인 수를 100000000 또는 1억이라고 합니다.	1억의 만 배인 수를 1000000000000 또는 1조라고 합니다.

개념 문제 숫자 5가 나타내는 수를 써 보세요.

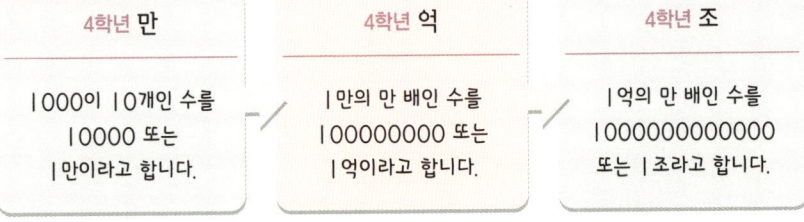

보기
700000000 ➡ 7억

105200000000 ➡ (   )

210 연산 演(흐를 연) 算(셈 산)

식의 규칙에 따라 일정하게 계산하는 것을 말해요. 연산에는 덧셈, 뺄셈, 곱셈, 나눗셈 등이 있어요.

덧셈, 뺄셈, 곱셈, 나눗셈을 이용하여 계산하는 것을 사칙연산이라고 합니다.

개념 연결

1학년 **연산**	1학년 **등식**	3학년 **사칙연산**
식의 규칙에 따라 일정하게 계산하는 것을 연산이라고 합니다.	$2+3=5$, $7×4+6=34$와 같이 등호(=)를 사용하여 나타낸 식을 등식이라고 합니다.	수학에서 기본이 되는 계산 방법으로 덧셈, 뺄셈, 곱셈, 나눗셈의 네 가지 계산을 통틀어 사칙연산이라고 합니다.

개념 문제

보기 와 같이 연산의 순서에 맞게 계산해 보세요.

보기

$$12+8×5-6÷3$$

① ②
③
④

$$9+5×6-8÷2$$

(   )

221

211 영(0)

0은 아무것도 없는 것을 나타내는 수예요. 그리고 300, 0.05에서와 같이 0은 수의 자릿값이 비어 있음을 나타내기도 하며 수직선에서 기준이 되기도 해요.

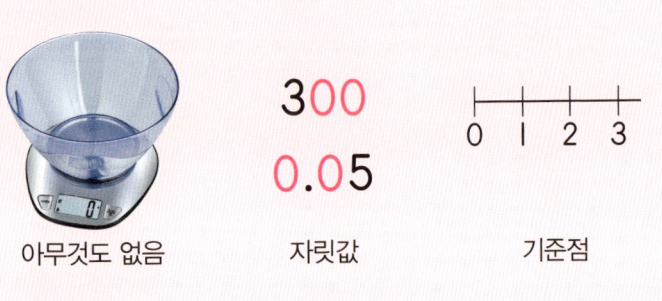

아무것도 없음

300

0.05

자릿값

기준점

개념 연결

1학년 자연수	1학년 영	1학년 0의 덧셈과 뺄셈
1, 2, 3, 4⋯⋯를 자연수라고 합니다.	0은 아무것도 없는 것을 나타내는 수입니다.	2+0=2 3−0=3

개념 문제 보기 와 같이 숫자로 나타내어 보세요.

┌ 보기 ─
│ 칠백 ➡ 700
└

삼천육십 ➡ _____

222

212 옆면 面(표면 면)

직육면체, 각뿔, 원기둥, 원뿔과 같은 입체도형에서 밑면이 아닌 면을
옆면이라고 해요.

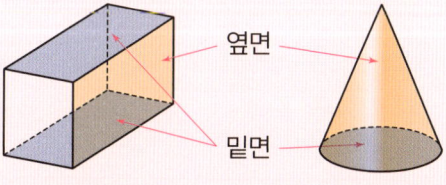

직육면체에서 옆면은 밑면에 수직이고,

원뿔에서 옆면은 굽은 면입니다.

개념 연결

5학년 **직육면체**	5학년 **밑면**	5학년 **옆면**
직사각형 6개로 둘러싸인 입체도형을 직육면체라고 합니다.	기둥, 뿔과 같은 입체도형에서 기준이 될 수 있는 면을 밑면이라고 합니다.	기둥, 뿔과 같은 입체도형에서 밑면이 아닌 면을 옆면이라고 합니다.

개념 문제

직육면체에서 색칠한 면을 밑면이라고 할 때, 옆면을 모두 찾아 써
보세요.

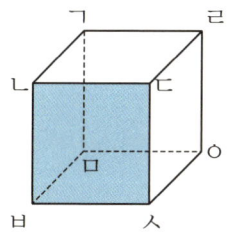

(   )

답 면ㄱㄴㄷㄹ, 면ㅁㅂㅅㅇ, 면ㄱㄹㅇㅁ, 면ㄱㄴㅂㅁ

213 예각 銳(날카로울 예) 角(뿔 각)

두 직선이 한 점에서 만나 각을 이룰 때, 각도가 0°보다 크고 90°(직각)보다 작은 각을 예각이라고 해요.

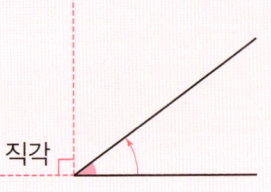 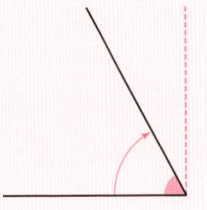

직각

$$0° < (예각) < 90° \,(직각)$$

 개념 연결

3학년 **직각**	4학년 **예각**	4학년 **둔각**
종이를 반듯하게 두 번 접었을 때 생기는 각(90°)을 직각이라고 합니다.	각도가 0°보다 크고 90°보다 작은 각을 예각이라고 합니다.	각도가 90°보다 크고 180°보다 작은 각을 둔각이라고 합니다.

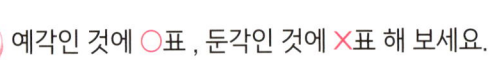

개념 문제 예각인 것에 ○표, 둔각인 것에 ✕표 해 보세요.

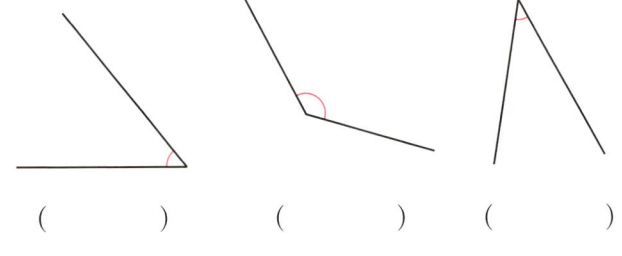

(   )   (   )   (   )

답 ○, ✕, ○

224

214 예각삼각형 三(셋 삼) 角(뿔 각) 形(모양 형)

세 각이 모두 예각인 삼각형을 예각삼각형이라고 해요.

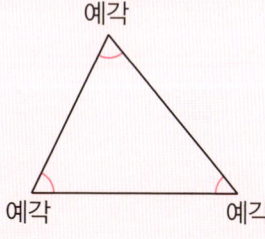

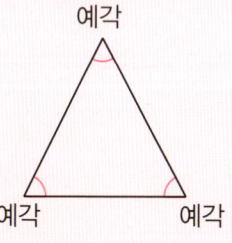

예각삼각형의 모든 각의 크기는 90°보다 작습니다.

정삼각형은 예각삼각형입니다.

 개념 연결

3학년 직각삼각형	4학년 둔각삼각형	4학년 예각삼각형
한 각이 직각인 삼각형을 직각삼각형이라고 합니다.	한 각이 둔각인 삼각형을 둔각삼각형이라고 합니다.	세 각이 모두 예각인 삼각형을 예각삼각형이라고 합니다.

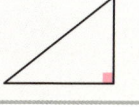 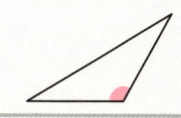

 개념 문제 모눈종이에 예각삼각형을 그려 보세요.

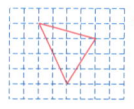 (예) 답

225

215 오각형 五(다섯 오) 角(뿔 각) 形(모양 형)

선분 5개로 둘러싸인 도형을 오각형이라고 합니다.

선분

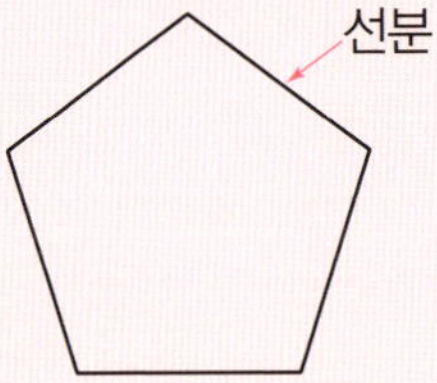

개념 연결

4학년 사각형

선분 4개로 둘러싸인 도형을 사각형이라고 합니다.

4학년 오각형

선분 5개로 둘러싸인 도형을 오각형이라고 합니다.

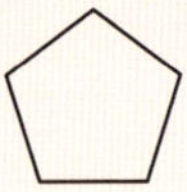

4학년 다각형

선분으로만 둘러싸인 도형을 다각형이라고 합니다.

개념 문제 오각형이 아닌 것을 찾아 기호를 써 보세요.

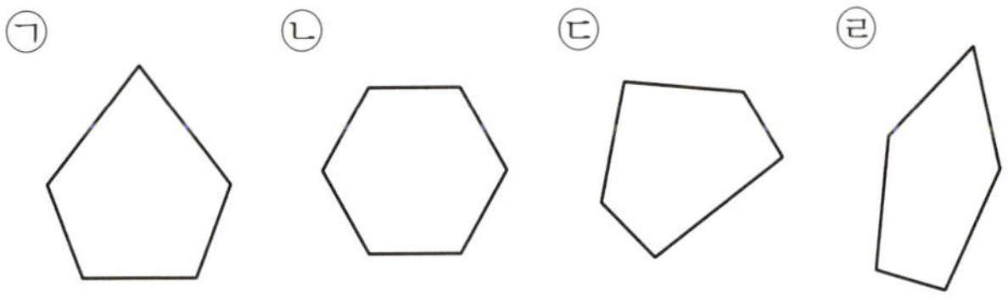

ㄱ ㄴ ㄷ ㄹ

(   )

226

216 오전 午(낮 오) 前(앞 전)

하루 중 전날 밤 12시부터 낮 12시까지를 오전이라고 해요.

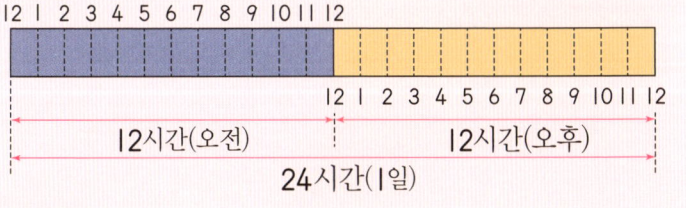

12시간(오전)
12시간(오후)
24시간(1일)

개념 연결

2학년 하루	2학년 오전	2학년 오후
밤 12시부터 다음 날 밤 12시까지를 하루라고 합니다. 하루는 1일이라고 하며, 24시간입니다. 1일 = 24시간	하루 중 전날 밤 12시부터 낮 12시까지를 오전이라고 합니다.	하루 중 낮 12시부터 밤 12시까지를 오후라고 합니다.

개념 문제 알맞은 말에 ○표 해 보세요.

학교에 가기 위해 (오전, 오후) 7시에 일어났어요.

217 오후 午(낮 오) 後(뒤 후)

하루 중 낮 12시부터 밤 12시까지를 오후라고 해요.

12시간(오전)   12시간(오후)
24시간(1일)

 개념 연결

2학년 하루	2학년 오전	2학년 오후
밤 12시부터 다음 날 밤 12시까지를 하루라고 합니다. 하루는 1일이라고 하며, 24시간입니다. 1일 = 24시간	하루 중 전날 밤 12시부터 낮 12시까지를 오전이라고 합니다.	하루 중 낮 12시부터 밤 12시까지를 오후라고 합니다.

개념 문제 알맞은 말에 ○표 해 보세요.

수업을 마치고 (오전, 오후) 3시에 집으로 돌아가요.

228

218 올림 　관련어 버림

구하려는 자리의 아래 수를 올려서 나타내는 방법을 올림이라고 해요.
예를 들어 502를 올림하여 백의 자리까지 나타내면 백의 자리 아래 수
인 2를 100으로 보고 600으로 나타낼 수 있어요.

36**5** ➡ 370 　|　 3**65** ➡ 400

365를 올림하여 십의 자리까지 │ 365를 올림하여 백의 자리까지
나타내면 370입니다. │ 나타내면 400입니다.

개념 연결

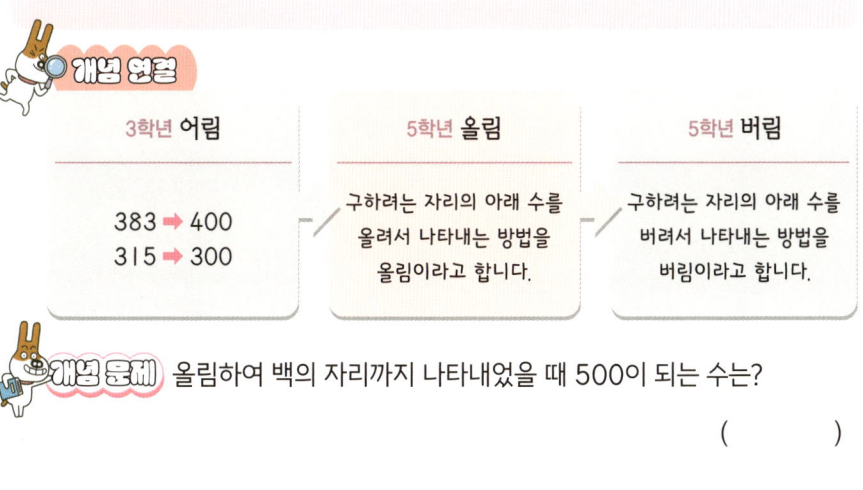

3학년 어림	5학년 올림	5학년 버림
383 ➡ 400 315 ➡ 300	구하려는 자리의 아래 수를 올려서 나타내는 방법을 올림이라고 합니다.	구하려는 자리의 아래 수를 버려서 나타내는 방법을 버림이라고 합니다.

개념 문제 올림하여 백의 자리까지 나타내었을 때 500이 되는 수는?

(　　　　)

① 501　　　② 409　　　③ 570　　　④ 400

229

219 외항 外(바깥 외) 項(목 항) 관련어 내항

비례식에서 바깥쪽에 있는 두 항을 외항이라고 해요.

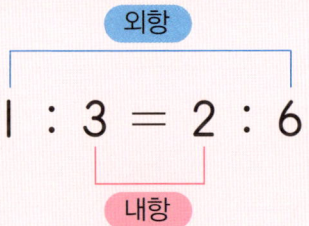

비례식 1:3＝2:6에서 바깥쪽에 있는 1과 6을 외항, 안쪽에 있는 3과 2를 내항이라고 합니다.

개념 연결

6학년 **비례식**	6학년 **내항**	6학년 **외항**
비율이 같은 두 비를 등호(＝)를 사용하여 나타낸 식을 비례식이라고 합니다.	비례식에서 안쪽에 있는 두 항을 내항이라고 합니다.	비례식에서 바깥쪽에 있는 두 항을 외항이라고 합니다.

개념 문제 비례식에서 외항의 곱을 구해 보세요.

$$5 : 2 = 15 : 6$$

(   )

220 원 圓(둥글 원)

평면 위의 한 점에서 일정한 거리에 있는 점들을 이은 도형을 원이라고 해요. 이때 평면 위의 한 점을 원의 중심, 일정한 거리를 반지름이라고 해요.

원의 중심

원의 반지름

개념 연결

3학년 **원**	6학년 **원주**	6학년 **원주율**
평면 위의 한 점에서 일정한 거리에 있는 점들을 이은 도형을 원이라고 합니다.	원의 둘레를 원주라고 합니다.	원의 지름의 길이에 대한 원주의 크기를 원주율이라고 합니다. (원주율)=(원주)÷(지름)

개념 문제 □ 안에 알맞은 말을 써넣으세요.

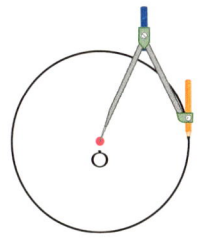

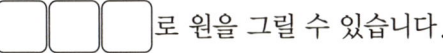

□□□로 원을 그릴 수 있습니다.

정답 87

221 원그래프

전체에 대한 각 부분의 비율을 원 모양으로 나타낸 그래프를 원그래프
라고 해요. 조사한 내용을 원그래프로 나타내려면 각 항목이 차지하는
비율만큼 선을 그어 원을 나눕니다.

용돈을 받는 방법

- 매일 4%
- 일정하지 않다 15%
- 한달에 한 번씩 26%
- 일주일에 한 번씩 55%

한 번에 받는 용돈

- 일정하지 않다 25%
- 3만 원 이상 8%
- 2~3만 원 16%
- 1만 원 미만 23%
- 1~2만 원 28%

원그래프를 보면 각 항목이 차지하는 비율을 한눈에 알 수 있습니다.

 개념 연결

6학년 비율그래프

전체에 대한 각 부분의
비율을 나타낸 그래프를
비율그래프라고 합니다.

6학년 띠그래프

전체에 대한 각 부분의
비율을 띠 모양으로
나타낸 그래프를
띠그래프라고 합니다.

6학년 원그래프

전체에 대한 각 부분의
비율을 원 모양으로
나타낸 그래프를
원그래프라고 합니다.

개념 문제 다음 원그래프를 보고 공기 중
가장 많은 부분을 차지하고
있는 기체를 써 보세요.

(   )

공기를 구성하고 있는 기체

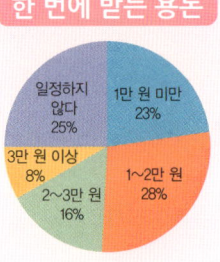

- 이산화탄소 0.035%
- 아르곤 0.93%
- 기타 0.005%
- 산소 20.95%
- 질소 78.08%

232

222 원기둥 圓(둥글 원)

마주 보는 두 면이 서로 평행하고 합동인 원으로 되어 있는 입체도형을
원기둥이라고 해요.

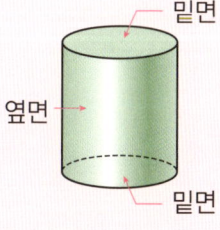

밑면

옆면 →

밑면

원기둥에서 서로 평행하고 합동인 두 면을 밑면이라고 합니다.

 개념 연결

6학년 기둥	6학년 각기둥	6학년 원기둥
마주 보는 두 면이 서로 평행하고 합동인 입체도형을 기둥이라고 합니다.	마주 보는 두 면이 서로 평행하고 합동인 다각형으로 이루어진 입체도형을 각기둥이라고 합니다.	밑면이 원인 기둥을 원기둥이라고 합니다.

개념 문제 원기둥을 잘라서 그림과 같이 펼쳤을 때 옆면의 모양으로 알맞은
것은? (   )

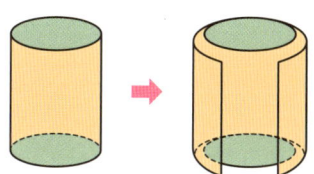

① 직사각형   ② 원   ③ 정삼각형   ④ 오각형

233

223 원기둥의 높이

원기둥에서 두 밑면에 수직인 선분의 길이를 원기둥의 높이라고 합니다.

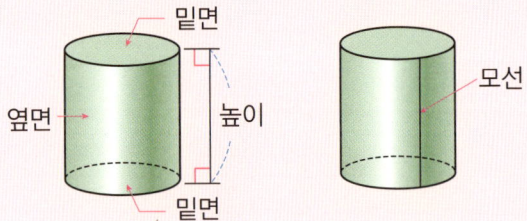

원기둥에서 모선의 길이는 원기둥의 높이와 같습니다.

 개념 연결

6학년 원기둥	6학년 원기둥의 높이	6학년 원뿔의 높이
마주 보는 두 면이 서로 평행하고 합동인 원으로 되어 있는 입체도형을 원기둥이라고 합니다.	원기둥에서 두 밑면에 수직인 선분의 길이를 원기둥의 높이라고 합니다.	원뿔의 꼭짓점에서 밑면에 수직으로 그은 선분의 길이를 원뿔의 높이라고 합니다.

개념 문제 직사각형의 한 변을 기준으로 돌려 만든 입체도형의 높이는 몇 cm 인가요?

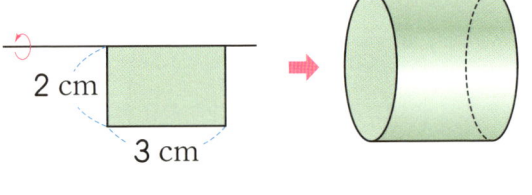

(   )

답 3 cm

234

224 원기둥의 전개도

원기둥을 잘라서 펼쳐 놓은 그림을 원기둥의 전개도라고 해요.

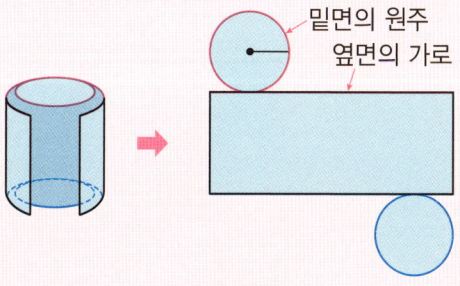

밑면의 원주
옆면의 가로

밑면의 원주(원의 둘레)는 옆면의 가로의 길이와 같습니다.

개념 연결

6학년 원기둥

마주 보는 두 면이 서로 평행하고 합동인 원으로 되어 있는 입체도형을 원기둥이라고 합니다.

6학년 원기둥의 전개도

원기둥을 잘라서 펼쳐 놓은 그림을 원기둥의 전개도라고 합니다.

6학년 원기둥의 높이

원기둥에서 두 밑면에 수직인 선분의 길이를 원기둥의 높이라고 합니다.

개념 문제

밑면의 지름이 6 cm인 원기둥의 전개도에서 옆면의 가로를 구하는 식으로 알맞은 것은? (   )

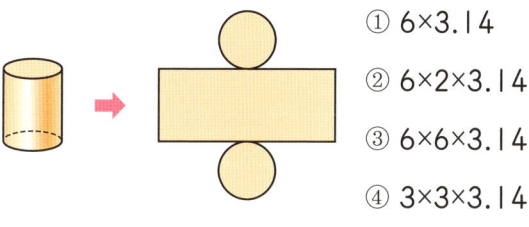

① 6×3.14

② $6 \times 2 \times 3.14$

③ $6 \times 6 \times 3.14$

④ $3 \times 3 \times 3.14$

235

225 원뿔

밑면이 원인 뿔 모양의 입체도형을 원뿔이라고 해요.

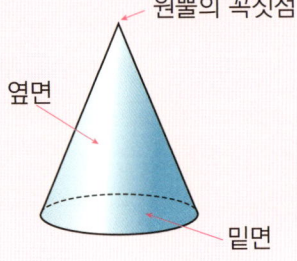

원뿔의 꼭짓점

옆면

밑면

 개념 연결

6학년 뿔	6학년 각뿔	6학년 원뿔
밑면이 평면이고 위로 뾰족한 입체도형을 뿔이라고 합니다.	밑면이 다각형인 뿔 모양의 입체도형을 각뿔이라고 합니다.	밑면이 원인 뿔 모양의 입체도형을 원뿔이라고 합니다.

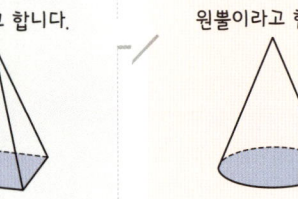

개념 문제 원뿔에서 평평한 면을 무엇이라고 하는지 써 보세요.

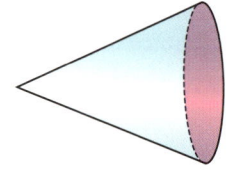

(   )

226 원뿔대

원뿔을 밑면에 평행하게 잘라 원뿔의 꼭짓점이 있는 부분을 빼고 남은
부분을 원뿔대라고 해요.

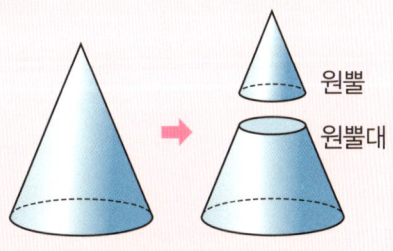

원뿔대의 두 밑면은 서로 평행하지만 합동은 아닙니다.

6학년 각뿔	중등 각뿔대	중등 원뿔대
밑면이 다각형인 뿔 모양의 입체도형을 각뿔이라고 합니다.	각뿔을 밑면에 평행하게 잘라 각뿔의 꼭짓점이 있는 부분을 빼고 남은 부분을 각뿔대라고 합니다.	원뿔을 밑면에 평행하게 잘라 원뿔의 꼭짓점이 있는 부분을 빼고 남은 부분을 원뿔대라고 합니다.

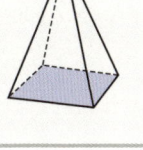 개념 문제 원뿔대를 만들기 위해 원뿔을 바르게 자른 것은? (   )

① ②

227 원뿔의 꼭짓점

원뿔에서 뾰족한 부분의 점을 원뿔의 꼭짓점이라고 해요.

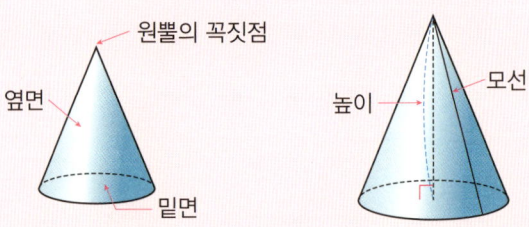

원뿔의 꼭짓점에서 밑면에 수직인 선분을 그으면 높이가 되고, 원뿔의 꼭짓점에서 밑면인 원의 한 점을 이으면 모선이 됩니다.

개념 연결

6학년 원뿔	6학년 원뿔의 꼭짓점	6학년 원뿔의 높이
밑면이 원인 뿔 모양의 입체도형을 원뿔이라고 합니다.	원뿔에서 뾰족한 부분의 점을 원뿔의 꼭짓점이라고 합니다.	원뿔의 꼭짓점에서 밑면에 수직으로 그은 선분의 길이를 원뿔의 높이라고 합니다.

개념 문제

직각삼각형 모양의 도형을 돌려 만든 입체도형에서 모선의 길이는 몇 cm인가요?

(   )

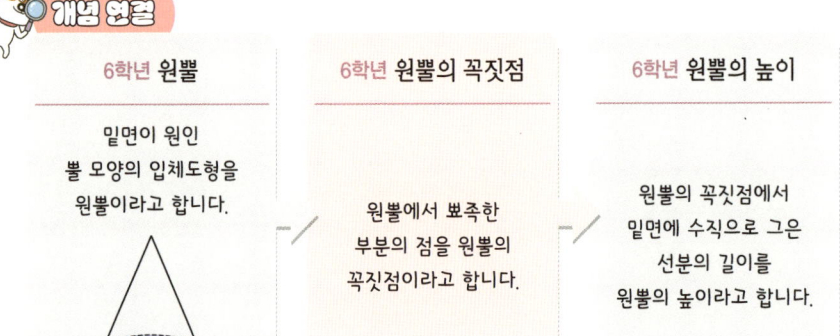

답 5 cm

238

228 원뿔의 높이

원뿔의 꼭짓점에서 밑면에 수직인 선분의 길이를 원뿔의 높이라고 해요.

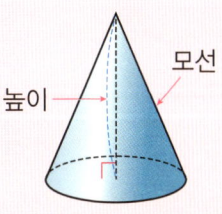

원뿔의 높이는 모선의 길이보다 항상 짧습니다.

개념 연결

6학년 원뿔	6학년 원뿔의 꼭짓점	6학년 원뿔의 높이
밑면이 원인 뿔 모양의 입체도형을 원뿔이라고 합니다.	원뿔에서 뾰족한 부분의 점을 원뿔의 꼭짓점이라고 합니다.	원뿔의 꼭짓점에서 밑면에 수직으로 그은 선분의 길이를 원뿔의 높이라고 합니다.

개념 문제 원뿔의 높이를 구하는 방법으로 옳은 것에 ○표 해 보세요.

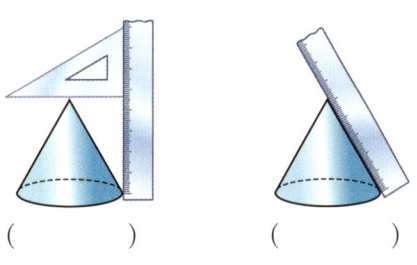

(   )   (   )

239

229 원의 넓이

원이 차지하는 부분의 크기를 원의 넓이라고 해요.

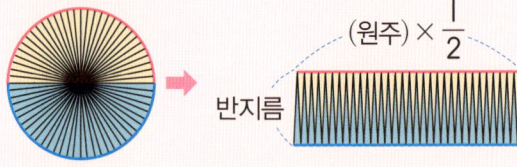

원을 한없이 잘라 이어 붙이면 직사각형을 만들 수 있습니다.

$$(원의 넓이) = (반지름) \times (원주) \times \frac{1}{2}$$

$$= (반지름) \times (지름) \times \frac{1}{2} \times (원주율)$$

$$= (반지름) \times (반지름) \times (원주율)$$

 개념 연결

6학년 **원**	6학년 **원주율**	6학년 **원의 넓이**
평면 위의 한 점에서 일정한 거리에 있는 점들을 이은 도형을 원이라고 합니다.	원의 지름의 길이에 대한 원주의 크기를 원주율이라고 합니다. (원주율)=(원주)÷(지름)	(원의 넓이)= (반지름)×(반지름) ×(원주율)

 개념 문제 원의 넓이를 구해 보세요. (원주율: 3.14)

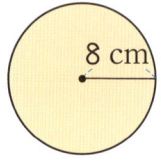

8 cm

(   )

답 200.96 cm²

240

230 원의 반지름

원의 중심과 원 위의 한 점을 이은 선분을 원의 반지름이라고 해요.

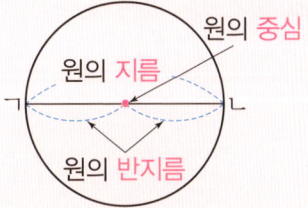

반지름을 2배 하면 지름의 길이와 같습니다.

개념 연결

6학년 원

평면 위의 한 점에서 일정한 거리에 있는 점들을 이은 도형을 원이라고 합니다.

6학년 원의 반지름

원의 중심과 원 위의 한 점을 이은 선분을 원의 반지름이라고 합니다.

6학년 원의 지름

원 위의 두 점을 이은 선분 중 원의 중심을 지나는 것을 원의 지름이라고 합니다.

개념 문제 반지름의 길이가 가장 긴 원부터 차례대로 기호를 써 보세요.

⊙ 지름의 길이가 6 cm인 원

⊙ 반지름의 길이가 6 cm인 원

⊙ 지름의 길이가 8 cm인 원

(   )

ⓒ ＇ⓒ ＇⊙⑧

241

231 원의 중심 中(가운데 중) 心(마음 심)

원을 그릴 때 기준이 되는 점을 원의 중심이라고 해요. 원의 모든 점은 원의 중심에서부터 같은 거리에 있어요.

원의 중심

 개념 연결

3학년 **원**	3학년 **원의 중심**	6학년 **원의 지름**
평면 위의 한 점에서 일정한 거리에 있는 점들을 이은 도형을 원이라고 합니다.	원을 그릴 때 기준이 되는 점을 원의 중심이라고 합니다.	원 위의 두 점을 이은 선분 중 원의 중심을 지나는 것을 원의 지름이라고 합니다.

개념 문제 ☐ 안에 알맞은 말을 써넣으세요.

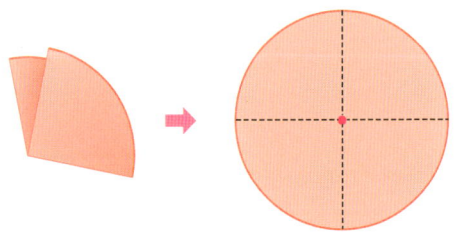

둥근(원) 모양의 색종이를 그림과 같이 접었다 펼쳤을 때

두 선분이 만나 생기는 점을 ☐☐☐☐이라고 합니다.

242

232 원의 지름

원 위의 두 점을 이은 선분 중 원의 중심을 지나는 선분을 원의 지름이
라고 해요. 원의 지름은 항상 원의 중심을 지나요. 원의 지름을 간단히
지름이라고 불러요.

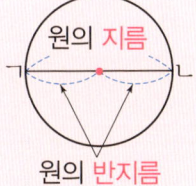

원의 지름의 반$\left(\dfrac{1}{2}\right)$을 반지름이라고 합니다.

개념 연결

6학년 원의 반지름

원의 중심과 원 위의
한 점을 이은 선분을
원의 반지름이라고 합니다.

6학년 원의 지름

원 위의 두 점을
이은 선분 중 원의
중심을 지나는 것을
원의 지름이라고 합니다.

6학년 원주율

원의 지름의 길이에 대한
원주의 비율을
원주율이라고 합니다.
(원주율)=(원주)÷(지름)

개념 문제 ☐ 안에 알맞은 말을 써넣으세요.

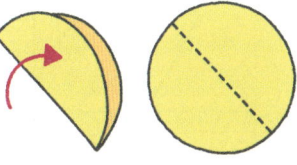

둥근(원) 모양의 색종이를 반으로 접었다 펼쳤을 때 생기는 선을

☐☐☐☐이라고 합니다.

정답 지름

233 원주 圓(둥글 원) 周(둘레 주)

원의 둘레를 원주라고 해요. 원주는 원의 지름에 원주율을 곱해 구할 수 있어요.

$$（원주）＝（지름）×（원주율）$$

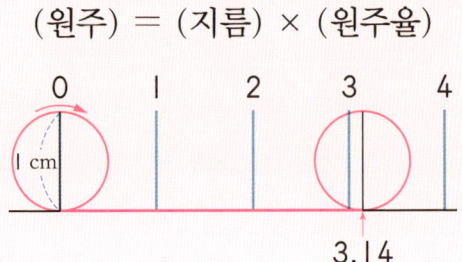

3.14

원주는 원의 지름의 길이의 약 3.14배입니다.

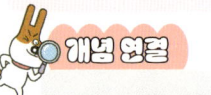 개념 연결

6학년 원	6학년 원주	6학년 원주율
평면 위의 한 점에서 일정한 거리에 있는 점들을 이은 도형을 원이라고 합니다.	원의 둘레를 원주라고 합니다.	원의 지름의 길이에 대한 원주의 비율을 원주율이라고 합니다. （원주율）＝（원주）÷（지름）

 개념 문제 그림을 보고 ▢ 안에 알맞은 수를 써넣으세요.

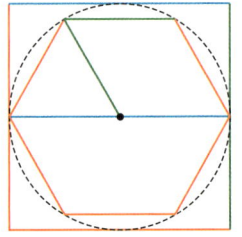

원주는 지름의 ▢배보다 길고, ▢배보다 짧습니다.

답 ③ 3, 4

244

234 원주율 圓(둥글 원) 周(둘레 주) 率(비율 율)

원의 지름의 길이에 대한 원주의 비율을 원주율이라고 해요. 원의 둘레를 지름으로 나누면 항상 일정한 수가 나와요. 그 수는 약 3.14예요.

$$(원주율) = (원주) \div (지름)$$

개념 연결

6학년 원	6학년 원주	6학년 원주율
평면 위의 한 점에서 일정한 거리에 있는 점들을 이은 도형을 원이라고 합니다.	원의 둘레를 원주라고 합니다.	원의 지름의 길이에 대한 원주의 비율을 원주율이라고 합니다. (원주율)=(원주)÷(지름)

개념 문제 ☐ 안에 알맞은 수를 써넣으세요.

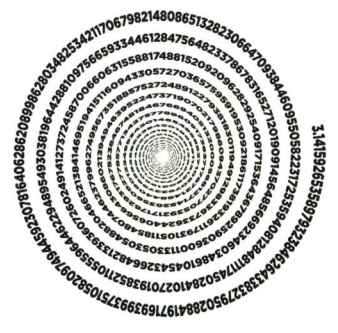

원주율(3.141592……)은 끝이 없는 소수이지만 필요에 따라

보통 ☐ 로 어림하여 사용합니다.

답 3.14

245

235 육각형 六(여섯 육) 角(뿔 각) 形(모양 형)

선분 6개로 둘러싸인 도형을 육각형이라고 해요.

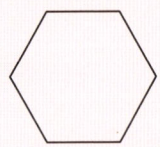

육각형은 변이 6개, 꼭짓점이 6개입니다.

 개념 연결

4학년 오각형	4학년 다각형	4학년 육각형
선분 5개로 둘러싸인 도형을 오각형이라고 합니다. 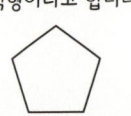	선분으로만 둘러싸인 도형을 다각형이라고 합니다. 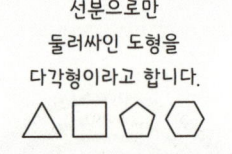	선분 6개로 둘러싸인 도형을 육각형이라고 합니다. 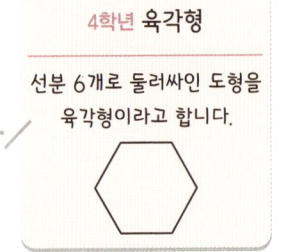

 개념 문제 벌집의 모양이 육각형이라고 할 수 있는 이유를 써 보세요.

이유 _____

_____

⑧ 벌집은 6개의 변(선분)으로 둘러싸여 있기 때문입니다.

236 이등변삼각형 二(둘 이) 等(같을 등) 邊(가장자리 변)

두 변의 길이가 같은 삼각형을 이등변삼각형이라고 해요.

이등변삼각형은
두 각의 크기가 같습니다.

이등변삼각형을 길이가 같은
두 변이 만나도록 접으면
완전히 포개어집니다.

개념 연결

4학년 삼각형

선분 3개로 둘러싸인 도형을
삼각형이라고 합니다.

4학년 이등변삼각형

두 변의 길이가
같은 삼각형을
이등변삼각형이라고 합니다.

4학년 정삼각형

세 변의 길이가
모두 같은 삼각형을
정삼각형이라고 합니다.

개념 문제 다음 삼각형이 이등변삼각형일 때 ☐ 안에 알맞은 수를 써넣으세요.

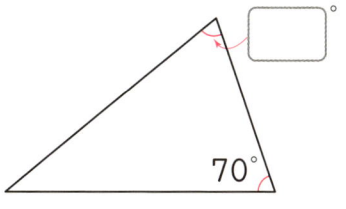

70°

237 이상 以(써 이) 上(윗 상)

기준이 되는 수보다 크거나 같은 수를 이상인 수라고 해요.

예를 들어 5 이상인 수는 5보다 크거나 같은 수 모두를 뜻해요.

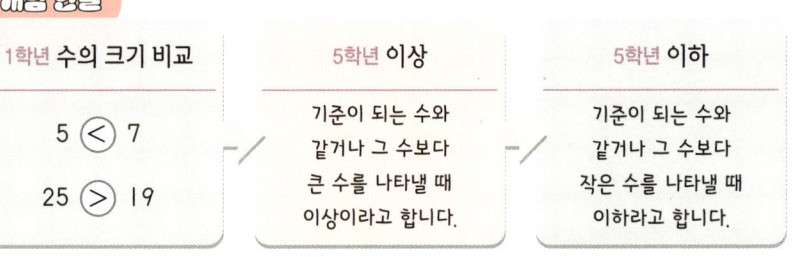

5, 6.2, 7, 10.5 등과 같이

5보다 크거나 같은 수를 5 이상인 수라고 합니다.

 개념 연결

1학년 수의 크기 비교	5학년 이상	5학년 이하
5 < 7 25 > 19	기준이 되는 수와 같거나 그 수보다 큰 수를 나타낼 때 이상이라고 합니다.	기준이 되는 수와 같거나 그 수보다 작은 수를 나타낼 때 이하라고 합니다.

개념 문제   보기 에서 8 이상인 수를 모두 찾아 써 보세요.

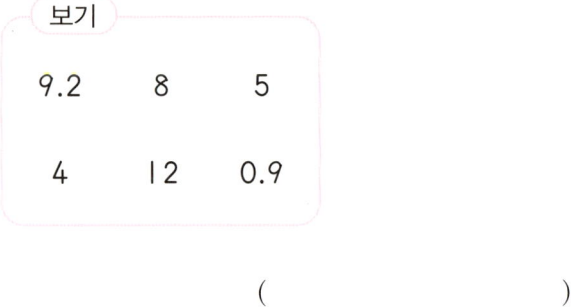

보기

9.2	8	5
4	12	0.9

(   )

248

238 이어 세기

수를 세는 방법 중 하나예요. 두 수를 더할 때 1씩 이어 세는 방법으로
덧셈을 할 수 있어요.

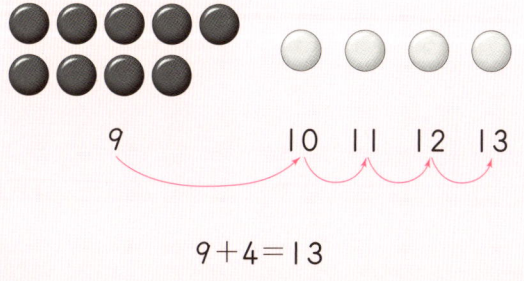

$$9+4=13$$

개념 연결

누리과정 수 세기		1학년 이어 세기		1학년 덧셈
물건의 수량을 하나, 둘, 셋······으로 셉니다.		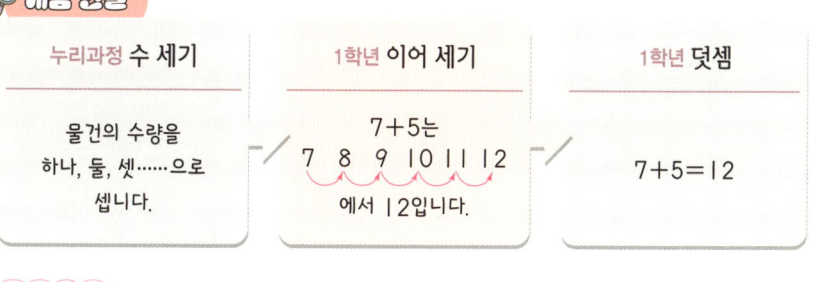		$7+5=12$

개념 문제 이어 세어 보세요.

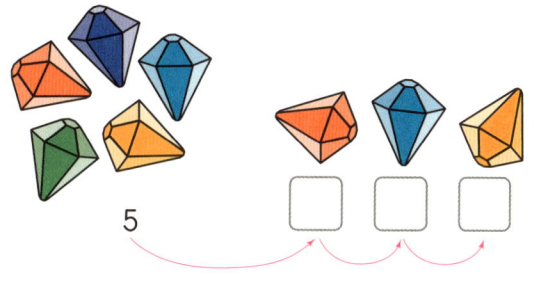

답 6, 7, 8

249

239 이하 以(써 이) 下(아래 하)

기준이 되는 수보다 작거나 같은 수를 이하인 수라고 해요. 예를 들어
5 이하인 수는 5보다 작거나 같은 수 모두를 뜻해요.

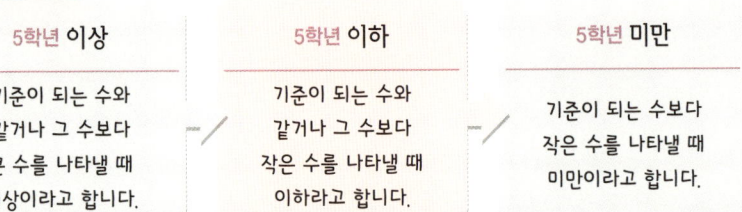

2, 3.6, 5 등과 같이

5보다 작거나 같은 수를 5 이하인 수라고 합니다.

개념 연결

5학년 **이상**	5학년 **이하**	5학년 **미만**
기준이 되는 수와 같거나 그 수보다 큰 수를 나타낼 때 이상이라고 합니다.	기준이 되는 수와 같거나 그 수보다 작은 수를 나타낼 때 이하라고 합니다.	기준이 되는 수보다 작은 수를 나타낼 때 미만이라고 합니다.

개념 문제

보기 에서 6 이하인 수를 모두 찾아 써 보세요.

보기
3 10 6
0.5 7

(   )

답 3, 6, 0.5

250

240 일 ―(하나 일)

1은 자연수 중에서 가장 작은 수예요. 1은 하나, 둘, 셋…… 수를 세는
단위이며 1이 10개 모이면 10(십)이 돼요.

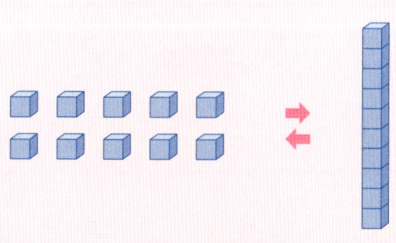

1이 10개 모이면 10이고, 10은 1이 10개인 수입니다.

개념 연결

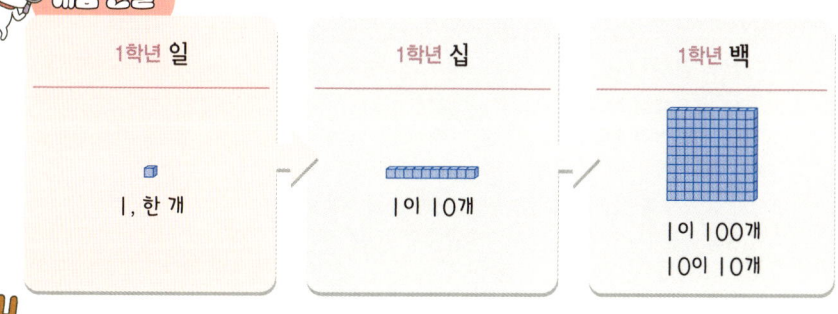

1학년 일	1학년 십	1학년 백
1, 한 개	1이 10개	1이 100개 10이 10개

개념 문제 백은 1(일)이 몇인 수인가요?

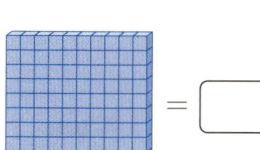 = ☐

001

241 임의 단위 單(하나 단) 位(자리 위)

길이, 무게, 부피 등을 재기 위해 주변에서 쉽게 구할 수 있는 물건이나
우리 몸을 이용하는 단위를 임의 단위라고 해요.

책상의 세로	책상의 넓이	귤의 무게

3뼘

색종이 24장

바둑돌 40개

 개념 연결

2학년 임의 단위	2학년 뼘	2학년 센티미터
길이, 무게, 부피 등을 재기 위해 주변에서 쉽게 구할 수 있는 물건이나 우리 몸을 이용하는 단위를 임의 단위라고 합니다.	뼘은 손을 이용하여 길이를 잴 때 쓰는 임의 단위입니다.	길이를 재는 단위로 1 m의 $\frac{1}{100}$에 해당하는 길이를 1 cm라 하고, 1 센티미터라고 읽습니다.

 개념 문제 다음 중 운동장의 길이를 잴 때 가장 편리한 임의 단위는?

(   )

① 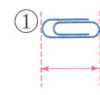   ②    ③

252

242 입체도형 立(설 입) 體(몸 체) 圖(그림 도) 形(모양 형)

공간에서 크기(부피)를 갖고 있는 도형을 입체도형이라고 해요.

입체도형은 평평한 면이나 굽은 면으로 둘러싸여 있습니다.

개념 연결

2학년 도형	3학년 평면도형	6학년 입체도형
물체를 색이나 재료 등의 성질에 상관없이 모양만으로 분류한 것을 도형이라고 합니다.	직선, 곡선, 각, 다각형, 원 등과 같이 평면 위에 있는 도형을 평면도형이라고 합니다.	공간에서 크기(부피)를 갖고 있는 도형을 입체도형이라고 합니다.

개념 문제 굽은 면을 갖는 입체도형을 모두 고르세요. (   )

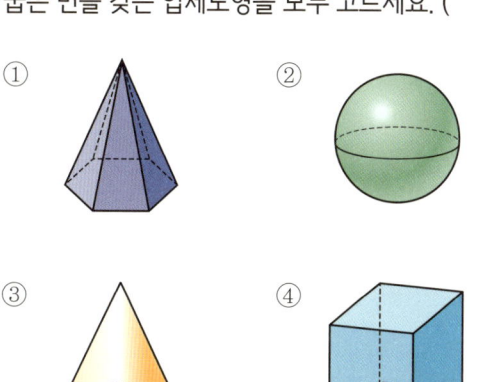

① ② ③ ④

정답 ②, ③

253

243 자

자는 길이를 재거나 선을 그을 때 쓰는 도구예요. 쓰임새나 모양에 따라 줄자, 곧은 자, 곡자, 삼각자 등이 있어요.

줄자

곧은 자

삼각자

개념 연결

2학년 자

길이를 재거나 선을 그을 때 쓰는 도구를 자라고 합니다.

3학년 삼각자

삼각형 모양으로 된 자를 삼각자라고 합니다.

4학년 각도기

각의 크기를 재는 기구를 각도기라고 합니다.

개념 문제 줄자의 부분을 나타낸 것입니다. ☐ 안에 알맞은 수를 써넣으세요.

☐ m ☐ cm

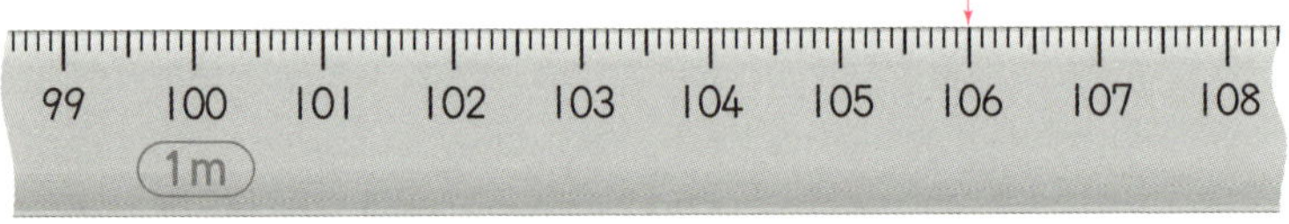

99 100 101 102 103 104 105 106 107 108

(1m)

244 자료

연구나 조사를 위해 필요한 재료를 수집하여 일정한 규칙에 따라 정리해 놓은 것을 자료라고 해요. 또 자료를 필요에 따라 의미 있게 정리해 놓은 것을 정보라고 합니다.

| 재료 수집 | 정리 | 자료 |

학생들이 좋아하는 운동, 음식, 장래 희망, 취미 활동 등 우리 주변의 모든 것이 자료가 될 수 있습니다.

개념 연결

2학년 자료

연구나 조사를 위해 필요한 재료를 수집하여 일정한 규칙에 따라 정리해 놓은 것을 자료라고 합니다.

2학년 표

가로와 세로로 놓인 칸에 자료를 일정한 기준으로 나열해 놓은 것을 표라고 합니다.

2학년 그래프

조사한 자료를 정리하여 한눈에 알아볼 수 있도록 나타낸 그림을 그래프라고 합니다.

개념 문제 □ 안에 알맞은 말은? (   )

자료의 특징이나 변화를 한눈에 알아볼 수 있도록 그림, 막대, 선 등을 사용하여 나타낸 것을 □□□라고 합니다.

① 표　　　　② 그래프　　　　③ 통계

255

245 자릿값

숫자가 놓인 위치에 따라 정해지는 값을 자릿값이라고 해요. 숫자 5가 십의 자리에 놓이면 50, 백의 자리에 놓이면 500이 돼요.

천의 자리	백의 자리	십의 자리	일의 자리
2	5	5	3
2000	500	50	3

개념 연결

2학년 세 자리 수

325 ➡ 삼백이십오

2학년 자릿값

325에서
3은 300(백의 자리)
2는 20(십의 자리)
5는 5(일의 자리)

4학년 네 자리 수의 자릿값

7351에서
7은 7000(천의 자리)
3은 300(백의 자리)
5는 50(십의 자리)
1은 1(일의 자리)

개념 문제 ☐ 안에 알맞은 수나 말을 써넣으세요.

⑴ 476에서 7은 [ ]의 자리 숫자이고, [ ]을 나타냅니다.

⑵ 476＝[ ]＋70＋[ ]

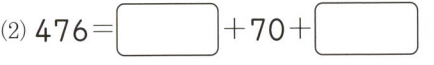

정답 ⑴ 십, 70 ⑵ 400, 6

246 자연수 自 (스스로 자) 然 (그럴 연) 數 (셈 수)

１에서 시작하여 １씩 커지는 수를 자연수라고 해요. 자연수는 생활에서 수를 세거나 순서를 매길 때 사용해요. １은 자연수 중에서 가장 작은 수예요.

수 세기

１	2	3	4	5
하나	둘	셋	넷	다섯

순서 매기기

수	１	2	3	4	5
순서	첫째	둘째	셋째	넷째	다섯째

개념 연결

누리과정 수 세기

물건의 수량을 하나, 둘, 셋……으로 셉니다.

1학년 자연수

１, 2, 3, 4……를 자연수라고 합니다.

1학년 영

0은 아무것도 없는 상태를 나타내는 수입니다.

개념 문제 알맞은 말에 ○표 해 보세요.

0은 자연수입니다.

(   )

0은 자연수가 아닙니다.

(   )

(정답) 0은 자연수가 아닙니다에 ○표

257

247 **전개도** 展(펼 전) 開(열 개) 圖(그림 도)

입체도형을 평면 위에 펼쳐 그린 그림을 전개도라고 해요. 전개도로 나타낼 때 보통 모서리 부분을 잘라요.

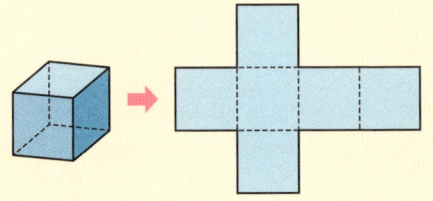

직육면체 전개도에서 잘린 모서리는 실선,

잘리지 않는 모서리는 점선으로 나타냅니다.

개념 연결

5학년 **직육면체**	6학년 **전개도**	6학년 **겨냥도**
직사각형 6개로 둘러싸인 입체도형을 직육면체라고 합니다.	입체도형을 평면 위에 펼쳐 그린 그림을 전개도라고 합니다.	입체도형의 모양을 잘 알 수 있도록 나타낸 그림을 겨냥도라고 합니다.

개념 문제 다음은 직육면체와 직육면체의 전개도입니다. ☐ 안에 알맞은 수를 써넣으세요.

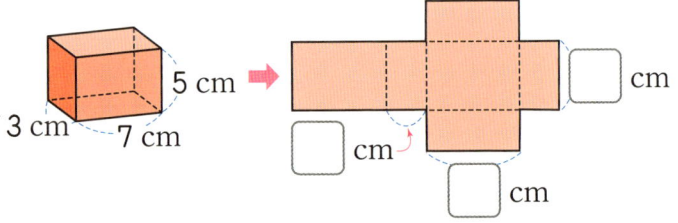

258

248 전항 前(앞 전) 項(목 항) 관련어 후항

비를 나타낼 때 기호 : 앞에 있는 항을 전항이라고 해요. 비에서 전항을 비교하는 양이라고도 해요.

2 : 5
전항 후항

비 2:5에서 2와 5를 비의 항이라 하고,
앞에 있는 2를 전항, 뒤에 있는 5를 후항이라고 합니다.

개념 연결

6학년 비	6학년 전항	6학년 후항
두 수를 나눗셈으로 비교하기 위해 기호 :을 사용하여 나타낸 두 수를 비라고 합니다.	비를 나타낼 때 기호 : 앞에 있는 항을 전항이라고 합니다.	비를 나타낼 때 기호 : 뒤에 있는 항을 후항이라고 합니다.

개념 문제 다음 비례식에서 전항을 모두 찾아 써 보세요.

4 : 7 = 8 : 14

(   )

8 ,4 🅔

249 점 點 (점 점)

길이, 넓이는 없고 위치만 있는 도형을 점이라고 해요.

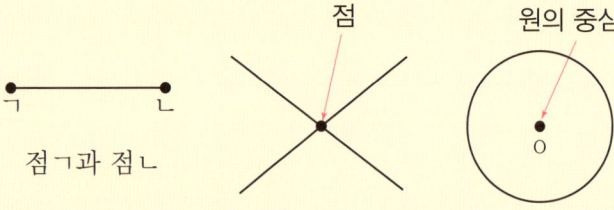

점ㄱ과 점ㄴ

점

원의 중심

두 선분이 만날 때에도 점이 생깁니다. 원을 그릴 때 기준이 되는 원의 중심도 점이라고 할 수 있습니다.

개념 연결

3학년 점	3학년 선	3학년 면
길이, 넓이는 없고 위치만 있는 도형을 점이라고 합니다.	점이 한 방향으로 움직여서 만들어진 도형을 선이라고 합니다.	겉으로 드러나 넓이를 갖는 부분을 면이라고 합니다.

개념 문제 세 점을 모두 이어 만들 수 있는 도형의 이름을 써 보세요.

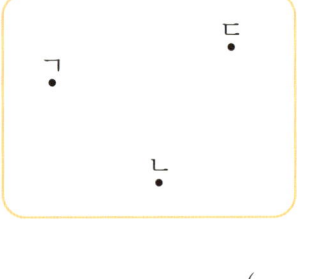

(   )

260

250 점대칭도형 點(점 점) 對(대할 대) 稱(저울 칭)

한 도형을 기준이 되는 점을 중심으로 180° 돌렸을 때 처음 도형과 완전히 겹쳐지는 도형을 점대칭도형이라고 해요.

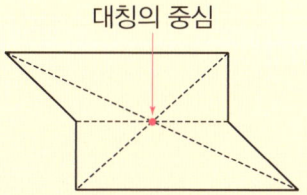

대칭의 중심

점대칭도형에서 기준이 되는 한 점을 대칭의 중심이라고 합니다.

 개념 연결

5학년 대칭	5학년 선대칭도형	5학년 점대칭도형
도형을 어떤 직선을 따라 접거나 기준이 되는 한 점을 중심으로 180° 돌렸을 때 서로 완전히 겹쳐지는 경우를 대칭이라고 합니다.	한 직선을 따라 접었을 때 완전히 겹쳐지는 도형을 선대칭도형이라고 합니다. 대칭축	기준이 되는 한 점을 중심으로 180° 돌렸을 때 서로 완전히 겹쳐지는 도형을 점대칭도형이라고 합니다. 대칭의 중심

개념 문제 점대칭도형을 모두 찾아 기호를 써 보세요.

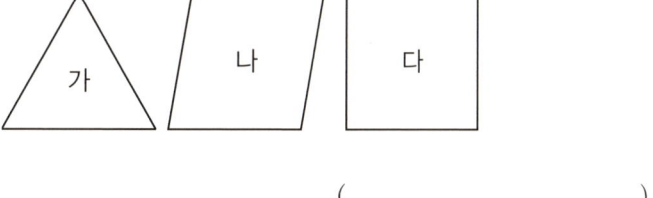

(   )

⑧ 나, 다

251 정다각형 正 (바를 정) 多 (많을 다) 角 (뿔 각) 形 (모양 형)

변의 길이가 모두 같고, 각의 크기가 모두 같은 다각형을 정다각형이라고 해요.

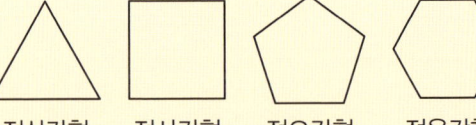

정삼각형   정사각형   정오각형   정육각형

정다각형은 변의 수에 따라 정삼각형, 정사각형, 정오각형 등으로 부릅니다.

개념 연결

4학년 다각형

선분으로만 둘러싸인 도형을 다각형이라고 합니다.
△□⬠⬡

4학년 정다각형

변의 길이가 모두 같고, 각의 크기가 모두 같은 다각형을 정다각형이라고 합니다.

4학년 직육면체와 정육면체

직사각형 6개로 둘러싸인 도형을 직육면체, 정사각형 6개로 둘러싸인 도형을 정육면체라고 합니다.

개념 문제
정다각형에 대한 설명이 <u>아닌</u> 것을 찾아 기호를 써 보세요.

> ㉠ 변의 길이가 모두 같습니다.
>
> ㉡ 이웃한 두 각의 크기는 서로 다릅니다.
>
> ㉢ 선분으로만 둘러싸인 도형입니다.

(   )

㉠ ㉢

252 **정사각형** 正(바를 정) 四(넷 사) 角(뿔 각) 形(모양 형)

네 각이 모두 직각이고 네 변의 길이가 모두 같은 사각형을 정사각형이라고 해요.

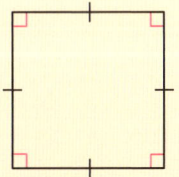

정사각형은 네 변의 길이와 네 각의 크기가 모두 같습니다.

또 모든 정사각형은 직사각형이라고 할 수 있습니다.

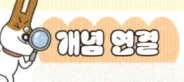 개념 연결

3학년 **직사각형**	3학년 **정사각형**	4학년 **마름모**
네 각이 모두 직각인 사각형을 직사각형이라고 합니다.	네 각이 모두 직각이고 네 변의 길이가 모두 같은 사각형을 정사각형이라고 합니다.	네 변의 길이가 모두 같은 사각형을 마름모라고 합니다.

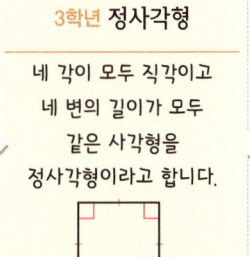 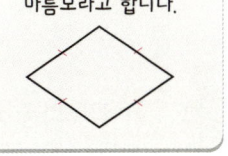

 개념 문제 그림에서 찾을 수 있는 크고 작은 정사각형은 모두 몇 개인가요?

(   )

263

253 정삼각형 正(바를 정) 三(셋 삼) 角(뿔 각) 形(모양 형)

세 변의 길이가 모두 같은 삼각형을 정삼각형이라고 해요.

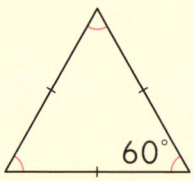

정삼각형은 한 각의 크기가 60°이고, 세 각의 크기가 모두 같습니다.

 개념 연결

4학년 **이등변삼각형**	4학년 **정삼각형**	3학년 **정사각형**
두 변의 길이가 같은 삼각형을 이등변삼각형이라고 합니다.	세 변의 길이가 모두 같은 삼각형을 정삼각형이라고 합니다.	네 각이 모두 직각이고 네 변의 길이가 모두 같은 사각형을 정사각형이라고 합니다.

 개념 문제 다음 삼각형이 정삼각형일 때 ☐ 안에 알맞은 수를 써넣으세요.

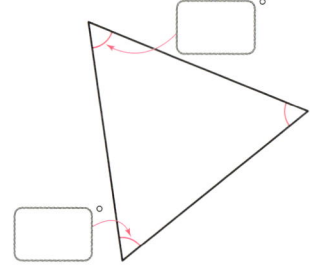

254 정오각형 正(바를 정) 五(다섯 오) 角(뿔 각) 形(모양 형)

변의 길이가 모두 같고, 각의 크기가 모두 같은 다각형 중 변의 수가 5
개인 다각형을 정오각형이라고 해요.

$$\frac{3 \times 180}{5} = 108(°)$$

108°

정오각형은 삼각형 3개로 나눌 수 있으므로 정오각형 내각의 합은
540°입니다. 따라서 정오각형 한 각의 크기는 108°입니다.

 개념 연결

4학년 정삼각형	4학년 정오각형	4학년 정다각형
세 변의 길이가 모두 같은 삼각형을 정삼각형이라고 합니다.	변의 길이가 모두 같고 각의 크기가 모두 같은 오각형을 정오각형이라고 합니다.	변의 길이가 모두 같고 각의 크기가 모두 같은 다각형을 정다각형이라고 합니다.

개념 문제 정오각형을 그림과 같이 세 부분으로 나누었습니다. ☐ 안에 알맞
은 수를 써넣으세요.

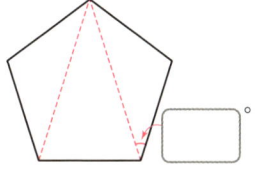

265

255 정육면체 正(바를 정) 六(여섯 육) 面(표면 면) 體(몸 체)

직육면체 중에서 모든 면이 정사각형인 도형을 정육면체라고 해요.

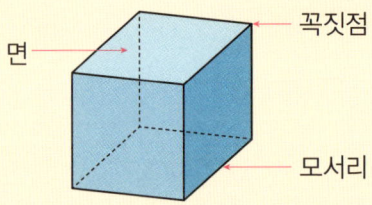

정육면체를 둘러싸고 있는 면은 모두 크기가 같은 정사각형입니다.

개념 연결

5학년 직육면체	5학년 정육면체	5학년 입체도형
직사각형 6개로 둘러싸인 입체도형을 직육면체라고 합니다.	직육면체 중에서 모든 면이 정사각형인 도형을 정육면체라고 합니다.	공간에서 크기(부피)를 갖고 있는 도형을 입체도형이라고 합니다.

개념 문제

한 모서리의 길이가 5 cm인 정육면체가 있습니다. 이 정육면체의 한 면의 넓이는 몇 cm²인가요?

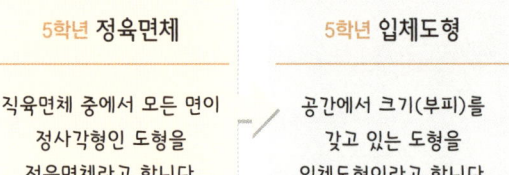

(   )

답 25 cm²

266

256 정육면체의 전개도 展(펼 전) 開(열 개) 圖(그림 도)

정육면체의 모서리를 잘라서 평면 위에 펼쳐 놓은 그림을 정육면체의 전개도라고 해요.

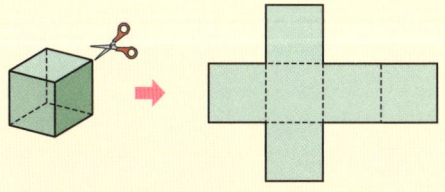

정육면체의 전개도에서 잘린 부분은 실선,

잘리지 않는 부분은 점선으로 그립니다.

개념 연결

5학년 정육면체	6학년 전개도	6학년 정육면체의 전개도
직육면체 중에서 모든 면이 정사각형인 도형을 정육면체라고 합니다.	입체도형을 평면 위에 펼쳐 그린 그림을 전개도라고 합니다.	정육면체의 모서리를 잘라서 평면 위에 펼쳐 놓은 그림을 정육면체의 전개도라고 합니다.

개념 문제 정육면체의 전개도가 될 수 있는 것을 모두 찾아 기호를 써 보세요.

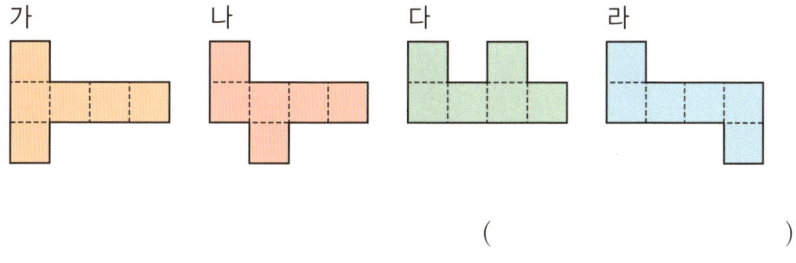

가　　　　나　　　　다　　　　라

(　　　　　　　　　　)

257 제곱미터(m^2)

한 변의 길이가 1 m인 정사각형의 넓이를 1 m^2라 쓰고, 1 제곱미터라고 읽어요.

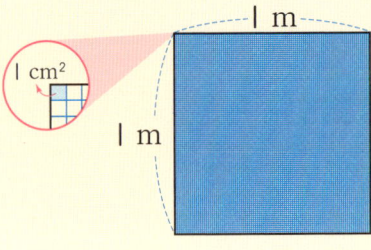

$$1\,m^2 = 10000\,cm^2$$

개념 연결

5학년 **제곱미터(m^2)**	5학년 **제곱센티미터(cm^2)**	5학년 **제곱킬로미터(km^2)**
한 변의 길이가 1 m인 정사각형의 넓이를 1 m^2라 쓰고, 1 제곱미터라고 읽습니다.	한 변의 길이가 1 cm인 정사각형의 넓이를 1 cm^2라 쓰고, 1 제곱센티미터라고 읽습니다.	한 변의 길이가 1 km인 정사각형의 넓이를 1 km^2라 쓰고, 1 제곱킬로미터라고 읽습니다.

개념 문제 사다리꼴 모양의 텃밭의 넓이는 몇 m^2인지 구해 보세요.

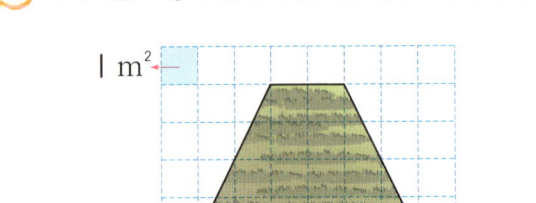

(   )

답 16 m^2

268

| 258 | 제곱센티미터(cm²) |

한 변의 길이가 1 cm인 정사각형의 넓이를 1 cm²라 쓰고, 1 제곱센티미터라고 읽어요.

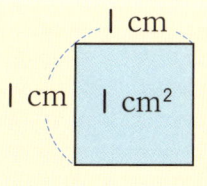

도형의 넓이는 도형에 놓인 1 cm²의 개수와 같습니다.

개념 연결

5학년 제곱미터(m²)	5학년 제곱센티미터(cm²)	5학년 제곱킬로미터(km²)
한 변의 길이가 1 m인 정사각형의 넓이를 1 m²라 쓰고, 1 제곱미터라고 읽습니다.	한 변의 길이가 1 cm인 정사각형의 넓이를 1 cm²라 쓰고, 1 제곱센티미터라고 읽습니다.	한 변의 길이가 1 km인 정사각형의 넓이를 1 km²라 쓰고, 1 제곱킬로미터라고 읽습니다.

개념 문제 직사각형의 넓이는 몇 cm²인지 구해 보세요.

1 cm²

(   )

답 15 cm²

269

259 제곱킬로미터(km²)

한 변의 길이가 1 km인 정사각형의 넓이를 1 km²라 쓰고, 1 제곱킬로미터라고 읽어요.

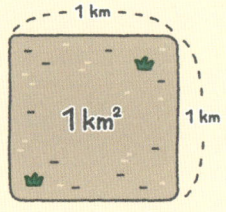

1 km²

도시나 나라처럼 큰 땅의 넓이를 나타낼 때 제곱킬로미터를 씁니다.

서울의 넓이는 약 605 km²입니다.

개념 연결

5학년 제곱미터(m²)	5학년 제곱센티미터(cm²)	5학년 제곱킬로미터(km²)
한 변의 길이가 1 m인 정사각형의 넓이를 1 m²라 쓰고, 1 제곱미터라고 읽습니다.	한 변의 길이가 1 cm인 정사각형의 넓이를 1 cm²라 쓰고, 1 제곱센티미터라고 읽습니다.	한 변의 길이가 1 km인 정사각형의 넓이를 1 km²라 쓰고, 1 제곱킬로미터라고 읽습니다.

개념 문제 다음 중 km² 단위를 사용하여 나타내기에 가장 적절한 것은?

(   )

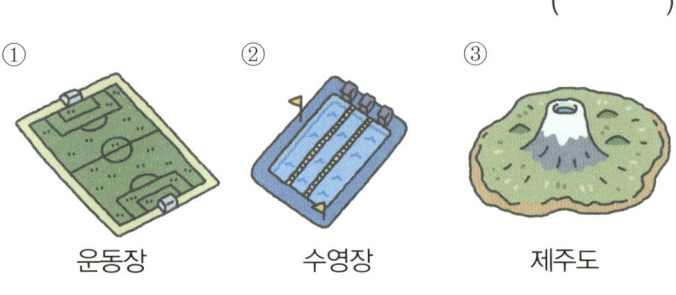

① 운동장   ② 수영장   ③ 제주도

260　조 兆(조 조)

억의 만 배인 수를 1조라고 해요. 1조는 1 다음에 0이 12개나 붙는
아주 큰 수예요.

$$1조 = 1000000000000$$

1억이 10개인 수는 10억

1억이 100개인 수는 100억

1억이 1000개인 수는 1000억

1억이 10000개인 수는 1조입니다.

개념 연결

4학년 만	4학년 억	4학년 조
1000이 10개인 수를 10000 또는 1만이라고 합니다.	1만의 만 배인 수를 100000000 또는 1억이라고 합니다.	1억의 만 배인 수를 1000000000000 또는 1조라고 합니다.

개념 문제　수를 쓰고 읽어 보세요.

1조가 527개인 수

쓰기 _____

읽기 _____

답 527000000000000, 오백이십칠조

261 주사위

정육면체의 각 면에 점 또는 숫자 등을 표시하여 우연히 선택된 결과를 얻기 위해 만든 놀이 도구를 주사위라고 해요. 주사위의 각 면이 나올 가능성은 모두 같아요.

주사위는 마주 보는 면의 점의 개수를 더한 값이 항상 7입니다.

개념 연결

1학년 **주사위**	6학년 **전개도**	6학년 **주사위의 전개도**
정육면체의 각 면에 점 또는 숫자 등을 표시하여 우연히 선택된 결과를 얻기 위해 만든 놀이 도구를 주사위라고 합니다.	입체도형을 평면 위에 펼쳐 그린 그림을 전개도라고 합니다.	주사위의 모서리를 잘라서 펼쳐 놓은 그림을 주사위의 전개도라고 합니다.

개념 문제 두 주사위의 바닥에 놓인 면의 점의 개수를 더하면 몇인가요?

(   )

272

262 주사위의 전개도

주사위의 모서리를 잘라서 펼쳐 놓은 그림을 주사위의 전개도라고 해요.

주사위의 마주 보는 면에 있는 눈의 수를 더하면 항상 7이 됩니다.

개념 연결

1학년 **주사위**	6학년 **전개도**	6학년 **주사위의 전개도**
정육면체의 각 면에 점 또는 숫자 등을 표시하여 우연히 선택된 결과를 얻기 위해 만든 놀이 도구를 주사위라고 합니다.	입체도형을 평면 위에 펼쳐 그린 그림을 전개도라고 합니다.	주사위의 모서리를 잘라서 펼쳐 놓은 그림을 주사위의 전개도라고 합니다.

개념 문제 다음 주사위의 전개도에 알맞은 주사위 눈의 수를 써 보세요.

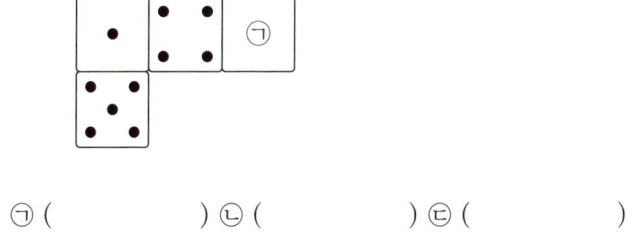

㉠ (   ) ㉡ (   ) ㉢ (   )

3 ㉢ 2 ㉡ 6 ㉠ 冒

273

263 직각 直(곧을 직) 角(뿔 각)

종이를 반듯하게 두 번 접었을 때 생기는 각을 직각이라고 해요. 직각은 90°예요. 도형에 직각이 있는 경우 간단히 ⌐ 표시를 해서 나타내요.

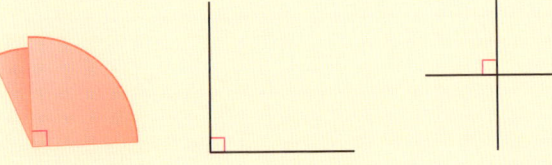

서로 수직인 직선이 이루는 각은 직각입니다.

개념 연결

3학년 **직각**	4학년 **예각**	4학년 **둔각**
종이를 반듯하게 두 번 접었을 때 생기는 각을 직각이라고 합니다.	각도가 0°보다 크고 90°보다 작은 각을 예각이라고 합니다.	각도가 90°보다 크고 180°보다 작은 각을 둔각이라고 합니다.

개념 문제 다음 도형에서 직각은 모두 몇 개인가요?

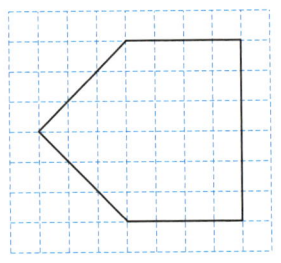

(   )

264 직각삼각형 三(셋 삼) 角(뿔 각) 形(모양 형)

한 각이 직각(90°)인 삼각형을 직각삼각형이라고 해요.

개념 연결

3학년 **직각**	3학년 **직각삼각형**	4학년 **둔각삼각형**
종이를 반듯하게 두 번 접었을 때 생기는 각을 직각이라고 합니다.	한 각이 직각인 삼각형을 직각삼각형이라고 합니다.	한 각이 둔각인 삼각형을 둔각삼각형이라고 합니다.

개념 문제 칠교 조각으로 만든 모양입니다. 직각삼각형이 몇 개인지 세어 보세요.

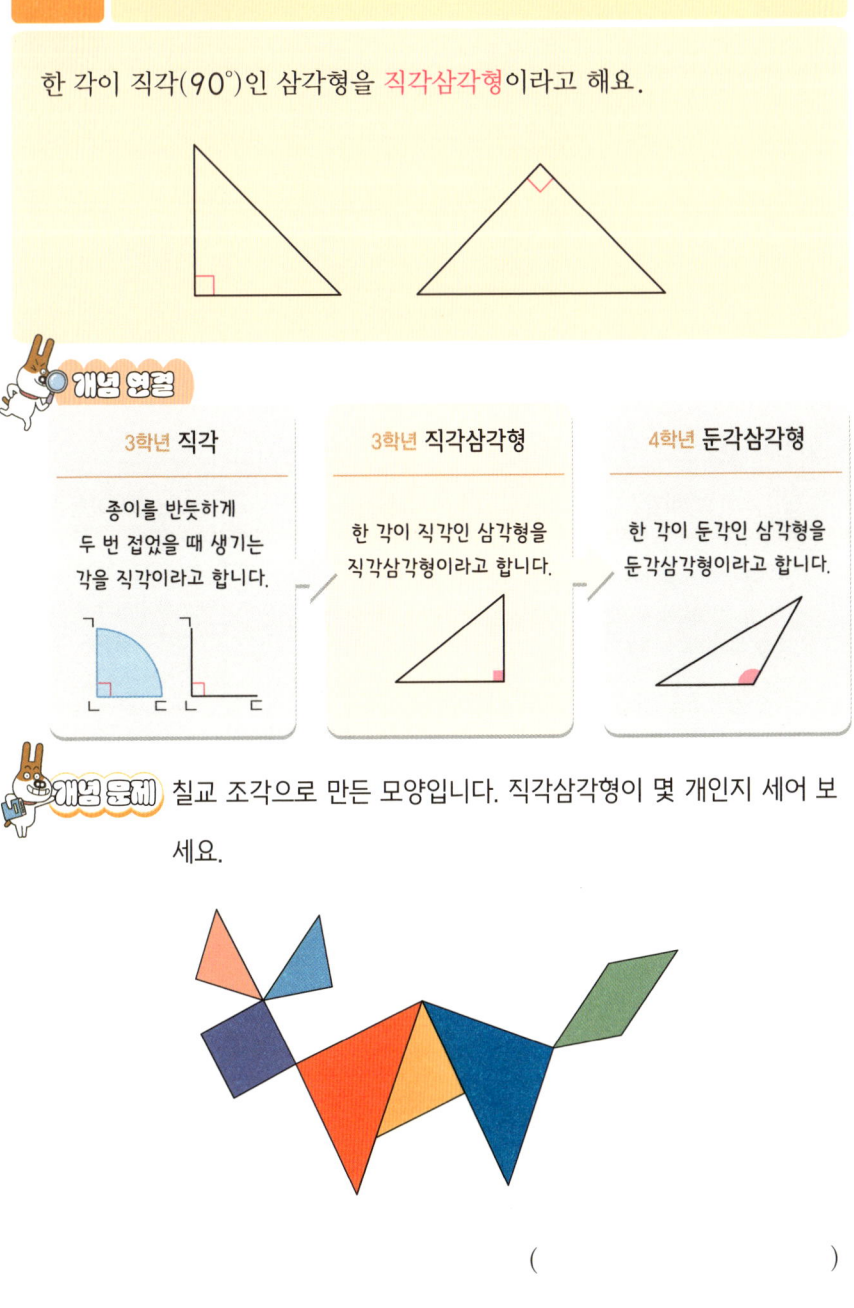

(   )

ⓑ 5개

275

265 직사각형 直(곧을 직) 四(넷 사) 角(뿔 각) 形(모양 형)

네 각이 모두 직각인 사각형을 직사각형이라고 해요.

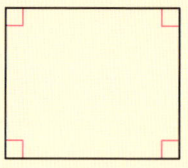

직사각형은 마주 보는 변의 길이가 같습니다.

개념 연결

3학년 **직각**	3학년 **직사각형**	3학년 **정사각형**
종이를 반듯하게 두 번 접었을 때 생기는 각을 직각이라고 합니다.	네 각이 모두 직각인 사각형을 직사각형이라고 합니다.	네 각이 모두 직각이고 네 변의 길이가 모두 같은 사각형을 정사각형이라고 합니다.

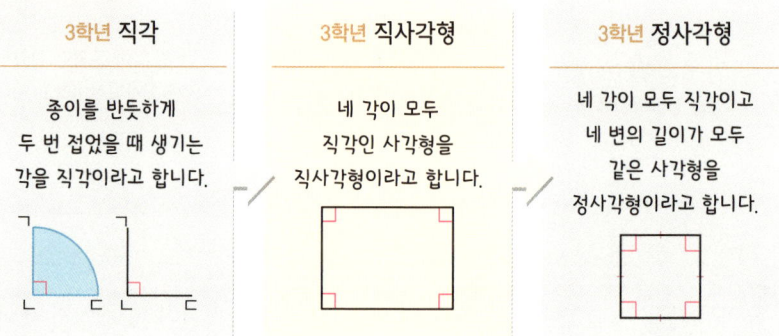

개념 문제 점 종이에 모양과 크기가 다른 직사각형 2개를 그려 보세요.

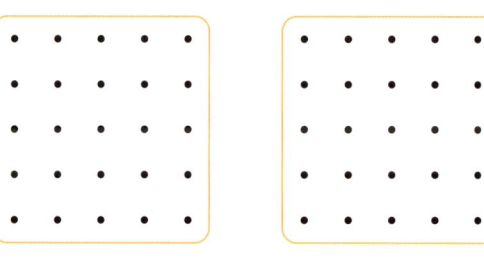

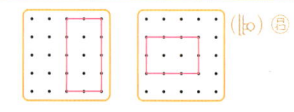

276

266 직선 直(곧을 직) 線(줄 선)

양쪽으로 끝없이 늘인 곧은 선을 직선이라고 해요.

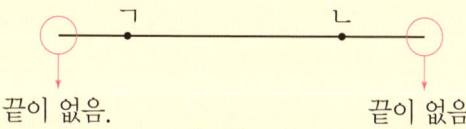

끝이 없음.   끝이 없음.

점 ㄱ, 점 ㄴ을 지나 양쪽으로 끝없이 늘인 곧은 선이므로

직선 ㄱㄴ 또는 직선 ㄴㄱ이라고 부릅니다.

개념 연결

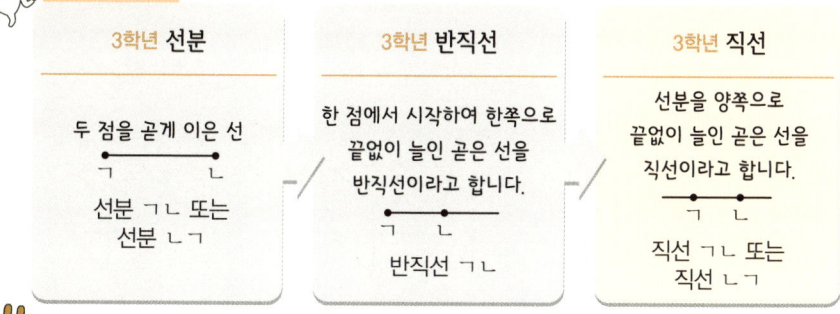

3학년 선분	3학년 반직선	3학년 직선
두 점을 곧게 이은 선 선분 ㄱㄴ 또는 선분 ㄴㄱ	한 점에서 시작하여 한쪽으로 끝없이 늘인 곧은 선을 반직선이라고 합니다. 반직선 ㄱㄴ	선분을 양쪽으로 끝없이 늘인 곧은 선을 직선이라고 합니다. 직선 ㄱㄴ 또는 직선 ㄴㄱ

개념 문제 다음 도형이 직선이 아닌 이유를 써 보세요.

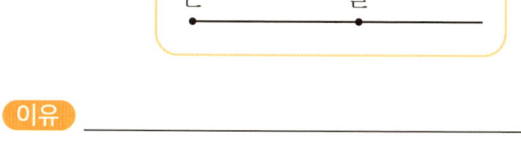

이유 _____

_____

㉠ 점 ㄷ에서 시작하여 한쪽으로 끝없이 늘인 곧은 선이므로 반직선입니다.

267 직육면체 直(곧을 직) 六(여섯 육) 面(표면 면) 體(몸 체)

직사각형 6개로 둘러싸인 입체도형을 직육면체라고 해요.

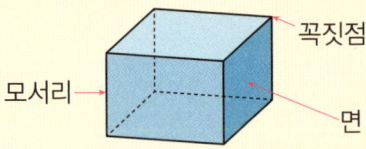

직육면체에는 면이 6개, 모서리가 12개, 꼭짓점이 8개 있습니다.

3학년 직사각형	5학년 직육면체	5학년 정육면체
네 각이 모두 직각인 사각형을 직사각형이라고 합니다.	직사각형 6개로 둘러싸인 입체도형을 직육면체라고 합니다.	정사각형 6개로 둘러싸인 입체도형을 정육면체라고 합니다.

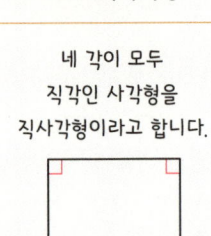 직육면체의 면, 모서리, 꼭짓점의 수를 모두 더하면 얼마인지 써 보세요.

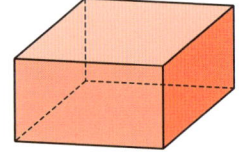

(   )

278

268 직육면체의 겉넓이

직육면체 겉면의 넓이를 직육면체의 겉넓이라고 해요.

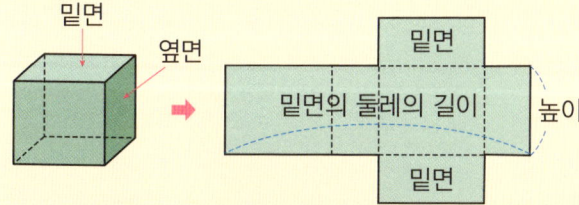

밑면
옆면
밑면
밑면위 둘레의 길이
높이

(직육면체의 겉넓이) = (세 면의 넓이의 합)×2

= (한 밑면의 넓이)×2+(옆면의 넓이)

개념 연결

6학년 **겉넓이**	6학년 **직육면체의 겉넓이**	6학년 **정육면체의 겉넓이**
어떤 물체의 바깥쪽으로 보이는 겉면의 넓이를 겉넓이라고 합니다.	직육면체 겉면의 넓이를 직육면체의 겉넓이라고 합니다.	(정육면체의 겉넓이) =(한 면의 넓이)×6

개념 문제
직육면체의 겉넓이는 몇 cm²인지 구해 보세요.

5 cm
10 cm
10 cm

(   )

답 400 cm²

269 직육면체의 겨냥도

직육면체의 모양을 잘 알 수 있도록 나타낸 그림을 직육면체의 겨냥도
라고 해요.

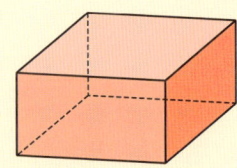

겨냥도에서 보이는 부분은 실선, 보이지 않는 부분은 점선으로 나타냅
니다.

개념 연결

5학년 직육면체	6학년 직육면체의 전개도	6학년 직육면체의 겨냥도
직사각형 6개로 둘러싸인 입체도형을 직육면체라고 합니다.	직육면체의 모서리를 잘라서 평면 위에 펼쳐 놓은 그림을 직육면체의 전개도라고 합니다.	직육면체의 모양을 잘 알 수 있도록 나타낸 그림을 직육면체의 겨냥도라고 합니다.

개념 문제 그림에서 빠진 부분을 그려 넣어 직육면체의 겨냥도를 완성해 보세요.

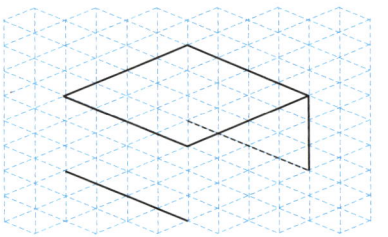

280

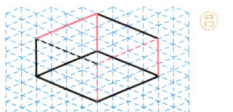

270 직육면체의 부피

직육면체가 공간에서 차지하는 크기를 직육면체의 부피라고 해요. 부피를 나타내는 단위에는 세제곱센티미터(cm^3), 세제곱미터(m^3) 등이 있어요.

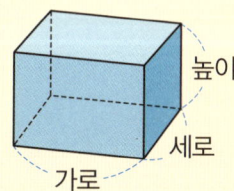

(직육면체의 부피) = (가로)×(세로)×(높이)

= (한 밑면의 넓이)×(높이)

개념 연결

6학년 세제곱센티미터(cm^3)

한 모서리의 길이가 1 cm인 정육면체의 부피를 1 cm^3라 쓰고, 1 세제곱센티미터라고 읽습니다.

6학년 세제곱미터(m^3)

한 모서리의 길이가 1 m인 정육면체의 부피를 1 m^3라 쓰고, 1 세제곱미터라고 읽습니다.

6학년 직육면체의 부피

직육면체가 공간에서 차지하는 크기를 직육면체의 부피라고 합니다.

개념 문제 직육면체의 부피는 몇 cm^3 인지 구해 보세요.

5 cm

4 cm

6 cm

(   )

답 120 cm^3

281

271 직육면체의 전개도 展(펼 전) 開(열 개) 圖(그림 도)

직육면체의 모서리를 잘라서 평면 위에 펼쳐 놓은 그림을 **직육면체의 전개도**라고 해요.

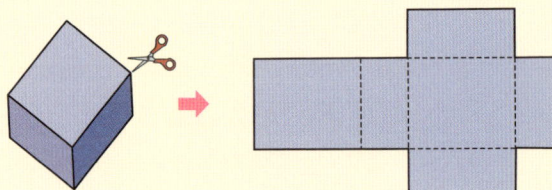

직육면체의 모서리를 자르는 순서나 방향에 따라
여러 가지 모양의 전개도가 나올 수 있습니다.

개념 연결

5학년 **직육면체**	6학년 **직육면체의 전개도**	6학년 **직육면체의 겨냥도**
직사각형 6개로 둘러싸인 입체도형을 직육면체라고 합니다.	직육면체의 모서리를 잘라서 평면 위에 펼쳐 놓은 그림을 직육면체의 전개도라고 합니다.	직육면체의 모양을 잘 알 수 있도록 나타낸 그림을 직육면체의 겨냥도라고 합니다.

개념 문제

전개도를 접어 직육면체를 만들었을 때, 색칠한 면과 평행한 면을 찾아 색칠해 보세요.

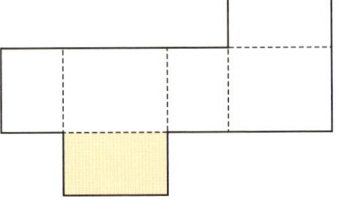

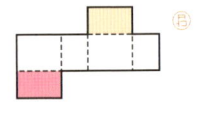

272 진분수 眞(참 진) 分(나눌 분) 數(셀 수)

$\frac{1}{5}$, $\frac{2}{5}$, $\frac{3}{5}$과 같이 크기가 1보다 작은 분수를 진분수라고 해요.

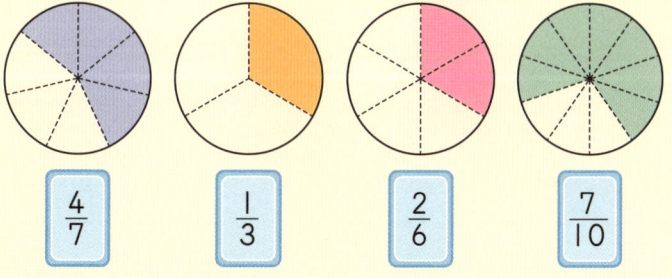

$\frac{4}{7}$ $\frac{1}{3}$ $\frac{2}{6}$ $\frac{7}{10}$

진분수는 분자가 분모보다 작은 분수입니다.

개념 연결

1학년 자연수	3학년 진분수	3학년 대분수
1, 2, 3, 4……를 자연수라고 합니다.	$\frac{1}{5}$, $\frac{2}{5}$, $\frac{3}{5}$, $\frac{4}{5}$와 같이 분자가 분모보다 작은 분수를 진분수라고 합니다.	$1\frac{1}{3}$, $5\frac{3}{4}$과 같이 자연수와 진분수의 합으로 이루어진 수를 대분수라고 합니다.

개념 문제 물음에 알맞은 진분수를 모두 써 보세요.

(1) 분모가 2인 진분수

(   )

(2) 분모가 5인 진분수

(   )

답 (1) $\frac{1}{2}$ (2) $\frac{1}{5}$, $\frac{2}{5}$, $\frac{3}{5}$, $\frac{4}{5}$

283

273 짝수 관련어 홀수

2, 4, 6, 8, 10……과 같이 2로 나누어떨어지는 자연수를 짝수라고 해요. 짝수는 둘씩 짝을 지을 수 있어요.

8은 둘씩 짝을 지을 수 있어 짝수입니다.

개념 연결

1학년 자연수	1학년 짝수	1학년 두 자리 짝수
1, 2, 3, 4……를 자연수라고 합니다.	2, 4, 6, 8과 같이 둘씩 짝을 지을 수 있는 수를 짝수라고 합니다.	22, 58, 60과 같이 일의 자리 수가 짝수인 두 자리 수는 모두 짝수입니다.

개념 문제 짝수를 찾아 ○표 해 보세요.

1	2	3	4	5	6	7	8	9	10
11	12	13	14	15	16	17	18	19	20
21	22	23	24	25	26	27	28	29	30

답 2, 4, 6, 8, 10, 12, 14, 16, 18, 20, 22, 24, 26, 28, 30에 ○표

274 차 差(어긋날 **차**) 관련어 합

어떤 두 수 또는 어떤 두 양을 비교했을 때 다른 정도를 나타내요. 두 수의 차를 구할 때는 큰 수에서 작은 수를 빼요.

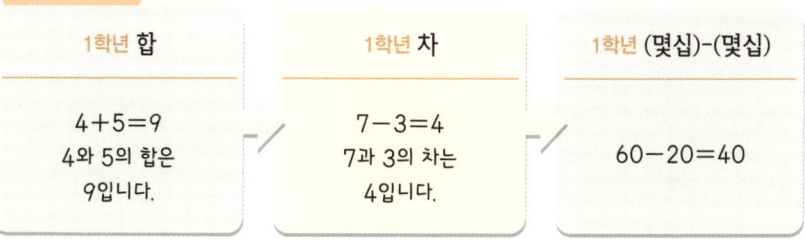

2와 5의 차는 3입니다.

$5 - 2 = 3$

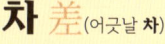 개념 연결

1학년 **합**	1학년 **차**	1학년 (몇십)-(몇십)
$4 + 5 = 9$ 4와 5의 합은 9입니다.	$7 - 3 = 4$ 7과 3의 차는 4입니다.	$60 - 20 = 40$

개념 문제 그림을 보고 두 수의 차를 구해 보세요.

$6 - 4 = $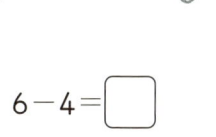

285

275 천 千 (일천 천)

999보다 1만큼 더 큰 수를 1000이라 하고 천이라고 읽어요. 1000 은 네 자리 수 중에서 가장 작은 수예요.

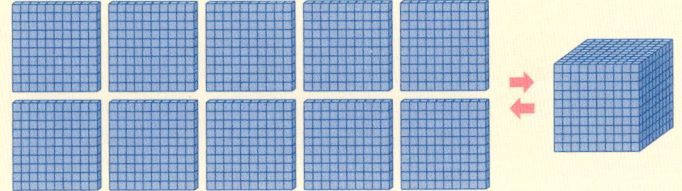

백(100)이 10개이면 천(1000)이 됩니다.

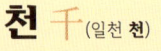 개념 연결

2학년 **백**	2학년 **천**	4학년 **만**
10이 10개이면 백(100)입니다.	100이 10개이면 천(1000)입니다.	1000이 10개이면 만(10000)입니다.

개념 문제 ☐ 안에 알맞은 수를 써넣으세요.

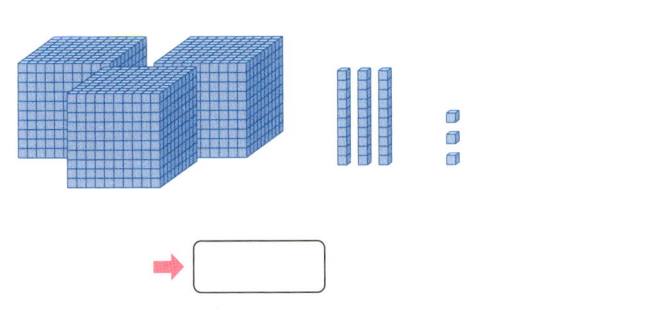

276 첫째

수의 순서를 나타내는 말로, 가장 먼저인 차례를 첫째라고 해요. 첫째 다음부터는 둘째, 셋째……순으로 수의 순서를 나타내요.

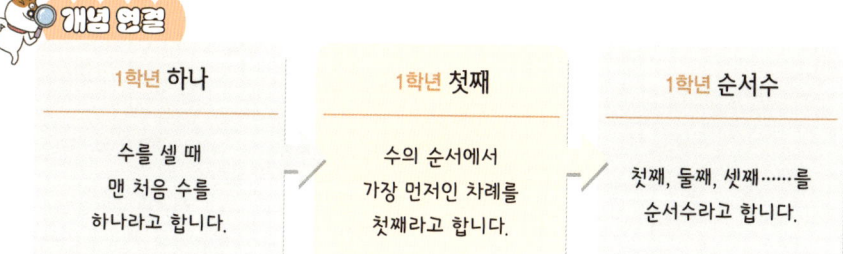

수의 순서를 나타낼 때는 먼저 기준을 정합니다.

개념 연결

1학년 **하나**	1학년 **첫째**	1학년 **순서수**
수를 셀 때 맨 처음 수를 하나라고 합니다.	수의 순서에서 가장 먼저인 차례를 첫째라고 합니다.	첫째, 둘째, 셋째……를 순서수라고 합니다.

개념 문제 알맞게 선으로 이어 보세요.

아래에서 첫째 •

위에서 셋째 •

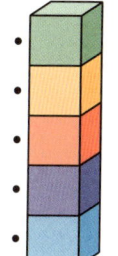

287

277 초 秒(초 초)

초바늘이 작은 눈금 한 칸을 가는 동안 걸리는 시간을 **1초**라고 해요.

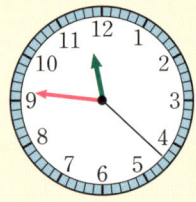

$$60초 = 1분$$

초바늘이 시계를 한 바퀴 도는 데 걸리는 시간은 60초입니다.

60초는 1분과 같습니다.

 개념 연결

2학년 **분**	2학년 **시간**	3학년 **초**
시계에서 긴바늘이 가리키는 작은 눈금 한 칸은 1분을 나타냅니다.	시계의 긴바늘이 한 바퀴 도는 데 60분의 시간이 걸립니다. 60분 = 1시간	시계의 초바늘이 작은 눈금 한 칸을 가는 데 걸리는 시간을 1초라고 합니다. 60초 = 1분

개념 문제 □ 안에 알맞은 수를 써넣으세요.

1분 40초 = □ 초

001 ⑧

288

278 초과 超(뛰어넘을 초) 過(지날 과)

기준이 되는 수보다 큰 수를 **초과**인 수라고 해요. 예를 들어 5 초과인 수는 5보다 큰 수 모두를 뜻해요.

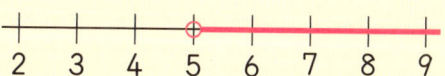

5.3, 6, 10 등과 같이 5보다 큰 수를 5 초과인 수라고 합니다.

5 초과인 수는 5보다 큰 수로, 5를 포함하지 않습니다.

개념 연결

5학년 **이상**	5학년 **미만**	5학년 **초과**
기준이 되는 수와 같거나 그 수보다 큰 수를 나타낼 때 이상이라고 합니다.	기준이 되는 수보다 작은 수를 나타낼 때 미만이라고 합니다.	기준이 되는 수보다 큰 수를 나타낼 때 초과라고 합니다.

개념 문제

보기 에서 10 초과인 수를 모두 찾아 써 보세요.

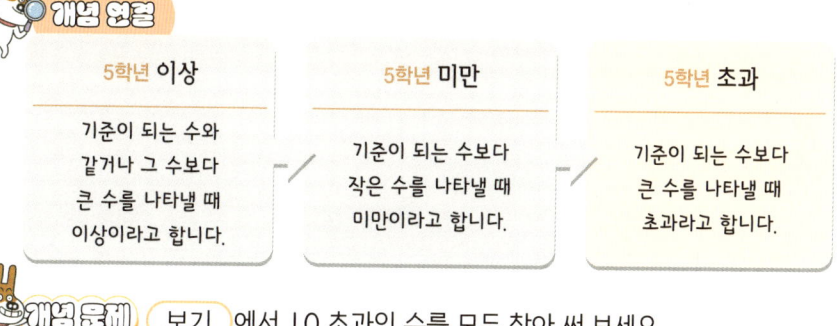

보기

15	7	10
20	8	3

(   )

289

279 최대공약수 最(가장 최) 大(클 대) 관련어 최소공배수

둘 또는 셋 이상인 수들의 공통인 약수 중 가장 큰 수를 그 수들의 **최대 공약수**라고 해요.

$$12 = 2 \times 2 \times 3$$
$$30 = 2 \times 3 \times 5$$

➡ 12와 30의 최대공약수: $2 \times 3 = 6$

주어진 수를 여러 수의 곱으로 나타내는 방법으로 최대공약수를 구할 수 있습니다.

 개념 연결

5학년 **공약수**	5학년 **최대공약수**	5학년 **최소공배수**
1, 3, 9는 18과 27의 공통된 약수이므로 18과 27의 공약수입니다.	3) 18 27 3) 6 9 ‾2‾‾‾3‾ 18과 27의 최대공약수: $3 \times 3 = 9$	18과 27의 최소공배수: $3 \times 3 \times 2 \times 3 = 54$

 개념 문제 20과 30의 최대공약수를 구해 보세요.

$$20 = 2 \times 2 \times 5$$
$$30 = 2 \times 3 \times 5$$

20과 30의 최대공약수: ☐ × ☐ = ☐

290

280 **최소공배수** 最(가장 최) 小(작을 소)　관련어 **최대공약수**

둘 또는 셋 이상인 수들의 공통인 배수 중에서 가장 작은 수를 그 수들의 **최소공배수**라고 해요.

$$12 = 2 \times 2 \times 3$$
$$30 = 2 \times 3 \times 5$$

➡ 12와 30의 최소공배수: $2 \times 3 \times 2 \times 5 = 60$

주어진 수를 여러 수의 곱으로 나타내는 방법으로 최소공배수를 구할 수 있습니다.

 개념 연결

5학년 공배수	5학년 최소공배수	중등 최소공배수
6, 12, 18은 2와 3의 공통된 배수이므로 2와 3의 공배수입니다.	$3 \underline{)\,9 \quad 15}$ $3 \quad 5$ 9와 15의 최소공배수: $3 \times 3 \times 5 = 45$	소인수분해를 이용하면 $12 = 2 \times 2 \times 3$ $18 = 2 \times 3 \times 3$ 12와 18의 최소공배수: $2 \times 3 \times 2 \times 3 = 36$

개념 문제 최소공배수를 구해 보세요.

$$6 = 2 \times 3$$
$$10 = 2 \times 5$$

6과 10의 최소공배수: $2 \times \boxed{} \times \boxed{} = \boxed{}$

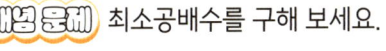
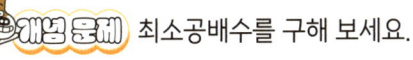

답 3, 5, 30

281 **칠각형** 七(일곱 **칠**) 角(뿔 **각**) 形(모양 **형**)

선분 7개로 둘러싸인 도형을 칠각형이라고 해요.

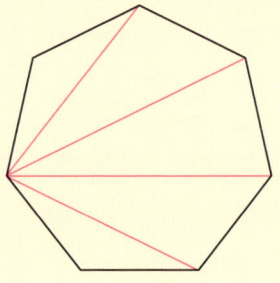

칠각형의 한 꼭짓점에서 그을 수 있는 대각선은 모두 4개입니다.

  개념 연결

4학년 **육각형**	4학년 **칠각형**	4학년 **팔각형**
선분 6개로 둘러싸인 도형을 육각형이라고 합니다.	선분 7개로 둘러싸인 도형을 칠각형이라고 합니다.	선분 8개로 둘러싸인 도형을 팔각형이라고 합니다.
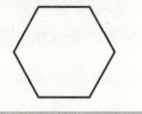	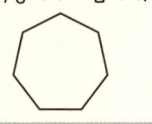	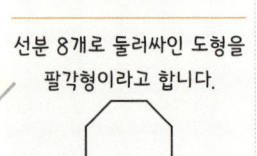

 개념 문제 다음 다각형에 그을 수 있는 대각선의 수를 구해 보세요.

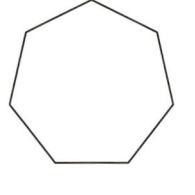

(   )

282　칠교판 七(일곱 칠) 巧(공교할 교) 板(널빤지 판)

정사각형을 7개 조각으로 잘라 만든 퍼즐이에요. 칠교판 조각을 이용하여 나무, 동물, 건축물 등 여러 가지 모양을 만들 수 있어요.

칠교판 조각은 삼각형 5개, 평행사변형 1개,

정사각형 1개로 이루어져 있습니다.

개념 연결

2학년 **칠교판**	3학년 **도형판**	3학년 **평면도형**
정사각형을 7개 조각으로 잘라 만든 퍼즐을 칠교판이라고 합니다.	평평한 판 위에 격자로 기둥을 놓고, 그 위에 고무줄을 걸어 여러 가지 도형을 만들 수 있는 수학 교구를 도형판이라고 합니다.	직선, 곡선, 각, 다각형, 원 등과 같이 평면 위에 있는 도형을 평면도형이라고 합니다.

개념 문제 칠교판 조각이 삼각형 모양이면 노란색, 사각형 모양이면 파란색을 칠해 보세요.

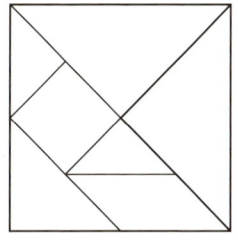

293

283 컴퍼스

선분의 길이를 재어 옮기거나 원을 그릴 때 쓰는 도구예요.

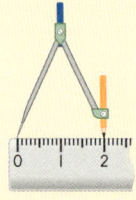

컴퍼스로 길이가 똑같은
선분을 옮길 수 있습니다.

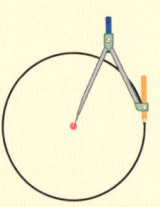

컴퍼스로 원을 그릴 수 있습니다.

 개념 연결

2학년 **자**	4학년 **각도기**	4학년 **컴퍼스**
길이를 재거나 선을 그을 때 쓰는 도구를 자라고 합니다.	각의 크기를 재는 기구를 각도기라고 합니다.	선분의 길이를 재어 옮기거나 원을 그릴 때 쓰는 도구를 컴퍼스라고 합니다.

개념 문제 아래와 같이 길이를 재어 원을 그렸을 때, 원의 지름은 몇 cm인지 써 보세요.

(   )

답 6 cm

294

284 크기가 같은 분수

$\frac{2}{5}$, $\frac{4}{10}$와 같이 분모와 분자는 다르지만 크기가 같은 분수를 말해요. 분모와 분자에 0이 아닌 같은 수를 곱하거나 나누는 방법으로 크기가 같은 분수를 만들 수 있어요.

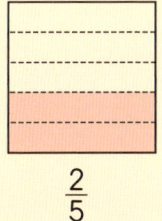 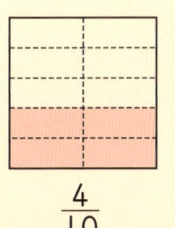 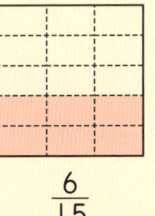

$\frac{2}{5}$ $\frac{4}{10}$ $\frac{6}{15}$

$\frac{2}{5}$, $\frac{4}{10}$, $\frac{6}{15}$ ……은 모두 크기가 같은 분수입니다.

개념 연결

5학년 진분수

$\frac{1}{5}$, $\frac{2}{5}$, $\frac{3}{5}$, $\frac{4}{5}$ ……와 같이 분자가 분모보다 작은 분수를 진분수라고 합니다.

5학년 크기가 같은 분수

분모와 분자에 0이 아닌 같은 수를 곱하거나 나누면 크기가 같은 분수를 만들 수 있습니다.

5학년 분수의 덧셈

$\frac{1}{2} + \frac{1}{3} = \frac{1 \times 3}{2 \times 3} + \frac{1 \times 2}{3 \times 2}$

$= \frac{3}{6} + \frac{2}{6} = \frac{5}{6}$

개념 문제 ☐ 안에 알맞은 수를 써넣으세요.

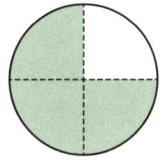 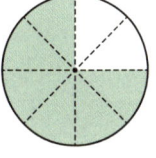

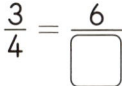

$\frac{3}{4} = \frac{6}{\boxed{}}$

295

285 킬로그램(kg)

킬로그램은 무게를 나타내는 단위로 kg 기호를 사용하여 나타내요.
1 킬로그램은 1000그램과 같아요.

$$1\,kg = 1000\,g$$

설탕 한 봉지의 무게는 1 kg입니다.

개념 연결

3학년 그램(g)	3학년 킬로그램(kg)	3학년 톤(t)
그램은 무게를 나타내는 기본 단위로 g라고 씁니다.	1000 g을 1 kg이라 하고 1 킬로그램이라고 읽습니다.	1000 kg을 1 t이라 하고 1 톤이라고 읽습니다.

개념 문제 무게가 10 kg쯤 되는 것은? (   )

① ② ③

286 킬로미터(km)

1000 m를 1 km라 쓰고 1 킬로미터라고 읽어요. 킬로미터에서 킬로 (kilo)는 1000을 의미해요.

휴게소까지 32 km를 더 가야 합니다.

개념 연결

2학년 **센티미터(cm)**	2학년 **미터(m)**	3학년 **킬로미터(km)**
├───┤만큼의 길이를 1 cm라 쓰고 1 센티미터라고 읽습니다.	100 cm는 1 m와 같습니다. 1 m는 1 미터라고 읽습니다. 100 cm = 1 m	1000 m를 1 km라 쓰고 1 킬로미터라고 읽습니다. 1000 m = 1 km

개념 문제 ☐ 안에 알맞은 수를 써넣으세요.

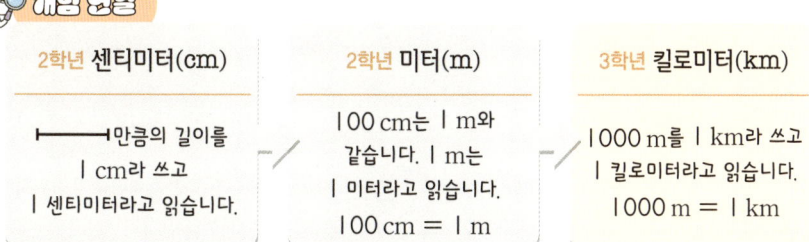

(1) 5000 m = [   ] km

(2) 2 km 300 m = [   ] m

답 (1) 5 (2) 2300

297

287 톤(t)

톤은 무게를 나타내는 단위로 t 기호를 사용하여 나타내요. 1 톤은 1000 킬로그램과 같아요.

$$1\,t = 1000\,kg$$

이 화물차에는 최대 1 t의 짐을 실을 수 있습니다.

 개념 연결

3학년 **그램(g)**	3학년 **킬로그램(kg)**	3학년 **톤(t)**
그램은 무게를 나타내는 기본 단위로 g라고 씁니다.	1000 g을 1 kg이라 하고 1 킬로그램이라고 읽습니다.	1000 kg을 1 t이라 하고 1 톤이라고 읽습니다.

 개념 문제 ☐ 안에 알맞은 수를 써넣으세요.

(1) 7 t = ☐ kg

(2) 5000 kg = ☐ t

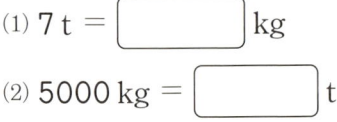

답 (1) 7000 (2) 5

288 통계 統(거느릴 통) 計(셀 계)

어떤 현상에 대한 자료를 정리하여 규칙과 관계를 탐구하는 것을 통계라고 해요. 통계 자료를 일정한 형식에 따라 분석한 결과는 주로 수나 그래프로 나타내요.

통계는 우리가 살고 있는 세계를 조사, 해석, 설명하고 이해하는 데 효과적인 도구입니다.

개념 연결

6학년 **자료**	6학년 **표**	6학년 **통계**
연구나 조사를 위해 필요한 재료를 수집하여 일정한 규칙에 따라 정리해 놓은 것을 자료라고 합니다.	가로와 세로로 놓인 칸에 자료를 일정한 기준으로 나열해 놓은 것을 표라고 합니다.	어떤 현상에 대한 자료를 정리하여 규칙과 관계를 탐구하는 것을 통계라고 합니다.

개념 문제

우리나라 평균 기대 수명은 최근 10년간(2010~2019) 몇 년이 더 늘어났는지 구해 보세요.

연도별 기대 수명 추이(단위: 년)
*해당 연도 출생아의 기대 여명

- 62.3 (1970년)
- 66.1 (1980년)
- 71.7 (1990년)
- 76.0 (2000년)
- 80.2 (2010년)
- 83.3 (2019년)

(자료: 통계청)

(   )

정답 3.1년

299

289 통분 通(통할 통) 分(분수 분)

분모가 다른 두 분수의 분모를 같게 하는 것을 통분한다라고 해요. 이때 통분된 분수의 분모를 공통분모라고 불러요.

$$\frac{5}{6} \qquad \frac{3}{4} \qquad \frac{5}{6}=\frac{10}{12} \quad \frac{3}{4}=\frac{9}{12}$$

$$\left(\frac{5}{6}, \frac{3}{4}\right) \Rightarrow \left(\frac{5\times4}{6\times4}, \frac{3\times6}{4\times6}\right) \Rightarrow \left(\frac{20}{24}, \frac{18}{24}\right)$$

$$\left(\frac{5}{6}, \frac{3}{4}\right) \Rightarrow \left(\frac{5\times2}{6\times2}, \frac{3\times3}{4\times3}\right) \Rightarrow \left(\frac{10}{12}, \frac{9}{12}\right)$$

두 분모의 곱 또는 최소공배수를 이용하여 통분할 수 있습니다.

개념 연결

5학년 분수의 성질	5학년 통분	5학년 분수의 덧셈
분수의 분모, 분자에 0이 아닌 같은 수를 곱해도 분수의 크기는 변하지 않습니다. $\dfrac{1}{2}=\dfrac{1\times3}{2\times3}=\dfrac{3}{6}$	분모가 다른 두 분수의 분모를 같게 하는 것을 통분이라고 합니다.	$\dfrac{1}{2}+\dfrac{1}{3}=\dfrac{1\times3}{2\times3}+\dfrac{1\times2}{3\times2}$ $=\dfrac{3}{6}+\dfrac{2}{6}=\dfrac{5}{6}$

개념 문제 $\frac{2}{5}$와 $\frac{3}{4}$을 통분해 보세요.

$$\left(\frac{2}{5}, \frac{3}{4}\right) \Rightarrow \left(\boxed{}, \boxed{} \right)$$

290 팔각형 八(여덟 팔) 角(뿔 각) 形(모양 형)

선분 8개로 둘러싸인 도형을 팔각형이라고 해요.

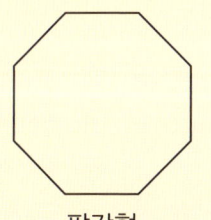

팔각형

우산의 우산살은 대부분 8개입니다. 우산을 펼쳤을 때 우산의 모양은
팔각형입니다.

개념 연결

4학년 **칠각형**	4학년 **팔각형**	4학년 **다각형**
선분 7개로 둘러싸인 도형을 칠각형이라고 합니다.	선분 8개로 둘러싸인 도형을 팔각형이라고 합니다.	선분으로만 둘러싸인 도형을 다각형이라고 합니다.
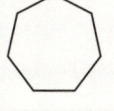	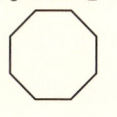	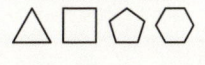

개념 문제 팔각형에 대한 설명으로 옳은 것을 찾아 기호를 써 보세요.

> ㉠ 변이 8개, 각이 8개입니다.
>
> ㉡ 꼭짓점이 가장 많은 도형입니다.
>
> ㉢ 대각선이 가장 많은 다각형입니다.

(   )

301

291 평각 平(평평할 평) 角(뿔 각)

두 직선이 한 점에서 만나 각을 이룰 때, 이 각을 평각이라고 해요. 평각은 각의 크기가 180°예요.

평각은 직선이 하나인 것처럼 보입니다.

개념 연결

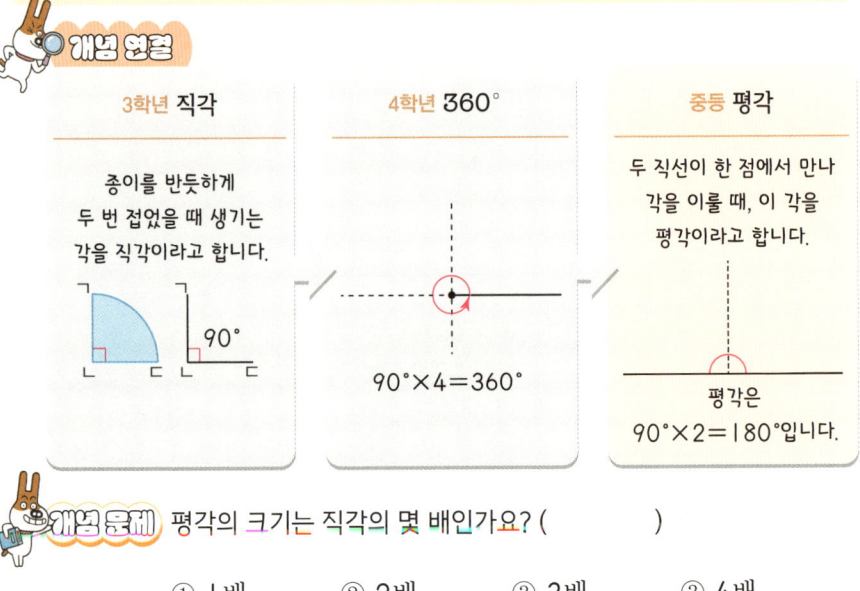

3학년 직각

종이를 반듯하게 두 번 접었을 때 생기는 각을 직각이라고 합니다.

90°

4학년 360°

90°×4=360°

중등 평각

두 직선이 한 점에서 만나 각을 이룰 때, 이 각을 평각이라고 합니다.

평각은 90°×2=180°입니다.

개념 문제

평각의 크기는 직각의 몇 배인가요? (   )

① 1배   ② 2배   ③ 3배   ③ 4배

302

292 평균 平(평평할 평) 均(고를 균)

전체 자료의 값을 모두 더한 다음 자료의 수로 나눈 값을 평균이라고 해요.

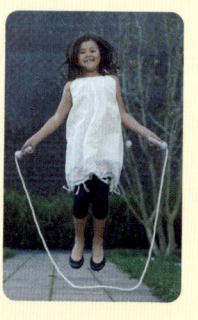

1회	2회	3회	4회
26번	32번	15번	22번

(줄넘기 기록 평균)

$$= \frac{26+32+15+23}{4} \leftarrow \text{자료의 값의 합}$$

자료의 수

$$= \frac{96}{4} = 24(\text{번})$$

 개념 연결

5학년 **평균**	중등 **중앙값**	중등 **최빈값**
$(\text{평균}) = \dfrac{(\text{전체 자료의 총합})}{(\text{자료의 개수})}$	자료를 작은 값부터 크기 순서로 나열할 때 중앙에 위치하는 값을 중앙값이라고 합니다.	자료 중에서 가장 많이 나타나는 값을 최빈값이라고 합니다.

 개념 문제 국어와 수학 점수의 평균을 구해 보세요.

국어 ▇▇▇▇▇▇▇ 93점

수학 ▇▇▇▇▇▇ 85점

(   )

문68

303

293 평면 平 (평평할 평) 面 (표면 면)

휘어지거나 구부러지지 않고 평평한 면을 평면이라고 해요.

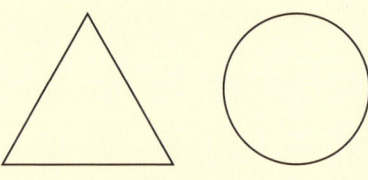

삼각형, 원과 같이 한 평면 위에 그려진 도형을

평면도형이라고 합니다.

개념 연결

2학년 **평면**	3학년 **평면도형**	6학년 **굽은 면**
휘어지거나 구부러지지 않고 평평한 면을 평면이라고 합니다.	직선, 곡선, 각, 다각형, 원 등과 같이 평면 위에 있는 도형을 평면도형이라고 합니다.	원기둥, 원뿔의 옆면과 같이 휘어진 면을 굽은 면이라고 합니다.

개념 문제 평면도형을 모두 찾아 ○표 해 보세요.

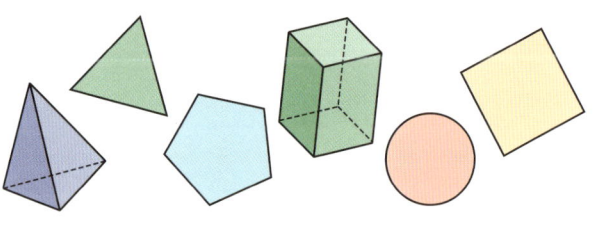

304

294 **평면도형** 平(평평할 **평**) 面(표면 **면**) 圖(그림 **도**) 形(모양 **형**)

직선, 곡선, 각, 다각형, 원 등과 같이 평면 위에 있는 도형을 말해요.

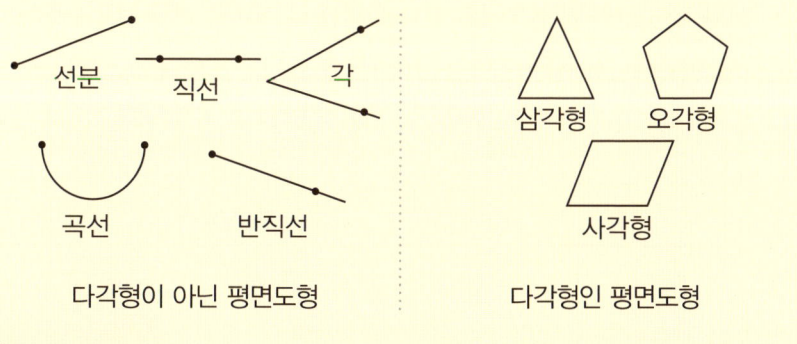

다각형이 아닌 평면도형   다각형인 평면도형

개념 연결

2학년 **도형**	3학년 **평면도형**	6학년 **입체도형**
물체를 색이나 재료 등의 성질에 상관없이 모양만으로 분류한 것을 도형이라고 합니다.	직선, 곡선, 각, 다각형, 원 등과 같이 평면 위에 있는 도형을 평면도형이라고 합니다.	공간에서 크기(부피)를 갖고 있는 도형을 입체도형이라고 합니다.

개념 문제 다음 중 각이 <u>없는</u> 평면도형을 찾아 기호를 써 보세요.

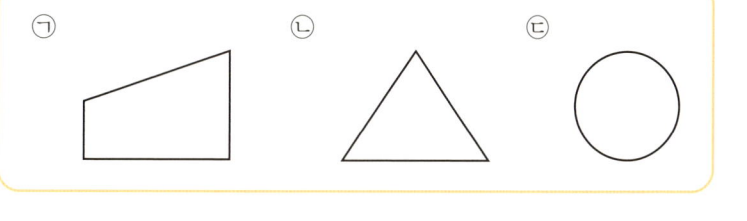

(   )

305

295 평행 平(평평할 평) 行(갈 행)

한 직선에 수직인 두 직선을 그었을 때, 그 두 직선은 서로 만나지 않아요. 이와 같이 평면 위에서 서로 만나지 않는 두 직선을 평행하다고 해요. 또한 직육면체에서 만나지 않고 나란한 두 면을 서로 평행하다고 합니다.

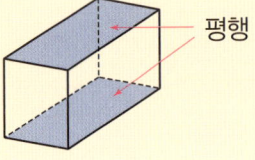

한 직선에 수직인 두 직선은 서로 평행합니다.

직육면체의 색칠한 두 면처럼 계속 늘여도 만나지 않는 두 면은 서로 평행합니다.

개념 연결

4학년 수직	4학년 평행	4학년 평행선
두 직선이 만나서 이루는 각이 직각일 때, 두 직선은 서로 수직이라고 합니다.	평면 위에서 서로 만나지 않는 두 직선을 평행하다고 합니다.	평행한 두 직선을 평행선이라고 합니다.

개념문제 다음 직육면체에서 평행한 평면은 모두 몇 쌍인지 구해 보세요.

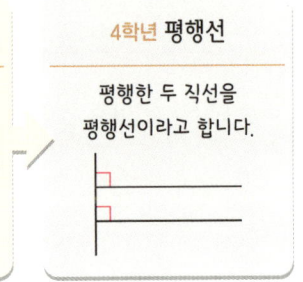

(   )

296 평행사변형 四(넷 사) 邊(가장자리 변) 形(모양 형)

마주 보는 두 쌍의 변이 서로 평행한 사각형을 평행사변형이라고 해요.

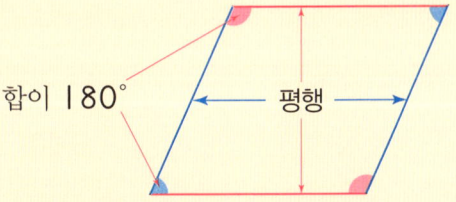

합이 180°

평행

평행사변형은 마주 보는 두 각의 크기가 같고,

이웃한 두 각의 크기의 합이 180°입니다.

 개념 연결

4학년 사다리꼴

평행한 변이
한 쌍이라도 있는 사각형을
사다리꼴이라고 합니다.

평행

4학년 평행사변형

마주 보는 두 쌍의 변이
서로 평행인 사각형을
평행사변형이라고 합니다.

평행

4학년 마름모

네 변의 길이가 모두
같은 사각형을
마름모라고 합니다.

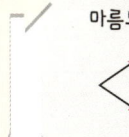

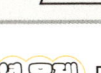 개념 문제 다음 도형은 평행사변형입니다. ☐ 안에 알맞은 수를 써넣으세요.

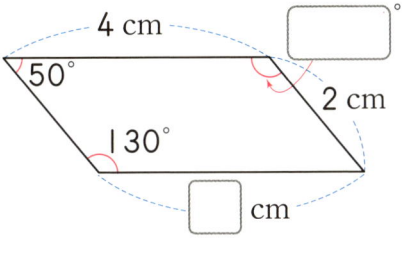

307

297 평행선 平(평평할 평) 行(갈 행) 線(줄 선)

평행한 두 직선을 평행선이라고 해요. 평행선은 양쪽으로 아무리 늘여도 서로 만나지 않아요.

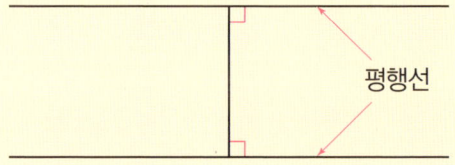

평행선

한 직선에 대해 수직인 두 직선은 서로 평행합니다.

개념 연결

4학년 평행선	4학년 평행선 사이의 거리	4학년 사다리꼴의 높이
평행한 두 직선을 평행선이라고 합니다.	평행선 사이의 거리는 평행선 사이의 수직인 선분의 길이입니다.	사다리꼴의 윗변과 아랫변 사이의 거리를 높이라고 합니다.

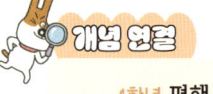

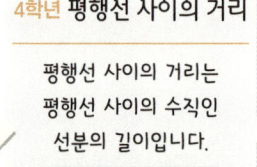

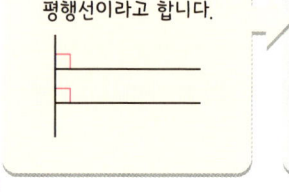

개념 문제 그림의 두 선분이 평행선이 아닌 이유를 써 보세요.

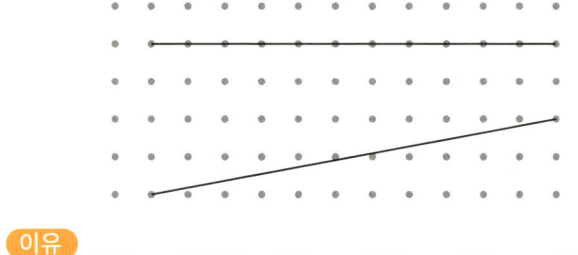

이유 _____

_____

⑧ 오른쪽으로 갈수록 두 선분 사이의 거리가 점점 좁아지기 때문입니다.

308

298 평행선 사이의 거리

평행한 두 직선 사이의 거리를 **평행선 사이의 거리**라고 해요. 평행선의 한 직선에서 다른 직선에 그은 수선의 길이는 평행선 사이의 거리와 같아요.

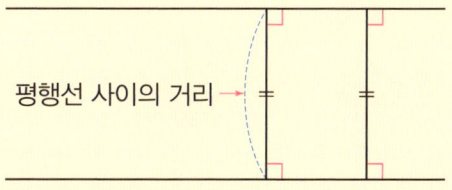

평행선 사이의 거리 →

평행선 사이의 거리는 평행한 두 직선을 잇는 가장 짧은 거리입니다.

개념 연결

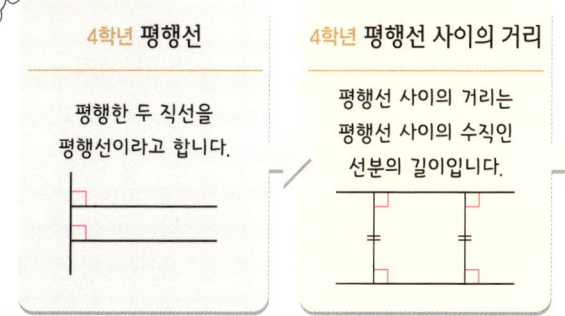

4학년 평행선

평행한 두 직선을 평행선이라고 합니다.

4학년 평행선 사이의 거리

평행선 사이의 거리는 평행선 사이의 수직인 선분의 길이입니다.

4학년 사다리꼴의 높이

사다리꼴의 윗변과 아랫변 사이의 거리를 높이라고 합니다.

높이

개념 문제

평행선 사이의 거리는 몇 cm인가요?

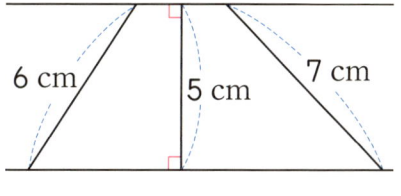

6 cm   5 cm   7 cm

(   )

답 5 cm

309

299 폭 幅(너비 폭)   관련어 깊이

평면이나 넓은 물체의 왼쪽에서 오른쪽으로 가로지른 거리나 물체가 놓인 양 끝 사이의 거리를 폭이라고 해요. 폭은 가로, 너비와 같은 의미로 쓰일 때도 있어요.

자전거 도로의 폭 | 사람이 걸어 다니는 인도의 폭

개념 연결

5학년 가로

왼쪽에서 오른쪽으로 나 있는 방향이나 길이를 가로라고 합니다.

5학년 세로

위쪽에서 아래쪽으로 나 있는 방향이나 길이를 세로라고 합니다.

5학년 폭

평면이나 넓은 물체의 왼쪽에서 오른쪽으로 가로지른 거리나 물체가 놓인 양 끝 사이의 거리를 폭이라고 합니다.

개념 문제 다음은 자전거·보행자 겸용 도로입니다. 도로의 폭은 몇 m인가요?

(   )

도로의 폭

① 1.5 m   ② 2 m   ③ 3.5 m

300 표 表 (표 표)

표는 자료를 정리하는 방법의 하나로, 가로와 세로로 놓인 칸에 자료를 일정한 기준으로 나열해 놓은 것을 말해요.

장난감 종류	개수(개)
비행기	2
트럭	4
기차	3
로봇	1

 개념 연결

2학년 자료

연구나 조사를 위해 필요한 재료를 수집하여 일정한 규칙에 따라 정리해 놓은 것을 자료라고 합니다.

2학년 표

가로와 세로로 놓인 칸에 자료를 일정한 기준으로 나열해 놓은 것을 표라고 합니다.

2학년 그래프

조사한 자료를 정리하여 한눈에 알아볼 수 있도록 나타낸 그림을 그래프라고 합니다.

 개념 문제 우리 반 학생들이 좋아하는 계절을 분류하여 표로 나타내어 보세요.

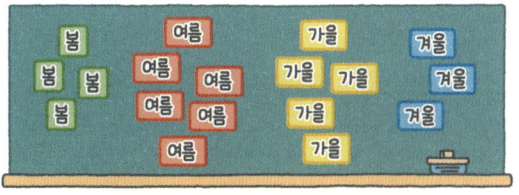

우리 반 학생들이 좋아하는 계절

좋아하는 계절	봄	여름	가을	겨울
학생 수(명)	4			

301 하나

수를 세는 맨 처음 수로, 한 개를 나타내는 말이에요. 또 여럿이 있을
때 그 중 어떤 것을 하나라고 해요.

한 개를 나타내는
수를 하나 또는
일이라고 합니다.

컵이 몇 개인지
하나씩 세었습니다.

1 2 3 4 5

하나, 둘, 셋……
수를 셉니다.

 개념 연결

1학년 하나	1학년 첫째	1학년 순서수
수를 세는 맨 처음 수를 하나라고 합니다.	수의 순서에서 가장 먼저인 차례를 첫째라고 합니다.	첫째, 둘째, 셋째……를 순서수라고 합니다.

 개념 문제 학생 5명이 사탕을 하나씩 먹으려고 합니다. 사탕은 몇 개 남을까요?

(   )

312

302 하루

밤 12시에서 다음 날 밤 12시까지를 **하루**라고 해요. 하루는 1일이라고 하며, 24시간입니다.

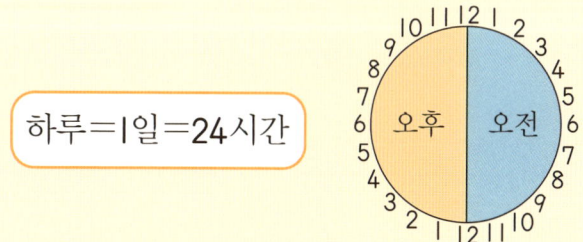

하루＝1일＝24시간

하루는 24시간입니다. 밤 12시부터 낮 12시까지를 오전, 낮 12시부터 밤 12시까지를 오후라고 합니다.

개념 연결

2학년 **1시간**	2학년 **하루**	2학년 **1주일**
시계의 긴바늘이 한 바퀴 도는 데 60분의 시간이 걸립니다. 60분은 1시간입니다.	밤 12시부터 다음 날 12시까지를 하루라고 합니다.	1주일은 7일입니다.

개념 문제 알맞는 말에 ○표 해 보세요.

지호는 (오전, 오후) 7시에 아침을 먹었어요.

303 합 合 (합할 합) 관련어 차

어떤 수나 어떤 양을 더한 결과를 말해요.

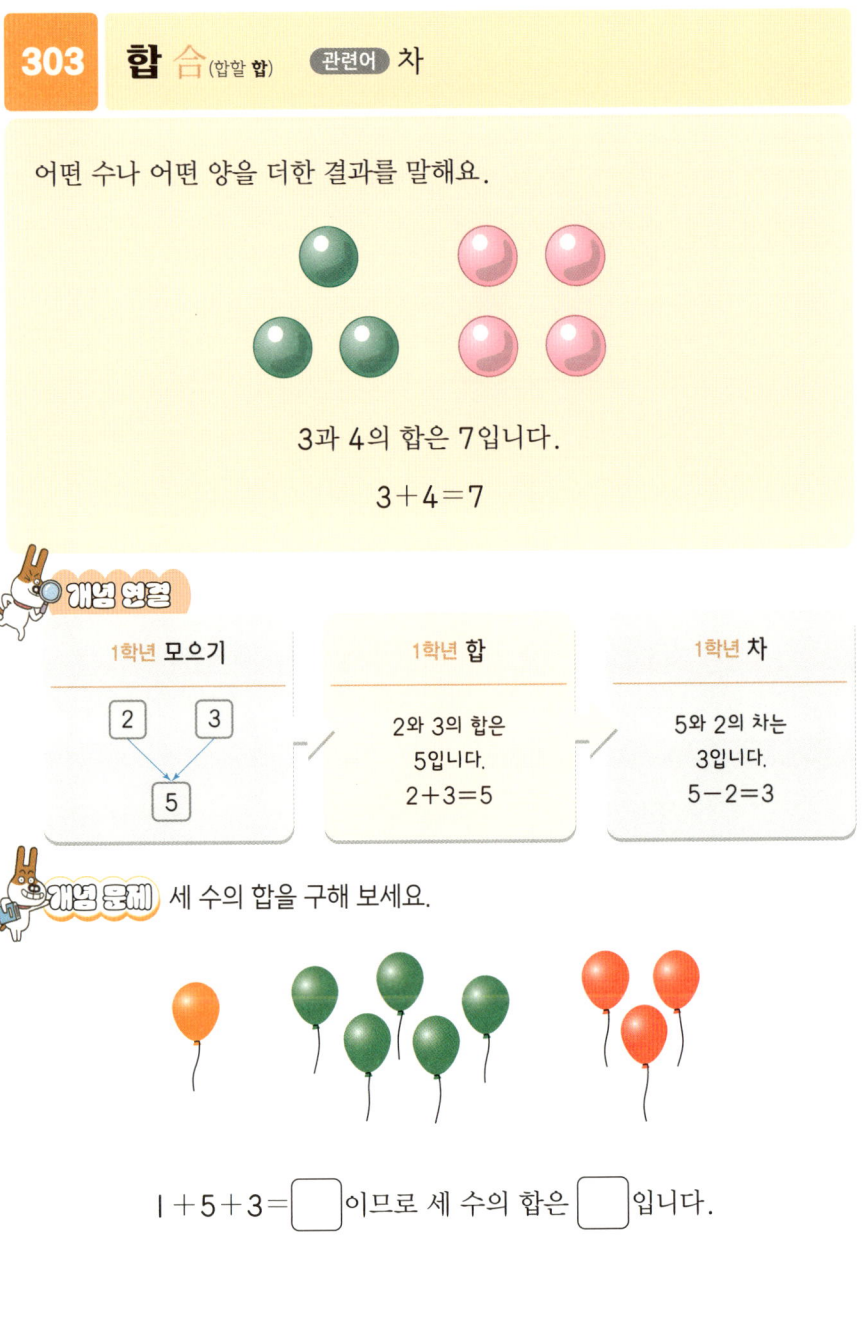

3과 4의 합은 7입니다.

3+4=7

개념 연결

1학년 **모으기**	1학년 **합**	1학년 **차**
2 3 5	2와 3의 합은 5입니다. 2+3=5	5와 2의 차는 3입니다. 5−2=3

개념 문제 세 수의 합을 구해 보세요.

1+5+3=☐ 이므로 세 수의 합은 ☐ 입니다.

304　합동 合(합할 합) 同(같을 동)

모양과 크기가 같아 서로 포개었을 때 완전히 겹쳐지는 도형을 합동이
라고 해요.

합동인 도형은 서로 완전히 겹칠 수 있습니다.

개념 연결

5학년 **합동**	5학년 **대응변**	5학년 **대응각**
모양과 크기가 같아 서로 포개었을 때 완전히 겹쳐지는 도형을 합동이라고 합니다.	서로 합동인 두 도형을 포개었을 때 완전히 겹쳐지는 변을 대응변이라고 합니다.	서로 합동인 두 도형을 포개었을 때 완전히 겹쳐지는 각을 대응각이라고 합니다.

개념 문제　합동인 도형을 그려 보세요.

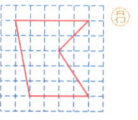

315

305 혼합 계산 混(섞을 혼) 合(합할 합)

덧셈, 뺄셈, 곱셈, 나눗셈이 섞여 있는 식을 계산하는 것을 <u>혼합 계산</u>
이라고 해요. 혼합 계산은 곱셈과 나눗셈을 먼저 계산하고, 덧셈과 뺄
셈을 계산해요. 이때 괄호가 있으면 괄호 안을 먼저 계산해요.

$$20-27\div(12-3)+5\times6 = 20-27\div9+5\times6$$
$$= 20-3+30$$
$$= 17+30$$
$$= 47$$

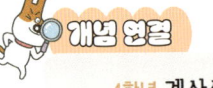개념 연결

4학년 **계산식**	5학년 **혼합계산**	5학년 **계산기**
계산 결과를 나타낸 식을 계산식이라고 합니다.	덧셈, 뺄셈, 곱셈, 나눗셈이 섞여 있는 식을 계산하는 것을 혼합 계산이라고 합니다.	덧셈, 뺄셈, 곱셈, 나눗셈 등 여러 가지 계산을 하는 데 사용하는 기기를 계산기라고 합니다.

개념 문제 계산 순서를 표시하고 계산해 보세요.

$$24+(8-3)\times7$$

306 홀수 관련어 짝수

1, 3, 5, 7, 9……와 같이 2로 나누었을 때 나머지가 1인 자연수를
홀수라고 해요. 또 자연수 중에서 짝수가 아닌 수는 홀수예요.

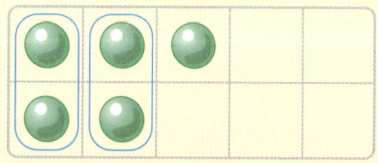

5는 둘씩 짝을 지을 수 없으므로 홀수입니다.

 개념 연결

1학년 짝수	1학년 홀수	1학년 두 자리 홀수
2, 4, 6, 8……과 같이 둘씩 짝을 지을 수 있는 수를 짝수라고 합니다.	1, 3, 5, 7, 9……와 같이 둘씩 짝을 지을 수 없는 수를 홀수라고 합니다.	21, 57, 39와 같이 일의 자리 수가 홀수인 두 자리 수는 모두 홀수입니다.

 개념 문제 홀수를 찾아 ◯표 해 보세요.

1	2	3	4	5	6	7	8	9	10
11	12	13	14	15	16	17	18	19	20
21	22	23	24	25	26	27	28	29	30

답 1, 3, 5, 7, 9, 11, 13, 15, 17, 19, 21, 23, 25, 27, 29에 ◯표

307 회전체 回(돌 회) 轉(구를 전) 體(몸 체)

직사각형, 반원과 같은 평면도형을 한 직선을 축으로 하여 한 바퀴 돌렸을 때 만들어지는 입체도형을 회전체라고 해요.

개념 연결

6학년 구	중등 회전체	중등 회전축
공처럼 둥근 모양의 입체도형을 구라고 합니다.	직사각형, 반원과 같은 평면도형을 한 직선을 축으로 하여 한 바퀴 돌렸을 때 만들어지는 입체도형을 회전체라고 합니다.	한 평면을 한 직선을 기준으로 한 바퀴 돌려 입체도형을 만들었을 때, 기준으로 사용한 직선을 회전축이라고 합니다.

개념 문제 관계있는 것끼리 선으로 이어 보세요.

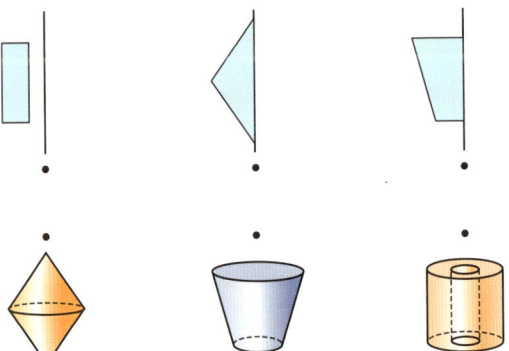

318

308 회전축 回(돌 회) 轉(구를 전) 軸(굴대 축)

한 평면을 한 직선을 기준으로 한 바퀴 돌려 입체도형을 만들었을 때,
기준으로 사용한 직선을 회전축이라고 해요.

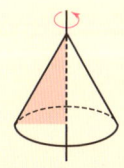 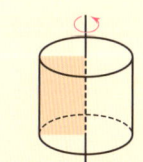

삼각형과 사각형을 회전축을 중심으로 한 바퀴 돌리면
각각 원뿔과 원기둥을 만들 수 있습니다.

개념 연결

6학년 구	중등 회전체	중등 회전축
공처럼 둥근 모양의 입체도형을 구라고 합니다.	직사각형, 반원과 같은 평면도형을 한 직선을 축으로 하여 한 바퀴 돌렸을 때 만들어지는 입체도형을 회전체라고 합니다.	한 평면을 한 직선을 기준으로 한 바퀴 돌려 입체도형을 만들었을 때, 기준으로 사용한 직선을 회전축이라고 합니다.

개념 문제

지름을 회전축으로 하여 반원 모양의 종이를 한 바퀴 돌리면 어떤
입체도형이 만들어지는지 써 보세요.

(   )

309 후항 後(뒤 후) 項(목 항)   관련어 전항

비를 나타낼 때 기호 : 뒤에 있는 항을 후항이라고 해요. 비에서 후항을
기준량이라고도 해요.

$$4 : 9$$

전항   후항

비 4:9에서 4와 9를 비의 항이라 하고,

앞에 있는 4를 전항, 뒤에 있는 9를 후항이라고 합니다.

개념 연결

6학년 비	6학년 전항	6학년 후항
두 수를 나눗셈으로 비교하기 위해 기호 :을 사용하여 나타낸 두 수를 비라고 합니다.	비를 나타낼 때 기호 : 앞에 있는 항을 전항이라고 합니다.	비를 나타낼 때 기호 : 뒤에 있는 항을 후항이라고 합니다.

개념 문제 다음 비례식에서 후항을 모두 찾아 써 보세요.

$$3 : 4 = 12 : 16$$

(   )

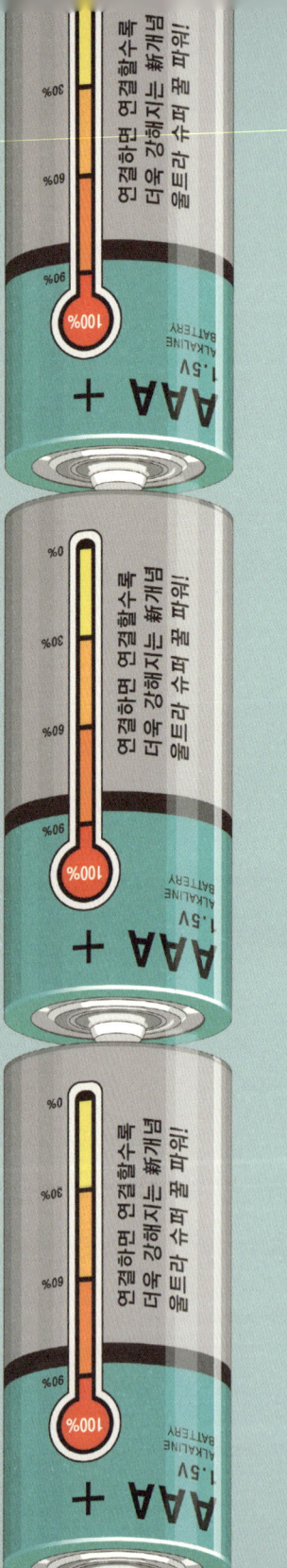

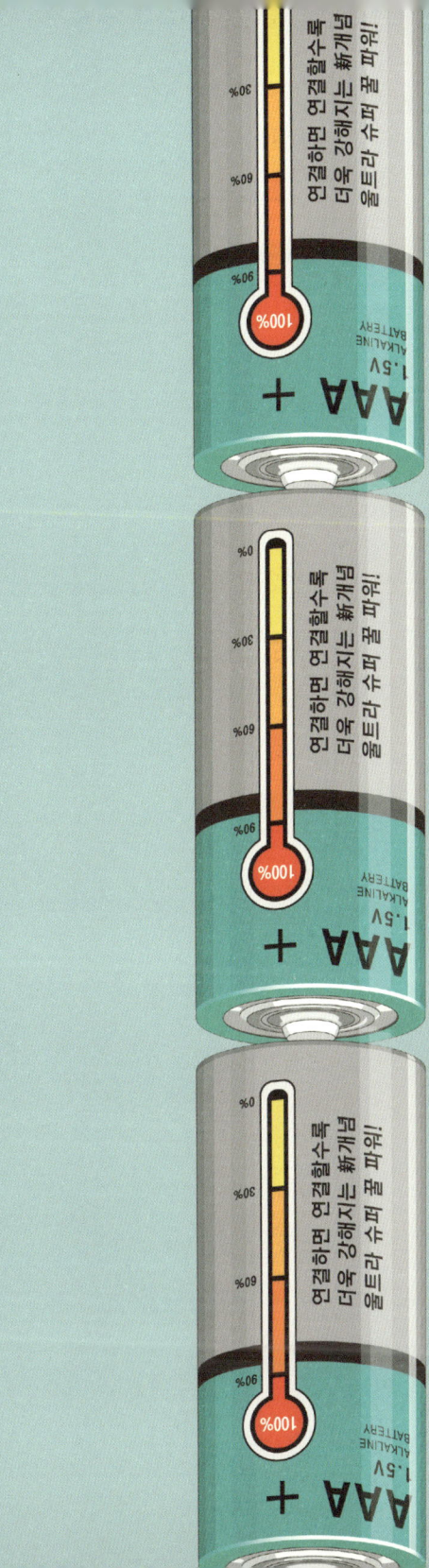

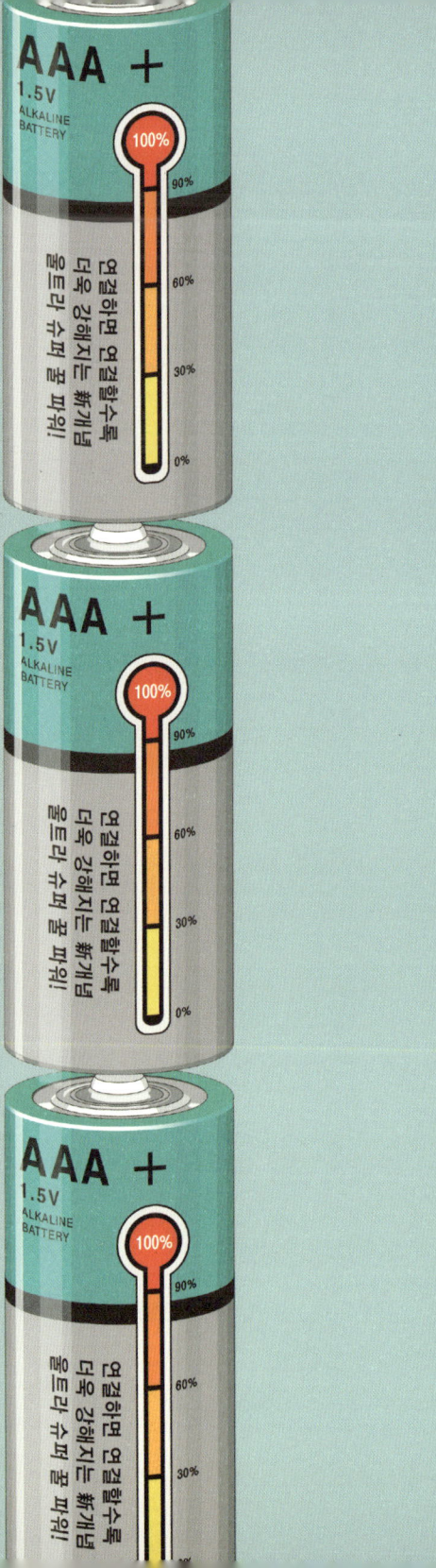

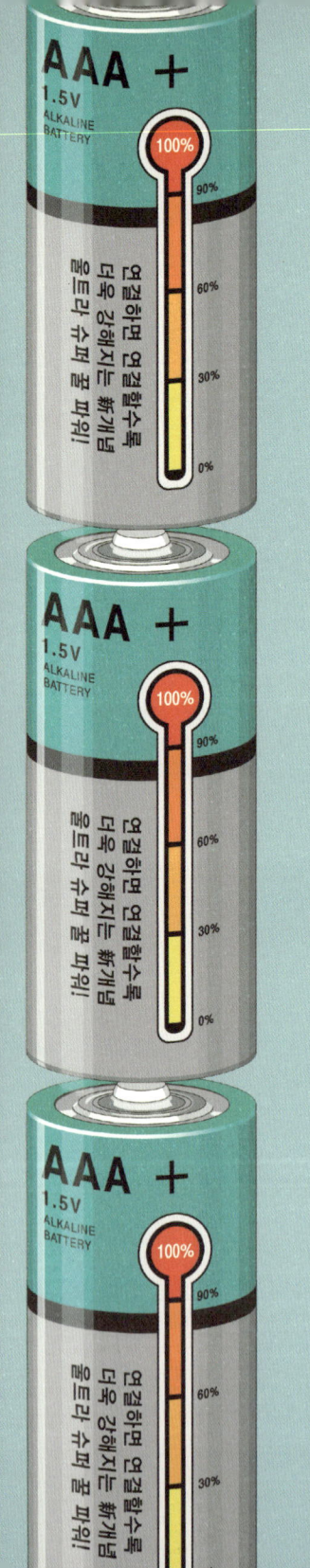

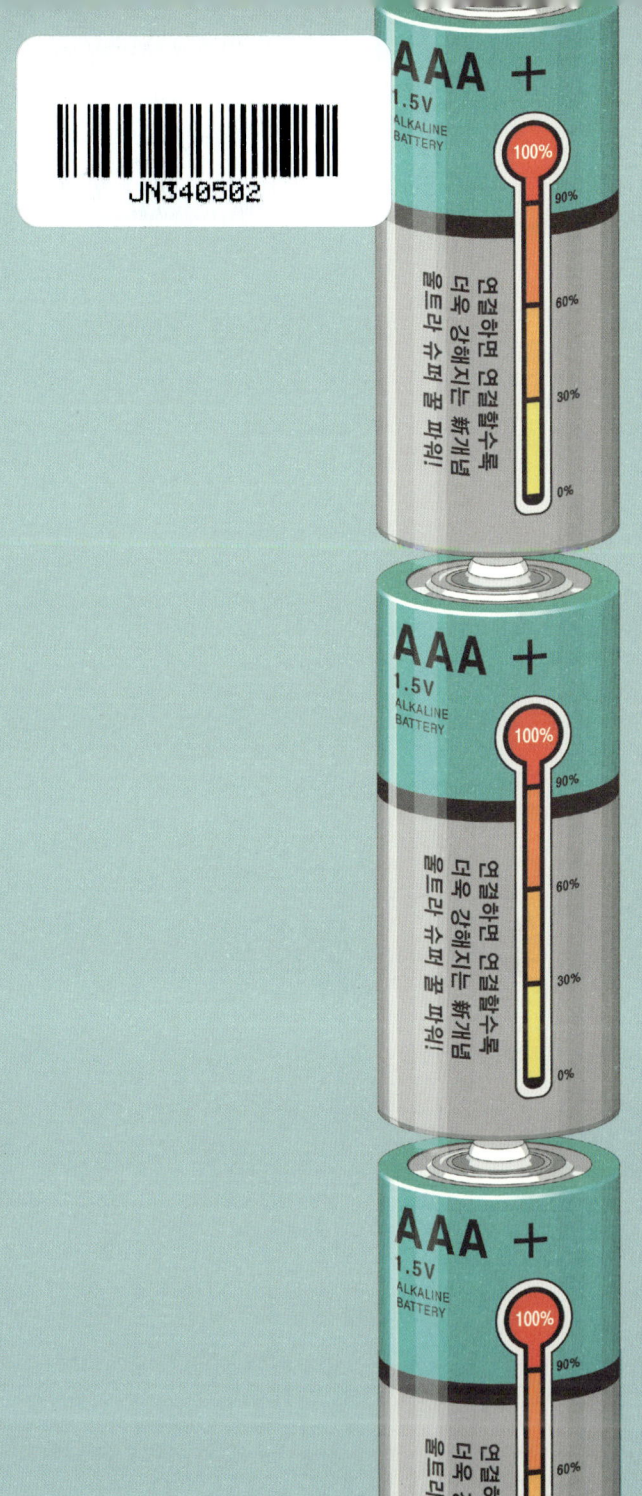